藤堂高虎画像（藩祖）
（三重　四天王寺蔵、大阪城天守閣提供）

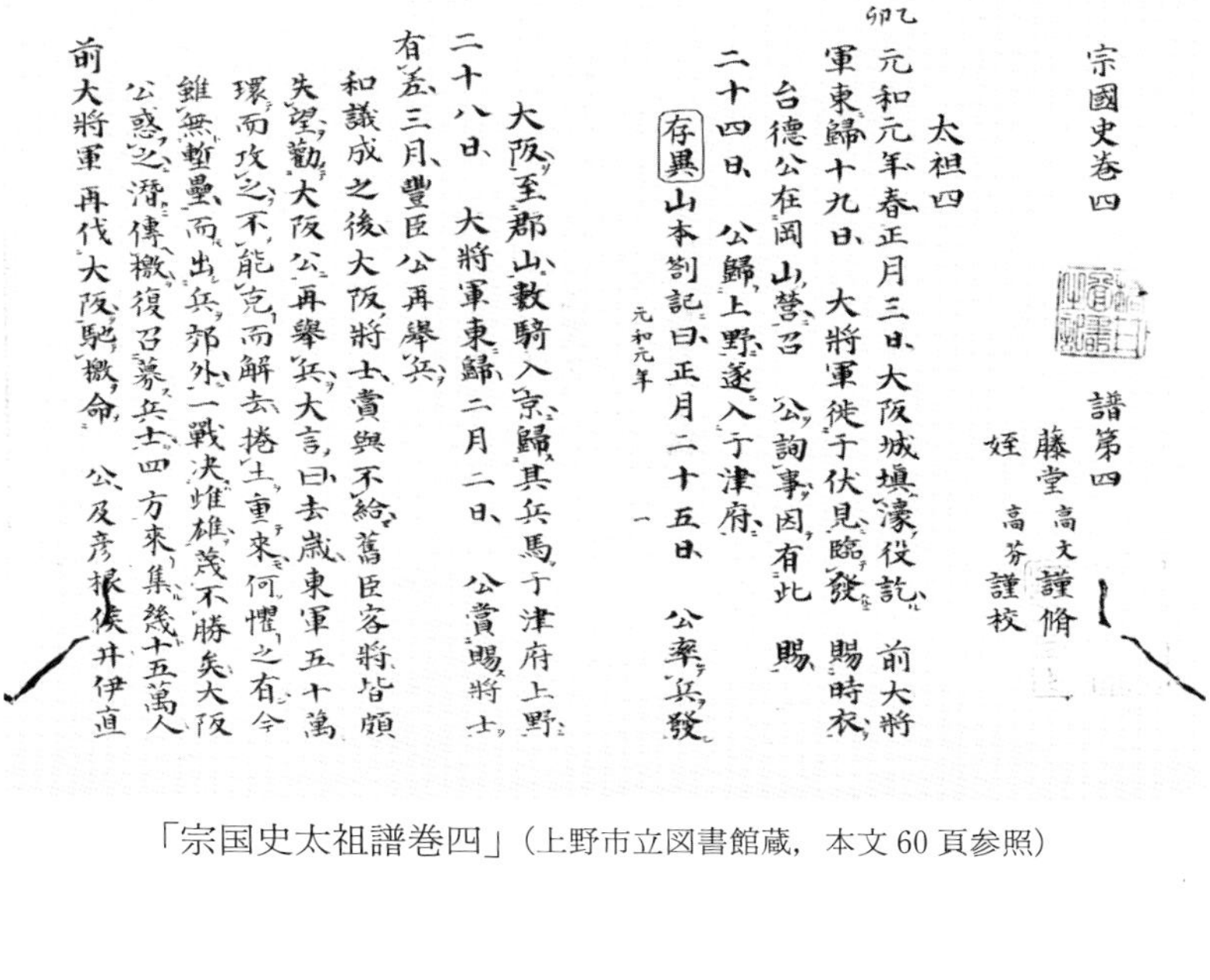

宗國史巻四
譜第四
藤堂高文謹脩
姪　高芬謹校
太祖四
乙卯
元和元年春正月三日、大阪城塡濠役訖、前大將
軍東歸十九日、大將軍徙于伏見臨發賜時衣、
台德公在岡山營召　公詢事因有此　賜
二十四日、　公歸上野遂入于津府
存異山本劄記曰、正月二十五日、　公率兵發
元和元年　一
大阪至郡山數騎入京歸其兵馬于津府上野
二十八日、　大將軍東歸二月二日、　公賞賜將士
有差三月、豐臣公再舉兵
和議成之後大阪將士賞與不給舊臣客將皆頗
失望勸大阪公再舉兵大言曰去歲東軍五十萬
環而攻之不能克而解去捲土重來何懼之有今
雖無塹壘而出兵郊外一戰決雌雄蔑不勝矣大阪
公惑之潛傳檄復召募兵士四方來集幾十五萬人
前大將軍再伐大阪馳檄命　公及彥根侯井伊直

「宗国史太祖譜巻四」（上野市立図書館蔵，本文 60 頁参照）

現在の津城　東北隅三重櫓《やぐら》（復元，三重県津市）

（残存する城の石垣と内堀の一部）

日本歴史叢書

日本歴史学会編集

津藩

深谷克己［著］

〈新装版〉

吉川弘文館

はしがき

〔津藩の概観と時期区分〕　津藩（安濃津藩《あのつ》・藤堂藩《とうどう》とも）は、伊賀《いが》（三重県）の上野藩《うえの》（筒井氏《つつい》）と伊勢《いせ》（三重県）の安濃津藩（富田氏《とみた》）を合わせた藤堂氏が、津（三重県津市）を主城の地とし、伊賀上野（三重県上野市）にも城を構えて城代《じょうだい》を置いた外様《とざま》の大藩である。五代将軍家綱《いえつな》の時に公儀《こうぎ》（江戸幕府、本書では公儀を多用）が領知判物《りょうちはんもつ》と目録を一斉に発給した「寛文印知《かんぶんいんち》」（寛文四年〈一六六四〉）では、藤堂氏は伊賀国一円一〇万石余、伊勢国の八郡に一七万石余、山城国《やましろ》（京都府）の相楽郡《そうらく》に一万石弱、大和国《やまと》（奈良県）の四郡に四万石余、下総国《しもうさ》（千葉県）の香取郡《かとり》に三〇〇〇石、都合三二万三九五〇石余の知行地《ちぎょうち》を充行《あてがわ》れた国持《くにもち》大名（国主《こくしゅ》）である。

これより五年後の寛文九年（一六六九）に五万石を分知して久居藩《ひさい》（分家大名）が生まれた。一七世紀末の元禄《げんろく》一〇年（一六九七）に本支藩の藩主承継の事情で三〇〇〇石が久居側に与えられたので（幕令は宝永二年〈一七〇五〉）、本藩は二七万九五〇石余、支藩《しはん》が五万三〇〇〇石となった。知行高《ちぎょうだか》はこのまま明治《めいじ》維《い》新《しん》まで変わらなかった。しかし、久居藩は独立した城地と家臣団を持っていても「領内分家」であり、知行地は本家の領知判物の末尾で「此内《このうち》」と内分で配当され、公儀に対する届け・伺い・願いも本家

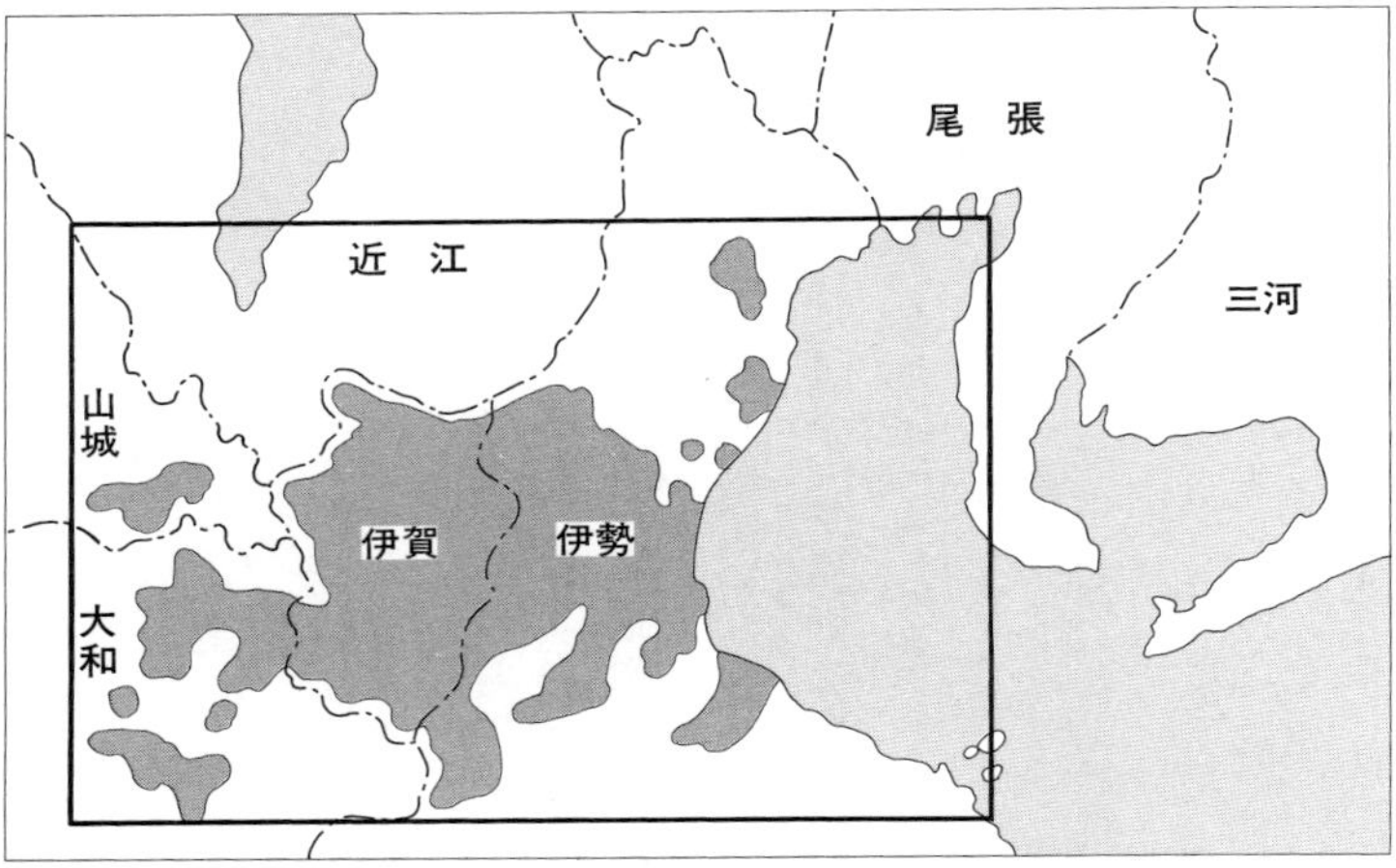

（旧国名のなかでの津藩領，他に下総国香取郡内に14ヵ村。なお久居藩は津藩領に含めて示した。）

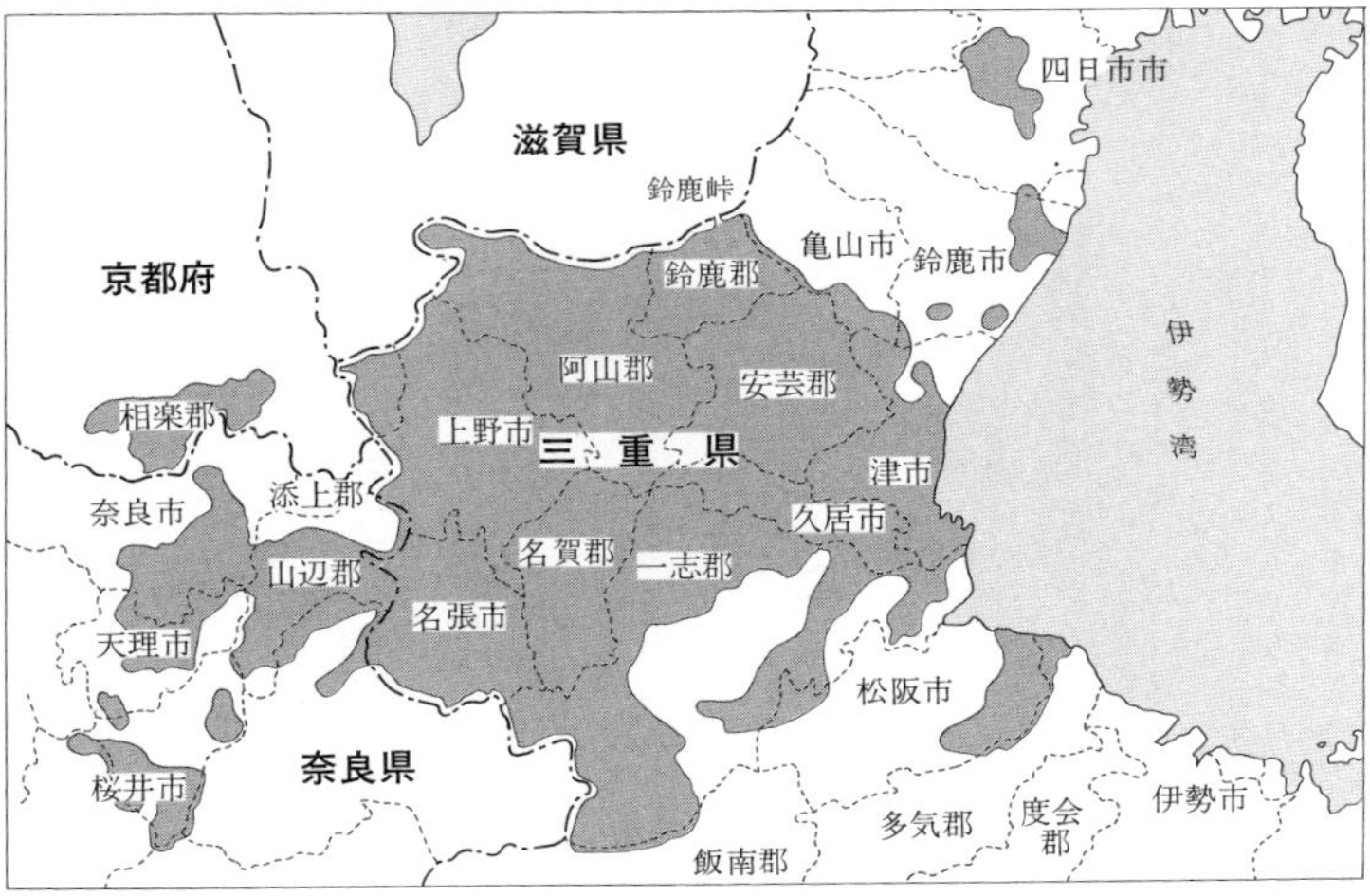

（現代の地図上での津藩領域）

図１　津藩領域図

（宗家《そうけ》）を通じて提出する立場だったので、津藩は外からは三〇万石大名と見られていた（『土芥寇讎記《どかいこうしゅうき》』ほか）。

津藩の歴史は、政治社会史上の目につく変化で区切ればおおよそ六期ほどになる。もとより時期区分は便宜上のものであって、視角をずらせば違った区切りが見えてこよう。『津市史』は、高虎《たかとら》入城から始めて初世紀（諸制度完成一〇一年間）・中世期（成熟九八年間）・末世期（革新崩壊六五年間）の三つに区分している。

私見では、第一期は、天正《てんしょう》九年（一五八一）織田《おだ》信長《のぶなが》の伊賀焦土攻撃（第二次天正伊賀の乱）前後からの三五年間ほどである。信長子弟を通じた伊賀伊勢支配、豊臣秀吉《とよとみひでよし》の国替《くにがえ》による伊賀筒井氏・安濃津富田氏時代、徳川家康《とくがわいえやす》の命による慶長《けいちょう》一三年（一六〇八）藤堂高虎入封《にゅうほう》から元和《げんな》元年（一六一五）大坂の陣を経ていわゆる「元和偃武《えんぶ》」に至る移行期である。

第二期は次の四〇年間ほどである。明暦《めいれき》三年（一六五七）に二代藩主高次《たかつぐ》のもとで三か条の「條々《じょうじょう》」を出し、「殿様は当分之御国主、田畑は公儀之田畑」（『宗国史《そうこくし》』）と伊賀・伊勢・大和・山城の奉行を通じて「小百姓《こびゃくしょう》」にまで周知させる頃までを藩体制の成立期とみることができる。

第三期は、その延長線上に「安民《あんみん》」（安住）がめざされる四半世紀ほどである。高次致仕《ちし》（隠居《いんきょ》）に際して久居に支藩が成立し、三代藩主高久のもとで一六七〇年代延宝《えんぽう》年間を山に「百姓成立《ひゃくしょうなりたち》」（小経営維持）をめざす民政が繰り広げられた。また公儀要路者への接近、関係の緊密化が図られ、天和《てんな》三年（一六八三）郷中《ごうちゅう》一七か条、貞享《じょうきょう》三年（一六八六）町方《まちかた》二一か条・寺社方《じしゃかた》七か条など、民間社会につぎつぎと発生してくる難題に対処するために、法制整備を進める藩政展開期である。

第四期は、それ以後の一世紀余である。寛政《かんせい》四年（一七九二）に殖産事業を核に藩財政と領内の生活生産の構造を変えるため菓木《かぼく》役所が創設された。しかし、寛政八年の冬に新法に反発する大規模な百姓一揆をまねいた。藩世界の矛盾の拡大と寛政の藩政改革、一揆という社会危機に直面するまでの時期である。

その後のほぼ四半世紀が、第五期である。藩政の危機を克服すべく、寛政の改革の線上に十代藩主高兌《たかさわ》が、親政のかたちで、選別された文教・倹約《けんやく》・社会政策を徹底させた。そして、明主《めいしゅ》の評価を残して没する文政《ぶんせい》七年（一八二四）頃までを藩政再興期ということができる。

第六期は明治《めいじ》四年（一八七一）の廃藩置県《はいはんちけん》を迎えるまでの約半世紀である。幕末に徳川幕閣の命で伊勢神宮や京都を警衛した津藩が、戊辰《ぼしん》戦争の初発時に公武合体《こうぶがったい》から討幕《とうばく》の新政府側に立場を急転させて、明治維新の変動を乗り切っていくまでの藩体制の終焉期である。

〔藩世界の視界〕本書は、津藩の通史的な叙述である。その際に私が最も重点をおきたいのは、津藩という「藩世界」のなかでどのような「政治文化」が醸成され蓄積されてきたのかという興味に答えることである。

津藩の藩世界の本拠は伊賀伊勢の領域であり、大和山城および下総の支配地がこれに加わる。藩の領域には、支配を受ける分厚い民百姓《たみひやくしょう》の社会が存在している。従来の〈総合研究型〉の藩政史はこうした直接の支配地での生産・階級関係の変動の解明をめざした。藩世界には、言うまでもないことだが、治者《ちしゃ》と被治者の両方にわたる多様多層な関係があった。藩主・一族分家・家臣団からなる治者の社会も重層する身分・利害集団をつくった。被治者の世界も村方《むらかた》・浦方《うらかた》・町方に上中下の様々な生業・階層集団をつくって互いにしのぎを削った。治者と被治者が対抗しているだけでなく、治者・被治者それぞれの社会の内部に対抗の関係が入り乱れ、それらの葛藤《かっとう》や協調が歴史の矛盾や活力を生み出してきた。政治も政策だけでなく、権威・儀礼・贈答の関係にまで及ぶものであり、文化的な交流と創造、医療や生産技術なども藩世界の活動内容である。

もちろん、それらの複雑さを指摘するだけでは歴史の説明ではない。複雑さにも歴史的な筋道がある。また藩世界には、組織された身分集団だけでなく、それから離脱あるいは中途半端に両属する学者・文人や技芸の者らも住み、浪人《ろうにん》や溢《あぶ》れ者たちも少なくなかった。制度的身分の拘束力の弱まりと生業の多様化が影響しあって、中間《ちゅうかん》的な社会的身分が増えてくる。もともと治者被治者の社会の両方には膨大な奉公人が存在して、それぞれの身分と家経営を支えていた。宗教関係者も治者被治者の両社会に分属して集団を形成していた。

津藩の藩世界を構成するものには、一族大名の支藩である久居藩もふくまれる。また、江戸の藩邸をはじめとして大坂・京都などの藩屋敷とそこでの駐在者、その活動、出入りの諸業者も視野に入れなければならない。それらはいわば藩機構が外部へ接続する端子の役割を果たしており、そこから公儀、朝廷、他藩、寺社などにつながっている。そうした本領外の空間だけでなく、寛永の飢饉《ききん》後、高虎の命で讃岐《さぬき》（香川県）に二度派遣された近臣西島八兵衛《にしじまはちべえ》が、高松藩の普請奉行《ふしんぶぎょう》・国奉行《くにぶぎょう》を勤めて実績をあげて帰藩したり、参勤交代《さんきんこうたい》で東海道を多くの日数をかけて往復したり、大名助役として江戸城や日光廟《にっこうびょう》や上皇御所《じょうこうごしょ》や富士山の噴火降灰《こうかい》処理などの普請・作事《さくじ》に多数が出張したりしたのも、藩世界の活動圏とみなすべきであろう。藩世界の視界には、したがって日常的に構造化されているものと、出張・事件・運動として過程的に現れるものとの両方がふくまれることになる。

こうした藩世界は、近世の日本では多数存在しており、乗り込みあってもいたが、藩世界とは異質な公儀御料《ごりょう》（幕領）の世界もあり、藩世界の枠組みが弱いか入組みあって非「領国」の世界をつくっている地域もあった。したがって、藩世界から浮かびあがるもので近世史のすべてをおおうことはできない。しかし津藩は、知行高だけで言えば日本のほぼ一〇〇分の一を占めていた。したがって津藩史に現れてくる多くの要素は、時代を流れる普遍性の度合いの高いものであったと言えよう。

先に従来の〈総合研究型〉の藩政史研究について若干触れたが、少し補足しておきたい。この従来の〈総合研究型〉の藩政史研究にかわる新しい成果をめざした近年の論集に、「藩世界」概念を用いた岡山藩研究会『藩世界の意識と関係』（二〇〇〇年、岩田書院）、「藩社会」概念を用いた岸野俊彦編『尾張藩社会の総合研究』（二〇〇一年、清文堂出版）がある。

従来の〈総合研究型〉と私が略称した代表例は、藩政史研究会編『藩制成立史の綜合研究―米沢藩―』(一九六三年、吉川弘文館)、藤野保編『佐賀藩の総合研究―藩制の成立と構造―』(一九八一年、吉川弘文館)である。その他にも、共同研究・個人研究を問わず、視角としては類似の成果がいくつもある。〈総合研究型〉とは呼んでいないが、先行の藩政史研究の特徴として、前記『藩世界の意識と関係』をまとめた岡山藩研究会論集編集委員会は、それらが部門別方式を採用して権力編成・家臣団統制・経済政策・知行制等々の藩の諸側面を網羅的に分析することをあげている。また、参加者個々の問題意識よりもテーマの割り振りによって全体像づくりがめざされるために、部門間の事実認識の相違が放置されたり同じ事柄が繰り返し対象にされることや、一藩完結の視点に陥って公儀や他藩との比較や関係がなおざりにされる問題点などを指摘している。

こうした批判に対しては、当時の最新の視点で「藩体制」を研究し、それによって幕藩体制を一体的に理解しようと苦心した先学の側にも大いに反論があろう。しかし、ほぼ通有の特徴として、従来の〈総合研究型〉の藩政史研究では、当時の研究状況のなかで影響力を持っていた「幕藩体制の原理」のようにみなされる要素がどこまで大名所領に貫徹しているかを検証するという姿勢に立ち過ぎて、藩世界に存在し生起する現象の側から幕藩体制認識の幅を広げていくという姿勢が弱かったとは言えるであろう。今後の藩政史研究も、先行の成果によって築かれた礎石の上にはじめて新しい足場を設けることができるのであるが、それへの安易なもたれかかりを戒めるためにも、先行研究をあえて〈総合研究型〉と呼ぶことで、藩世界の広がりと強さに応じて現れる不均等な―史料上もふくめて―特徴を十二分に引き出しながら雑多な現象を貫通するものを引き出し、足場の組み替えをはかっていくことが求められよう。

〔藩世界で醸成される政治文化〕　藩世界をこのように理解すると、目を向けるべき圏域はたいへん広いものとなるが、本書で叙述できる範囲は、史料や研究史、紙数や著者の得手などによって限られている。ただ先にも述べたように、いずれの領域を取りあげる際にも、藩世界の中で醸成された政治文化を取り出すことに主眼をおきたい。個々の制度や機構や政策や事件などの目まぐるしい変転が総体としてつくりあげるものは、対抗しあう集団・階級・身分の歴史的合意とでもいうべきある水準の政治文化である。政治文化は、対外条約に似て、それぞれの立場に都合よく解釈されてはいる。しかし、ある社会の大半の構成者によって、濃縮された標語的言辞や要領よく整えられた政治言説となって共有されている。政治文化とは、一つの社会が醸成している政治に関する考え方や感じ方、行動の仕方の総体である。長期にわたる惣無事《そうぶじ》（偃武《えんぶ》）の時間を経る江戸時代の日本のような社会では、それが自明の伝統・慣習として深く根を下ろす。細かな制度や機構や政策が過去のものとなっても、こうした政治文化はその時代に浸透し、そうであるがゆえに、政治文化を支えている現実の基盤が劣化すると体制への不信感と分離を引き起こすが、それ以後の時代の政治文化にも刻まれた記憶が様々な影響を及ぼし続ける。

政治文化の土台には、社会の秩序についての正当と不当の観念の広がりがある。それこそが政治文化の核心であり、歴史的合意（約定《やくじょう》）と呼べるものである。その浸透には、長い惣無事状況が条件になったが、時間の長さだけでなく、藩世界の治者被治者の諸集団間の揉みあいを経ることで政治文化が陶冶、醸成されたのであり、その政治文化にふさわしい人格がそれぞれの身分の中に造形される。

政治文化が醸成されるうえで、もう一つ見落としてならないのは、当年の生者だけがそれをつくりだしたのではなく、生者と死者の合作としてつくられたということである。社会を動かすのは生者だけでなく死者もまた関わるということはいつの時代にもあてはまる。ただ、記憶された太祖《たいそ》高虎や神に祀られた農政役人や、武士家格《かかく》の先祖書・由緒書《ゆいしょがき》提出による証明など、津藩世界においては死せる者はことのほか大きな存在であり、常に後代に向かって発言し続けた。これは近世をおおう特徴である。将軍徳川氏をはじめ、それを囲繞《いじょう》する武家たちの先祖の勲功《くんこう》が幕藩体制という秩序の正当性の根拠であったかぎり、死者となった藩祖《はんそ》の勲功、代々の藩主の人格は、政治力そのものとして現実を動かす力であり続けた。

〔津藩史叙述の条件〕　津藩に関する研究の成果は、県市町村の自治体史編纂、県規模の通史的叙述、共同・個人の研究を合わせれば数多い。幕藩体制を論じる学界の議論でも『宗国史』の史料などが活用されてきている。津藩は、いくつかの藩史がそうであるように、地域史にとどまらない広い視角からの論議の素材になってきた藩である。

それらのなかで、津藩史の史実の編年的整理と史料収載という観点からみると、最大の成果は『津市史』五巻のなかの第一・二・三巻である。これらは、大正《たいしょう》一二年（一九二三）から一〇年間をかけて梅原三千氏が書きためた草稿を、市制七十周年記念事業として西田重嗣氏が整理しなおし、一九五九年から刊行されたものである。第二次世界大戦の際の空襲によって市街の七割以上が灰燼《かいじん》に帰し、多くの文化的資料を失なった津市にとっては、文化遺産と呼んでよいほどの貴重なものとなった。今後もさまざまなかたちで残存史料の調査や解読が行われていくであろうが、梅原氏の達成の意義は減ずることはないであろう。梅原氏は、支藩久居藩についても史料の収集と編集を行い、津市史に先立って大正一一年に『藤影記《とうえいき》』としてまとめたが、この成果も大きい。

もう一つは、上野市古文献刊行会が、息長い校訂作業を踏まえて一九七四年から八一年にかけて刊行した、津藩上野城代家老藤堂釆女《うぬめ》家の編纂日誌である『永保記事略《えいほきじりやく》』（寛永一七年〔一六四〇〕から寛保二年〔一七四二〕まで一〇三年間、一九世紀化政《かせい》年間頃に整理と推定、同朋舎出版部）、同『庁事類編《ちょうじるいへん》』（宝永《ほうえい》六年〔一七〇九〕から慶応《けいおう》四年〔一八六八〕まで約一六〇年間、化政年間頃に整理と推定、同朋舎出版部）、藩主家一門藤堂高文《たかふみ》編修『宗国史』（高虎事績から六代藩主までの藩政史料収録。寛延《かんえん》四年〔一七五一〕自序。事により明和《めいわ》元年〔一七六四〕まで補録。藤堂高芬《たかか》校訂、同朋舎出版部）である。これらは、空襲を免れた上野側に残された藩政史料群の中核をなすものである。古文献刊行会はその後も活動を続け、校訂を終えた重要史料を刊行しているが、右の三史料は津藩史の骨格をうかがううえで欠かせないものである。

さらに現在進行中の成果としては、『三重県史』編纂事業の中で、資料編の近世諸巻（四・四上・四下・五など）に良質の津藩関連史料が収録され始めた。郷土史を超えた学界で活動する編集者らの厳密な校訂を経た信頼度の高い史料集成として、裨益《ひえき》するところがきわめて大きい。

私は、三〇年以上も前に津藩の寛政改革と寛政八年（一七九六）の百姓一揆について研究し、さいわいに単著として公表する機会を得た（『寛政期の藤堂藩』）。しかし、その後一貫して津藩を研究の対象にしてきたわけではないので、その通史を叙述することには忸怩《じくじ》たるものがある。

ただ、先学がこれまでに検討を加え蓄積してきた知見も多くあり、活用を待っている史料群も多い。新しい世紀に入った節目を追い風と解し、あえて津藩史を小著にまとめてみたい。その是正と拡充、認識の深化はこれからの研究者に期待したい。本書がまた、地域史としての藩世界、近世史としての藩世界、その広狭両面からの関心を盛りあげるきっかけの一つになることができればたいへん幸いである。

二〇〇一年十二月二十一日

深谷克己

目次

口　絵

挿　図

表

序　藩世界の歴史認識――「里居臣」の憂慮と藩政批判――

『宗国史』編者の「長大息」

藤堂高文《とうどうたかふみ》の編纂した『宗国史《そうこくし》』は、津藩史を探るもっとも大部な藩政史料であり、またその政治文化をうかがううえで不可欠な文献である。

『宗国史』（寛延《かんえん》四年〔一七五一〕一月一八日の自序。十月宝暦《ほうれき》改元）の題字は、伊賀《いが》（伊州）一国のほか伊勢《いせ》（勢州）、大和《やまと》・山城《やましろ》（合わせて城和）などに広がる津藩支配領を「宗国」と認識して用いた言葉で、津藩史の意味である。その「内編」（歴代藩主の「本譜」「系図」「録」）や「外編」（年表や封彊志《ふうきょうし》などの諸志）の部分けの頭に、撰脩者の藤堂高文は「里居臣《りきょのしん》　藤堂高文謹録」「洞津《あなつ》里居臣　藤堂高文謹撰」「洞津藩衛騎士将　藤堂高文謹撰」などと署名した。

洞津とは安濃津《あのつ》のことで、洞津藩とは安濃津《あのつ》藩《はん》すなわち津藩である（津藩は、安濃津藩とも藤堂藩とも呼ばれ、高文は洞津藩とも記したが、津城を城地とする藩の意味をこめて本書では津藩を用いる。また上野を城地とする伊賀支配の独自性を見て伊賀藩〈伊藩〉と呼ぶことも行われているが、城代《じょうだい》の立場であるので本書は津藩の呼称にまとめる。大名姓や国名や城地で藩名を表す呼び方もあったが、本書は政治組織と領域領民を一体的に表せる藩を多用する）。高文は襲禄《しゅうろく》とともに「騎将《きしょう》」（番頭《ばんがしら》）という軍制上の旗頭《はたがしら》の一人になったが、これは無事の時代にあっては高禄の藩主一門家の名誉職的な地位となり、現実の藩政を動かす立場ではなかった。高文の藤堂家は藩主一門であるだけでなく、初代は上野城代を勤め、その後は実際に藩主を送り出した最上級の家筋であったから、「里居臣」、すなわち在郷の臣という自称には、「騎将」（「騎士将」）という、呼び名は立派でも閑職にあった身をやや遠慮気味に言い表す意味があると解することもできなくはない。しかし、高文が「里居臣」と記すのは、それをこえて、在郷《ざいごう》の者の目で物事を凝視する臣下という意味をもともなっていたと理解される。そして在郷の者の目とは、高文にあっては眼前の藩政への批判の目にほかならなかった。

外編の「封疆志附考《ふこう》」の頭に記された「里居臣」をみれば、痛烈な批判の立場が「里居」の文言に込められているとみなければ説明できない。「附考」の全文が、当年の農家経済の困難さの事実と原因の考察、藩のなすべきことを指摘したものである。高文によれば、「有司《ゆうし》」（藩役人）が「民ノ業ヲ安《やす》ンゼザル」有様を見て、「君《きみ》ソレ誰トトモニカ邦《くに》ヲタモタン」ことを憂慮し、自ら「老農《ろうのう》」に「民間之疾苦」を審《つまび》らかに聴き取ったと、いかにも「里居臣」にふさわしい行為を重ねたうえで、「附考」を書きあげたのである。

この部分は、藩政史料の編纂ではなく、自らの調査、考察の結果を記述したものである。そして、「年来、所々承《うけたまわり》合《あわせ》、書集」めて整理したうえで、「撫恤之政《ぶじゅつのまつりごと》」を藩に強く求め、もしもそれが実行されないならば「数年之内ニ如何《いか》様之《ようの》変事《へんじ》」が突発するかもはかりがたい、と警告しているのである。その警告は、高文の死後一〇年あまり経った寛政《かんせい》八年（一七九六）に、津藩史で初めての大規模な惣《そう》百姓一揆《びゃくしょういっき》として現れた。

以下に一八世紀半ばの状況を述べるのは、その細部の史実を証明するためというより、津藩の一門最上級家臣のこの時期における「歴史認識」のあり方を明らかにするためである。藤堂高文は、「近年次第ニ困窮」の原因を明らかにするために、これまで一〇〇余年にわたって「封内治安」の基礎になった「田畠検地《けんち》ノ法」にまでさかのぼる。検地の法（一坪は六尺五寸四方）、石盛《こくもり》の定《さだめ》（上々田《じょうじょうでん》から下々畠《げげばた》まで）から、本高《ほんだか》（分米高《ぶまいだか》）と「平《なら》シ高《だか》」（毛付高《けつけだか》、帯高《おびだか》、延高《のびだか》、無イ田）の相違に進み、「宗国ノ税法ニシテ他領ニハ無キ」平高《ならしだか》について「延」の多少の具体例をあげ、検地竿《けんちざお》の延縮も指摘する。「百姓家数人数年々ニ減少」の現状を「打捨置玉《うちすておきたま》ハ、此末何ト成行《なりゆか》ン」と嘆じて、「当路ノ者ヲ警策セン」ために、困窮の原因を「聴《きき》タル儘《まま》ニ書記」すと、ここでも自身の調査にもとづくことを明言している。

『宗国史』には農家経営の収支試算（「中百姓一人前耕作積《つも》リ」）が載せられており、農村史・農業史の視角から利用されてきたが、その試算は「附考」の中に収められたもので、農家困窮の実状を明らかにするための一作業として、高文が「聴タル儘《ママ》」をもとにまとめて、「検地之法」の次においたものなのである。もちろん経営収支は、個々の農家事情により損得が生まれる。高文もそのことは承知しているから、「御家中ニ而《て》知行高百石取《こくとり》之勝手」を算出するようなものだが、風聞だけでは証拠のないことになるから、計数によって「産業之虚実」をわかりやすくするために事例をあげると断っている。

「中百姓一人前耕作積り」　高文の経営試算は、以下のとおりである。

一　田方七反《たん》　高《たか》一九石《こく》二斗《と》三升《じょう》四合《ごう》（一反は一〇アール弱、一石は米約一八〇リットル）

一　畠方四反　高三石三斗五合二勺《しゃく》

二口〆《しめ》　高二二石五斗三升九合二勺　畝《せ》〆　一町一反

この経営は田畠合計一町一反であるから、小百姓ではなく、高文も「中《ちゅう》百姓」と呼んでいるのだが、一夫一妻の小農《しょうのう》家族を土台にした経営であることにはちがいはない。高文は、「検地之法」で安濃《あの》郡神戸《かんべ》村（津市神戸）の本高二六八八石五斗六升五合が平高（第二章）三八三四石四斗にも延びる事例を紹介し（本高は「元禄郷帳《げんろくごうちょう》」）、ここに始めた経営例をもとに、空論を避けるためとして、「仮に去年、神戸村之免札《めんさつ》之割《わり》」で百姓負担を計算していく。平シ免四つ二分六厘九毛（本免《ほんめん》＋口込《くちこみ》・目払《めばらい》・修補米）で、年貢米は高二四俵二升二合となる。これが「中百姓一人手前より上納」の額だが、この基準を神戸村にひろげて本免（米一二二七石八合）、口込・目払（米六二石五斗七升七合）、修補米（米一五七石二斗一升、種貸米利足、大庄屋の津滞在雑費）、修補米口込目払（米八石一升八合）、千石夫（米三二石六斗三升一合）と細かく負担の性質、経緯を説明しながら計算していき、神戸村としての御《お》蔵《くら》への上納米を合計米一四八七石四斗四升四合と算出する。

村負担は藩への上納だけではなく、村財政として徴収すべき費目がある。「地《じ》下《げ》小《こ》入用《にゅうよう》」は、用水路の堰《せき》浚《さら》い・川浚い・溝などの掃除夫、道作り夫や働き人足《にんそく》など、それに庄屋が用いる紙墨筆や日常なにかと出る村方の入用がある。もう一つ、広い意味での村運営費として「御国割《おくにわり》」があった。これは「御大名方御通行、殿様江戸御上下・伊賀御往来関坂ノ下往還筋《おうかんすじ》之掛《かか》り物《もの》、助郷《すけごう》等之入用」で、この種の領主の通行に関する人足関係の費用は、村財政の内に常備されなければならなかった。これら「地下小入用」が米一四九石四斗六升一合かかる。もちろん実際は金銭で出費するのだが、高文はすべて米支出として算出しているのである。

こうして上納分と村入用を総計すると、神戸村は一六三六石九斗五合をださなければならない。これは平高で出された村高三八三四石四斗四升に対しては四つ二分六厘九毛（四二・六九％）だが、「他領之通之本高ニ而ハ九ツ四分弐厘壱毛三糸余」となると、高文は指摘する。

免七ツ八ツより九ツ迄ヲ公平とす。十ニ充タルをすくみと云て虐政とす。然は九ツ余は右ノすくみに近く、高免と見へたり。

と高文は言うのだが、このとおりのことがすべての村で行われていれば、もっと早くに津藩体制は崩壊しているであろう。平高も「村ニヨリテ延《のび》ノ多少一様ナラズ」ということは高文が「検地之法」のところで書いている。それにしても平高の重圧が中期の郷中疲弊の大きな一因とみる観察眼が、近郷で延率の高い神戸村を事例に選ばせているのである。

こうして藤堂高文は、先に村請の負担を計算しておいてから、先の中百姓の経営に戻って詳しく収支を積もっていく。

是《これ》を、右之田畠壱町壱反持たる百姓之高ニ引受け算用して見れハ、農民之困窮する所以《ゆえん》明白ニ知れる也。米の出来に依りて少ツヽ相違あれは、今豊凶ヲ平シ、中ヲ取て田一反ニ米五俵出来る積り也。但、中之出来とハ雖《いえど》も、五俵上れハ、先ず豊年之方也。

収入は、一町一反のうち田七反から米三五俵が収穫できるが先の率で年貢米が二四俵二升二合になるから、残りの一〇俵三斗七升八合が「田主作徳《さくとく》」となる。計算の上ではすべてが現物米になるが、実際には米は商品である。その「米売払代金」が三両三分九匁五分三厘となる。高文は、これについて、

米値段は年々高下定まらざる物なれとも、十年之間平シ見れば、津相場弐拾八俵ニ付く故ニ、諸事積り事ニハ中ノ価ヲ用いて、金拾両ニ付弐拾八俵ノ積りトスル也。

と見積もる。これが経営の必要経費に当てられる。

一町を上回る中百姓では、どれだけ丈夫でも一町一反の耕作は一人ではできないことだから、男の奉公人一人の給金に二両二分程は必要となる。また「妻子」がいても、ほかに下女一人はいなくては、これだけの作りはできない。それゆえ、女の奉公人一人の給金に二両余が必要となる。

農具修理と牛か馬かを一頭飼わなければならないので、その飼料のうち購入するものが出てくる。合わせて金一両程である。ただこれも、「農具」を新たに拵《こしら》えたり「牛馬」を売替えたりすると不足

になるが、とりあえずはこれくらいに見ておく。次に肥料の干鰯《ほしか》代（一反に金二分）が三両二分程掛かる。かりに田へ干鰯を入れずに人糞尿《じんぷんにょう》にして金一両くらいに出費を抑え「土ごゑ并芸草《ならびにうんそう》」を使ったりすると、干鰯を施した田とは米の出来が悪くなり田の地力が落ち、翌年役に立たなくなるのでどうしても干鰯を使用することになる、という。もはや干鰯以前の自給肥料時代には戻れなくなっているために経費がかさむのである。

以上の経費四口で金九両程になる。これを先の作徳米代から差引くと、金五両と五匁四分七厘が「不足」となる。たとえ豊年で一反に五俵代の出来だとしても三両三分と五匁の「不足」になる。

そこで、この「不足」を補うのは「畠作」からの「助成」だけであるとして、その計算を行う。畠は四反であるが、そのうちの二反程に麥《むぎ》（麦）作を行う。この収穫がおよそ一〇俵程。残りの二反程には、菜・大根・綿・大豆・小豆・黄粟《あわ》・稗《ひえ》などを作って収穫する。これらの外に百姓の手に、「粉米・ゆり粉」が田一反に一斗四五升ほど手に入る。ただし、これは百姓家族の食物なので売払う物ではない。また田から一反に三〇束から五〇束の割合で藁《わら》が取れるが、これは年貢米の俵縄《たわらなわ》に使ったり、屋根を葺いたり、耕作用の籬《まがき》を拵えたりするのに用いる。余りがでれば少しは売払うが、値段は知れたものである。

こうして、農家は畠作物を売ったり、「木綿《キワタ》」を取って木綿《もめん》を織ったりする。山方の百姓なら、山林を買って薪《たきぎ》を伐出したりする。それらの売払い代金で「御年貢米之不足」を補う。しかし、それらを合わせてもおおよそ一両二分をこえることはなく、それ以上は不足となって「困窮ニおよぶ」という。ただし、農家にとってわずかな余稼《よかせ》ぎはそれだけに大事なものであり、村によって「茶・たばこ・紙」などを売出す所もある。しかしその収入も年貢米の足しにするので、農家の「余徳《よとく》」になることはない。

高文はさらに、この計算は年貢米の不足だけで、百姓家族の「衣食住之費」はこれ以外であるとつけ加える。また畠作にも肥料は要るが計上しておらず、田作の経費も随分「内場に積り」を出しており、もし経費を十分に見込み、収穫を少し控えめに見積もれば、いっそう「不足」は多くなると書き加える。

半世紀間の変化のあらまし　藤堂高文は、平高制による「すくみに近く高免」をあげたが、平高制は一七世紀の半ば頃から実施されてきている。平高も一因であるにせよ、なにかが変化してきて、それと組み合わさって重圧となったのである。

何故斯様《かよう》ニ不足多く相成《あいなる》と考ルに、三五十年以前とハ、田畠之売買、諸式之代物《だいもつ》、甚《はなは》だ高下《こうげ》相違これある故と相聞《あいきく》、其の相違、荒増《あらま》し左の如し。

『宗国史』の自序はちょうど一八世紀の前半と後半を分ける一七五一年に書かれたが、高文が著述三昧《ざんまい》の生活を終えて死んだのは天明《てんめい》四年（一七八四）である。未完で終わっているのだから、自序執筆以後、三三年に及ぶ余生の間に訂正したこともあったであろうし、書き加えた部分もあろう。高文は、

「三五十年以前」のほかにも事柄によっては、「先年」「十二三年以前」「三十年以前」「三十五六年以前」「四十五六年以前」「四拾七八年以前」などと使い分けている。何年からとは確定できないとしても、津藩史の第四期のうち、おおよそ三代藩主高久治世（元禄一六年〔一七〇三〕没）の後から半世紀くらいの間に、価格が上がり経費が増えるという変化が目に見えるほどに進んだ。貨幣と売買の経済の浸透である。それは、一八世紀の前半か半ば過ぎへかけての五〇年間くらいの間に広がったことで、高文が調べたのは、以下のあれこれである。

まず田畠。三五、六年前は良田だと一反一〇両余で売買された。村によって高下はあったがほぼこれくらいであった。ところが近年では質物《しちもつ》にさえ取らない所が多いと聞く。先年七、八両くらいで買った田地を、近年では只《ただ》でさえ貰《もら》ってくれる者がおらず、金子《きんす》を添えて貰ってもらう有様である。金子を添えても貰ってくれない場合もあると聞く。先年「元金返し」の約束で売買した土地を、近年は元金で戻したいと申しいれても請取らないと聞く。もともと田地の永代売《えいたいう》りは「御制禁《ごせいきん》」であり、手《て》元不《もとふ》如意《によい》でいったんは売っても金子を調達すればいつでも元金で田地を取戻せるという「大法」があり、これを「元金返し」と言う。石盛《こくもり》が先年は上々田一石五斗五升、上々畠一石一斗五升と高いため作り損になり、下々田は三斗五升、下々畠は一斗五升だから作り損は少ない。このため「上田・上畠持たる百姓」が特に難渋する。高文は、外からは上層百姓が良いと思われそうだが、実はそうではないことを見抜く。

次に奉公人の給金。先年は男一人の給金は一両二分くらい、女一人は一両一分くらいであった。ところが近年は男一人の給金は二両二三分から三両くらい、女一人が二両二三分くらいに上昇した。つまり二倍以上になったのである。

肥料はどうか。干鰯は、四五、六年前は金一両で一俵に一石入りの干鰯を八俵半から九、一〇俵くらい買えた。一二、三年以前はまだ高値の年でも五、六俵は買えた。ところが、近年は一両で三俵半くらいしか買えず、しかも品質が宜《よろ》しくない。そのため先年は金一両で田四反半程に十分施肥できたのに、近年はわずかに二反程しか干鰯を施せなくなっている。

油滓《あぶらかす》も、三〇年前は金一両で四七、八貫目くらい買えたが、近年は二七、八貫目くらいに上がっている。「糞汁」（人糞尿）も近年おいおい高値になってきた。これはなぜかというと干鰯が買いにくく、それ以外の肥やしにきり替えるためで、すべての肥やしが高値になってしまうのである。

農具や諸道具。これも先年とくらべると「高直《こうじき》」になっている。山から産出する鉄鋼・炭などの値段が昔に倍する勢いで、鍛冶《かじ》の手を経る物が自然に上昇する。その外に樫木《かしのき》類や職人の細工道具などが上がってきているのが「天下一統之時勢」である。

牛馬。これは先年とくらべて「下直《げじき》」になったと聞く。しかしそれは諸国の百姓が弱って「飼養人少き故」であり、津藩の領下も「昔とハ半減」の頭数である。

「御国割掛り物」は、一八世紀前半の享保《きょうほう》年中（一七一六〜一七三六）までは「平高千石ニ付、銀弐百匁より弐百四五拾匁位」だったが、近年は三倍にも上昇して一〇〇〇石に七〇〇匁余になった。このうち助郷人馬賃銭は、「四拾七八年以前迄ハ、掛ル年も有り掛からざる年も有之たるよし」。ところが近年は夏冬二回も、「伊勢御領《いせごりょう》」だけに三〇〇〇両程も掛かる。仕方なく百姓から集めるが、夥《おびただ》しい額になりすぎるため、藩が検査して必要分だけに抑えた。そのため少しは減ったが、大方《おおかた》は似た額である。

助郷は、「関坂下辺往還之人馬」を津藩領から助けることで、二代高次代は軽かったが、後年しだいに増してきた。というのは、近年は勅使《ちょくし》や大名も倹約のために「御手人少く、たとへは八人釣《つり》し長《なが》持《もち》も、持人弐人位」にしぼって、不足分は宿人足を使って通行するからである。前日から人を揃えて準備して二日も三日もかかる。賃銭は三日分だけで長持一つに二四人も要するが、「御供廻《おともまわ》り」の末々までこまごま書きあげたらきりがない。馬も宿の常備馬が少ないので村から出す寄馬が多く必要になる。そのうえ近年は町人たちが、「宮方堂上之衛符《みやかたどうじょうえふ》」を携行して通行するので人馬がさらに多くいる。これは公定の賃銭を取りにくく、村側ですべて差額を償うため、先年にくらべて負担増になったのだと聞く。

「殿様」の江戸参勤の上り下り、伊賀伊勢間の往来入用は大きくは変わっていないが、伊勢と伊賀との藩士往来は他領にはないことで、「中頃」より国中からその入用を上納するようになった。このため家中の往来も馬銭も取らないようになり、まるで「御上《おかみ》」が与えた馬のように諸士が心得るようになった。そのうえ近年は、家中の倹約のために馬代を百姓から取立てるようにさえなった。こうして元の意味が変わったために村方の出費が少し増えるようになったと聞く。

村々の人足賃・筆墨紙やその外の諸入用も、先年より少し増えたという。

以上の諸要因で困窮に及んだが、「助郷入用」と「干鰯高直」の二つがなかでも難渋の元であると聞く。

高文は次に、あらためて「毛見升附《けみますつき》」（坪刈《つぼがり》）の計算を行う。上々田一坪（一歩）で籾一升二合が取れれば米に摺《す》って六合である。一反では米四俵二斗の収穫となる。これに「平シ免四ツ弐分六厘九毛」を掛けると年貢米は三俵二斗四升一合の上納となる。残った米三斗五升九合が百姓の「作徳」となる。これでは高免になり、百姓の雑用を差し引きするといよいよ不足が多くなると高文は結論している。

高文は、ここまで調べ上げて、ついでに「百姓食物」について聞いたままだとして次のように書き記している。一年中米麦（麦）を喰物《くいもの》にできるのは、無足人《むそくにん》（津藩郷士の総称）・庄屋の類で、一村に一二家しかない。

> 百姓と申ハ、年中麦《むぎ》のみ喰候者《くいそうろうもの》、大郷にも一人もこれなし。何《いず》れも随分粗食をたべる事に候。春夏は一日に一度ツヽ麦飯をたべ、其外ハ粉米なと一人前ニ壱合ツヽ之積りニ入、ゆり子団子・芋・大根・茄子《なす》・小角豆《ささげ》・小麦・唐黍《とうきび》之団子、或ハ小麦糠《ぬか》・引割之類のみ喰申候。秋冬と申内、秋は別而骨折《べっしてほねおり》、米も手に入故、上納米ニ成らざる悪米之飯一度ツヽたべ、二度ハ彼ノ団子ニ芋・

大根・菜・荒和布《あらめ》之類、其外蕨《わらび》・狗脊《くせき》茨ノ根・虎杖・柿葉・笹ノ実・だんぎょうぼ（一曰、まんほ）・田螺《たにし》、惣而《そうじて》海辺ハ貝類、山中ハ木根《きのね》・草ノ葉ヲ喰て飢《うえ》を凌《しのぐ》事珍らしからず。凶年は勿論ノ事也。

津藩の最上級家臣高文は、このように艱難《かんなん》のなかで暮しているのに、百姓が奢《おご》るゆえ困窮するなどと「上へも申上《もうしあ》ぐ事、筋なき儀」と批判する。ここまで徹した観察を知れば、高文の「里居臣」の自称は、心底から自己認識を表明したものと見ざるをえないのである。

藩政に期待する撫恤の七か条　藤堂高文は、津藩の上級家臣であって文人ではない。批判はただちに政策的な提言に変わる。高文が、「撫恤《ぶじゅつ》」の課題としてあげる具体策は七項目である。いささか長きにわたるが、一八世紀半ば過ぎの藩世界から生み出される歴史意識・政治意識をうかがう格好の素材として、高文の詳細な藩政批判を読み通しておきたい。またその認識の仕方にも注目したい。

一、年貢の引き下げ

伊勢の蔵入地《くらいりち》（藩直轄地）で「免札《めんさつ》」（年貢）を米一七、八〇〇俵から二五、六〇〇俵ほど引下げれば、所持高一〇石くらいの百姓は平均して七、八升から一斗ほどの「御救《おすくい》」になる。これで百姓も力づき田方も遊ばず、領内の人口も増えるであろう。七、八升や一斗くらいの事で損益はなかろうと思われようが、それは「百姓之事」を御存知ないからである。僅《わず》か米五斗の差で潰れなかったり潰れたりするゆえに、諺《ことわざ》に「五斗百姓」と言うのである。

二、不登熟の稲の検分

「不立毛《ふりゅうげ》」（不登熟）の「見立《みたて》」（検分）は、享保年中までは凶年時は勿論、不作を申し出れば改めがあり、程度に応じた用捨があった。ところがその後は、年貢米が半分以上も不足になる年は検分があるが、半分以下なら百姓側が償うことになり迷惑してきた。不熟米の損をすべて村で償う年もある。検分には経費がかかるためこういう仕方になったが、これでは「田地持之百姓」がとくに痛みになる。「当り作之者」（小作農《こさくのう》）も損失が多いので作りを放棄する。地主の中には小作料を低くして自分が肩代わりしたり干鰯代を反《たん》当り金二分三分も貸したり、飯米として米一俵くらい利無しで貸して耕作を頼む者さえいる。これは自分で「大作」をするより損が少ないためである。小作農も一、二年続けて作ると身上《しんしょう》が潰れるので、春夏の肥やし代が損になっても出来た稲を地主に戻して作りを棄てる。

こういうわけで耕作以外の渡世に手を出したり他国へ奉公にひそかに出かけるため、先年から人数改めで減少している。「御国繁昌之証拠」である伊賀でも同様と聞く。「当国」（伊勢）へ伊賀から来た奉公人は、地元の町郷中役人が近年吟味して一人残らず呼返したが、伊勢領下は人を呼返しても一向に作りが成り立たない。伊賀は伊勢よりましで、次々と伊賀へ戻る。そのため津町方の奉公人が少なくなり、給金が上がってきたため家中《かちゅう》の男女奉公人が町方商家へ移った。家中奉公人がにわかに減って給金が高くなった。枝葉の事だが、すべて困窮に起因することである。経費はかかっても、不作を訴えてくれれば、多少にかかわらず先年のように検分を行うほうが、「下《しも》之益」と考える。

三、請免の中止

近年は村ごとに「免」(年貢)を一定年数の豊年凶年で「平シ免」にし、五年あるいは十年間はこれだけと年貢を固定させて請け、実際の豊凶は見ずに上納する(請免《うけめん》、第五章)。十年で請けて、五年凶年五年豊年なら「上下《かみしも》」ともに不利でないみたいだが、凶年には米が大いに不足して米価も高直になる。高値で年貢の不足米を買入れるため代金が多くかかる。その借金の「利息」が豊年になるまでに増えるから「甚痛《はなはだいたみ》」となる。豊年に米が多く取れても、米価が低落するから凶年に借入れた元利に足らなくなり、借金が残って「困窮之基」となる。孟子《もうし》が「貢助之利害」を論じているのは今日とたいへん似ている。

最初に請免を発案した藩役人は検見《けみ》の雑費も要らず、「下にも益」になるはずと考えたと思う。百姓はそれ以前は毎年検分してもらっても坪刈《つぼがり》の見込みより年貢が高くなるので、もしや豊年が続けば益にもなろうかと、この請免を承諾したのである。ところが凶年が続くことがあって「大痛」になってしまう。もっとも非常な凶作になれば請免とはいっても「御用捨《ごようしゃ》」はあるはずだが、とりたてて凶年と申立てる程でもない場合は見立て願いをするわけにもいかず痛みになる。こうしてみると毎年稲穂の出来不出来を考慮して年貢を決める「古法」も捨てがたい利点がある。

四、村送夫の賃米給付

文書などの村送りについてはもともと村送り場と呼ばれる村々があって、毎年「夫米《ぶまい》」(賃米)の

「下行《げぎょう》」（給付）があり、大庄屋同士の帳面のやり取りにもこの村々には夫米が給付された。しかし他の村々は大庄屋の書状を隣郷まで運んでも夫米給付はなく、村で自弁してきた。そのため小高の村はとくに難儀してきたが、なかでも山中の村は隣郷が遠く、距離に応じて村が夫米を与えるので村入用が多くかかる。村送り場の夫米は年末に奉行所へ届けて米手形で下付されるが、他の村も帳面に書き出して給付されると負担が軽くなる。

五、多額の借金を抱える村や立ち行かない村は訴訟すべきこと

年貢皆済《かいさい》は現米でする村も手形で上納する村もある。現米上納の村でも「立行《たちゆき》」がたいのは同じである。「御上」への年貢皆済は可能でも、諸経費のほうが不足になる。どの村でも不足分は町人から「村役人連判」で「御年貢米立替金」という名目で借用する。その借金や畠作物の売却、別の稼ぎで年貢の不足を埋めようとするが、不足分には足らない。百姓はそれ以外に収入はないので田畠を受取ってもらうことになる。ところがそれを買う人もなく、藩役人が作るというのも作法に合わない。村の「中地《なかじ》」にすれば村中の難儀となり、庄屋が作れば庄屋の身上が潰れる。「中地」というのは、村の指示で百姓に作らせ損失分は村から償うやり方をするもので、こうしないと「御田地」が荒れてしまうからで、近年はこういう耕地ができて難渋している。庄屋・百姓が行届かないために起こることではないので、庄屋が藩に訴え出て、藩から「御下行」（給付）があれば村が「立行」くようになるのではあるまいか。

六、普請の資材は現場の村に調達させること

近年は、川除《かわよけ》（袖籠の突出しなどの洪水防止施設）や池・溝、その外の普請を村々が願いでると、その必要資材を郡奉行《こおりぶぎょう》所出入りの町人が調達して代金を村から銭で受取る。今後は、杭木や釘類、材木や石類、蛇籠《じゃかご》・臼籠《うすかご》・柵竹《さくだけ》などすべての入用物を普請をする村で調え、職人もその村から依頼するようにしたい。こうすれば物入《ものいり》が少なく、永く持つようになる道理である。

七、猪鹿被害の山村は年貢用捨

前々から「見立《みたて》」といって水田が旱損《かんそん》・水損《すいそん》で収穫皆無になると藩の役人が検分して年貢米が用捨になる。このところ山中の村々で猪鹿《いのしか》がひどく暴れて谷奥や山下の田畠の作物が生育しない。人力の及ぶかぎり防ごうと猪鹿狩りを行うが、なかなかうまくいかず、田畠に荒草や芝を生やして毎年終わってしまう。しかし表向きは田地を荒らすのは「御制禁」であるため、年貢は「御地主」（百姓）が都合して毎年上納する。それで難儀になる村が山中には多い。「延高」（平高、第二章）のある村は、「荒地之痛」がとりわけ強くひびく。持高の中に荒地が多い者は、だんだん弱ってそれを「沽却《こきゃく》」（売却）する。そうすると、この荒地がまた村の「中地」になり、年貢米が村高にかかる。これらの荒地を吟味してもらい、せめて年貢米の三割か二割は毎年用捨とし、三分の一は「地主損」で上納すれば、田畠を売らなくて済み、「道理」にかなう。これは旱損・水損と同じ事である。山奥で夜昼とも見張番をしていては渡世がなりたつはずがなく、猪鹿の被害は人力の及ばざるところである。

以上、年来あちらこちらで聞き集め書き集めたものである。御領下は広いことであるから少しずつは違うだろうが、「立行」がたいという点で違いはない。右の七か条の中でも、第一の「御免札」の軽減が実行され、外の箇条もおいおい聞き届けられて「撫恤」が行われなければ、「数年之内ニ、如何様之変事出来も難料《はかりがた》」いと考える。「前者之覆轍《ふくてつ》」を見て己を戒めることは智者でなくとも可能なことではないか。

高文の政治思想は、「撫恤之政」で表される。それは仁政《じんせい》と同義であり、民百姓を慈しみ憐れむことである。このような政治思想は、高文が孟子の言をあげて立論しているように、東アジアの孔孟的儒教文化に淵源するものである。仁政思想は、津藩でもすでに一七世紀のあいだに藩世界に深く染み込み、そこでの政治文化になってきたものである。しかしそれだけに、その後の現実次第で領民の不満はかえってより強いものとなることがある。なぜなら領民は、そうした政治文化の受容のもとでは、生存保障が当然という一種の「被治者の権利」感覚に似た正当性の意識が育つからである。したがって治者がなすべきことを放棄したり間違ったりすれば治者被治者の「歴史的合意」は弱化し崩壊しはじめる。

藤堂高文は村々を訪ねて聞き取りの調査を重ね、村や庄屋が訴え出ることさえ勧めているが、だからといって被治者を代表する者ではない。しかし治者の代表だと狭く決めつけるのも適切ではない。「里居臣」の自己認識はその狭さをこえたところに生まれたものであろう。中百姓の経営分析や撫恤七か条案によって、高文はいわば近世的な政治文化の代表、あるべき幕藩体制の立場で状況を観察し提言しているのである。その政治文化は治者と被治者の折り合いを土台にして成り立ち、それが揺らぐとそこへ戻ろうとする自己修復の力が働く。「里居臣」はそういう合成力の表現なのである。

藤堂高文と『宗国史』　藤堂高文（はじめ高満《たかみつ》）は、享保五年（一七二〇）に生まれ、天明四年（一七八四）に没している。高文の生家は、高虎の異母弟高清《たかきよ》から発する重臣藤堂出雲《いずも》家である。高清は元和五年（一六一九）に七〇〇〇石の禄高とされ、初代の伊賀上野城代を命じられた。高清は通称の与右衛門《よえもん》を出雲と改名し、子孫も襲称したので、この家筋は出雲家と呼ばれ、幕末まで分知《ぶんち》せず家禄を保った。高清の長男高秀《たかひで》は幼年から公儀の「質」（証人）となったが、次男高英《たかひで》が寛永一七年（一六四〇）に相続して、津城に移った（伊賀城代は伊賀土豪出身の保田《やすだ》氏改め藤堂釆女〔元則《もとのり》〕家に交代）。この高英は慶安元年（一六四八）に「騎将」に任じられているが、これはいわゆる番方《ばんかた》の役職であり、高英の家筋、禄高からすれば津藩軍事部門の最上級の番頭《ばんがしら》役であった。三代高明《たかあき》も幼年から公儀の「質」になり、寛文五年（一六六五）に証人制度が廃止されてからも長く江戸に留まった後、津に戻って襲禄し「騎将」になった。四代高《たか》武《たけ》も「騎将」となったが、弟（第四子）の高治《たかはる》は支藩の久居藩主（四代）になり、さらに宗家の津藩主（六代）になっている。出雲家五代の高豊《たかとよ》はいったんは襲禄し、「騎将」となったが、一年後の享保一三年（一七二八）に久居藩主（五代）になり、七年後に本家の津藩主（七代）になった（後に高朗《たかあき》と改名）。「里居臣」を称した高文は、この高朗の弟である。兄が久居藩主になったので出雲家六代を襲禄し、

「騎将」となった。八歳の幼ない当主だから、「騎将」はいよいよ名門家格についたものだということになる。この時、叔父は津藩主、兄は久居藩主である。高文は津藩世界の政治中枢の一族に属し、自身も藩主一門であり最上級の家臣であった。さらに出雲家は、高文の長子高璞《たかたま》の長子高矗《たかなお》が久居藩主（十一代）になり、高文の弟の高周《たかちか》の長子高衡《たかひら》も久居藩主（十代）になっている。つまり孫も甥も支藩の藩主なのである。他の高禄家臣が城代など政務の枢要の職務についたのに対し、出雲家は、いわば津藩における「王家の再生産」を人身的に支える存在であり、『宗国史』を加えれば、津藩世界に正史的な歴史認識の素材を提供しようとした家だったということができる。

　高文の教養は儒学である。少時から向学心が強かったと言われるが、八歳で七〇〇〇石を襲禄すれば、教養ある武士、嗜《たしな》みのある武士に成長することが大事な目標とされたであろう。高文は、古学の奥田士亨《しこう》（三角《みすみ》）に師事し、高弟となった。また武術では柔術に励んで上達した。宝暦元年（一七五一）に三一歳の若さで致仕したが、この時には『宗国史』の自序を書いているから、『宗国史』の編纂事業は二〇歳代で始められたことになる。この編纂が「私撰《しせん》」か「奉命」かは決めがたいところがあるが、最初は「高山公《こうざんこう》（高虎）譜」の私撰から始まっている。のちに公務的な作業に変わったとしても、最高位の一門家臣にふさわしい良き治者に成長しなければならないという使命感と結びついていたことはまちがいないであろう。

　高文の致仕の理由は、「故《ゆえ》」（系図）ありてとされ、また「疾《しつ》」（碑文）によるともされるが、津藩主としての実兄高朗から対面を禁じられたという逸話（『津市史』三）や「封疆志附考」の過激さをあわせれば、病気だけでの理由に解しないほうがよいであろう。対面禁止が何年のことかはわからないが、『宗国史』の編纂事業を通じて、「里居臣」の視座を固めつつ藩政の弱点を認識し、「撫恤之政」の緊急政策を七か条にまとめた高文が、面謁の機会に、三一歳の気負いゆえに、また藩主との近さゆえに、直諫《ちょっかん》に近い意見を開陳することがあったと推測することは十分ゆるされよう。高朗もまた領民の表彰（孝子・孝女・節婦・篤行者《とくこう》）を行うなど人格的には仁慈の評判を士民から得た藩主だったが、日光改築助役で二四万両を使って藩財政は転落し、生活の上昇と生活の苦しさが両面ともに襲ってくる一八世紀半ば過ぎの世相は津藩領にもくっきりと現れ、それらに対し藩政としては解決力を持たなかった。高文の「封疆志附考」の観察や提案は、実行責任のある藩主としては受け入れがたいものが多かったであろう。

ともあれ、若くして家督を譲った高文は、岩田川・安濃川の下流に挟まれた安濃郡乙部《おとべ》村（津市乙部）にある下屋敷《しもやしき》（本邸は丸の内）に隠居した。その後は終生、研究と著述に専念した。その成果として、大坂の陣での藤堂家の戦功を明らかにした『元和先鋒録《せんぽうろく》』『八尾戦功弁《やおせんこうべん》』など、中国の儒学や兵法に関する『論語長箋《ろんごちょうせん》』『孫子《そんし》長箋』など、和学に関する『国朝詩源』などを残した。

『宗国史』は、高文が編集したが、これを寛政一一年（一七九九）に一五歳で出雲家第九代を襲禄した藤堂高芬《たかか》が修訂補正した。高芬も学業・武芸に励み、紛争の解決にも当たり、藩主高兌《たかさわ》も城代以上の扱いをして意見を聞いた。高文とは姿勢に異なるところがあるとはいえ、藩政の使命感では似ていたと言える。高兌が数年先と警告した「変事」（寛政八年百姓一揆）が起こってわずかに三年後に家督を継いだ高芬にとって、その警告をふくむ『宗国史』の校訂はたんなる文事ではなく、きわめて実践的な営みであったはずである。

『宗国史』は戦災のため完本として残っていないことと、数え方にもよるため、構成の細部については検討すべき点が残されているが、近世の藩世界の中での大規模な歴史編纂であったことは疑いがない。高文系図では「七十巻」、高芬墓碑には「一百巻」と記すが、『津市史』は、合計百二巻で、本譜一二巻、定彊功臣年表一巻、世襲年表一巻、賜姓年表一巻、系統録二巻、祀典録《してんろく》二巻、遺書録一巻、賜書録一巻、封彊志四巻、盟府志二巻、経制志一巻、朝聘志《ちょうへいし》一〇巻、邦規志八巻、国約志一〇巻、職品志五巻、兵賦志《へいふし》二巻、世家《せいけ》一巻、列伝三八巻からなるとしている。内容は、藩祖（高虎）からの六代史と言える史書で、藩主家の家譜、遺訓から家中・郷方《ごうかた》町方への軍法・教諭、相続・儀礼・祭礼・家産所持・金融・産業・流通などにわたる法制などが編集されている。

『宗国史』編集、『宗国史』校訂のいずれもが、「撫恤之政」を視座にした時に浮かびあがる藩世界の変容とそれへの藩政の不適応という切迫感を動機にするものであったことは疑いないであろう。

津藩の史書と編纂の時期　家、村、領、国の広さで、上下の身分が広狭の地誌や歴史書を著述したのが近世である。それらは、偃武安定の環境が土台となった面と、安定が揺さぶられ偃武が不可能に

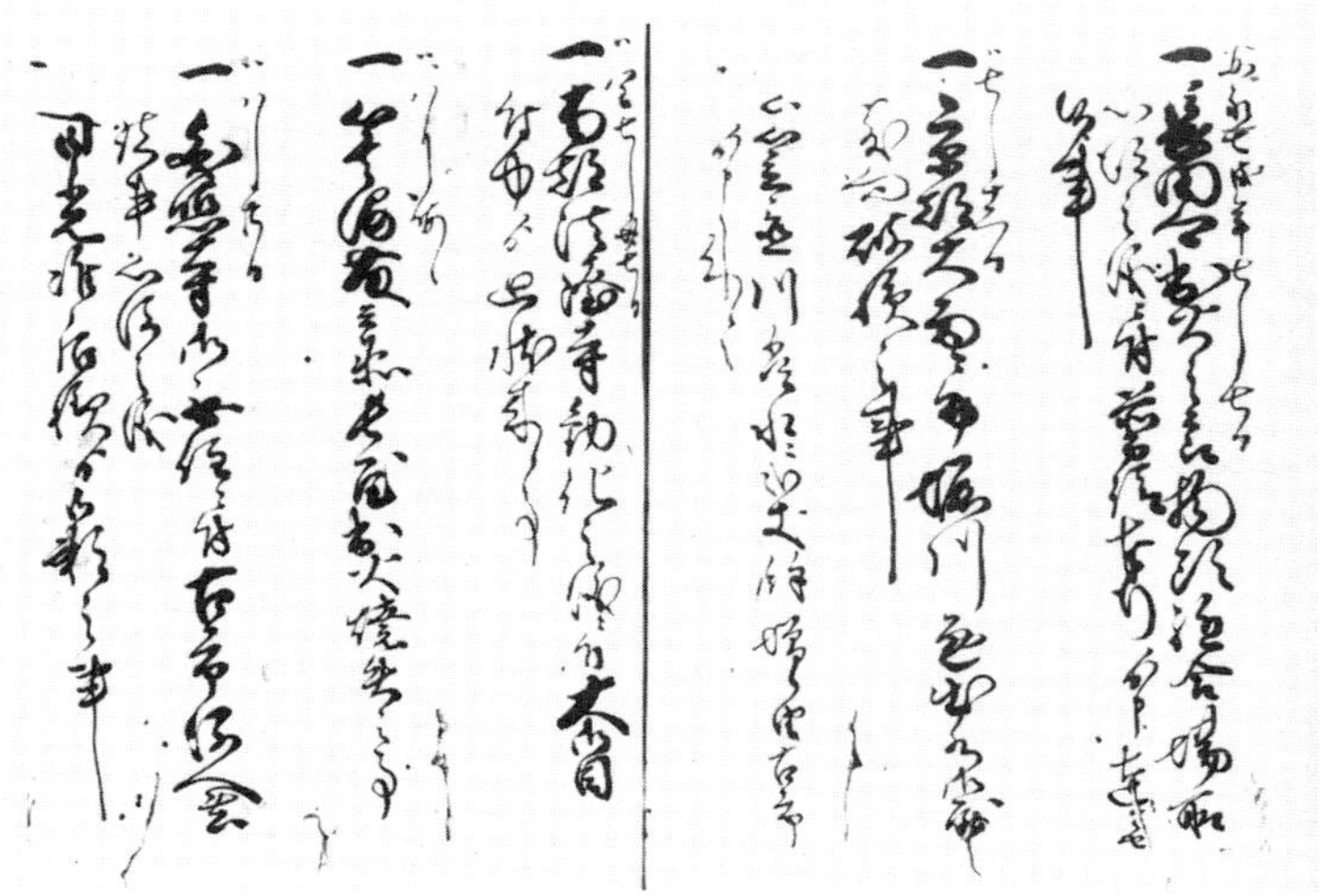

図2　庁事類編（上野市立図書館蔵）

なってくる状況が背景になった面との相反する事態を条件に生み出されてきたが、いずれも支配する者、支配される者の正当性や存在の根拠・事由を歴史にそくして確認したいという衝動を基礎にもっている点は同じである。一八世紀の『宗国史』は安定から動揺への不安と、その立直しへの願望が編集意欲を支えたが、津藩では一七世紀でも一九世紀でも、太祖高虎の事績を起点に藩世界の成立の根拠と秩序を弁証しようとするのが歴史編纂の中心的な姿勢であった点では共通していた。『公室年賦略《こうしつねんぷりゃく》』は一八世紀後半の安永三年（一七七四）に喜田村矩常が編集したものであるが、これも「文武兼備」の高虎への尊敬感を溢れさせた歴史書である。

『宗国史』『永保記事略』『庁事類編』を津藩史ではふつう三大史書としている。たしかに三つを合わせれば時間軸にそって信頼できる藩政史料が幕初から幕末まで得られるという意味では、三大記録としてよいが史書としては三者は同じ性格ではない。『永保記事略』は寛永《かんえい》一七年（一六四〇）から寛保《かんぽう》二年（一七四二）まで一〇三年間、『庁事類編』は宝永《ほうえい》六年（一七〇九）から慶応《けいおう》四年（一八六八）までの一六〇年間に及んでいる。しかし、『宗国史』は書題に示されているように、初めから修史の姿勢で事を起こしている。これに対して『永保記事略』『庁事類編』は伊賀城代家老家の日録《にちろく》である。ただ日録そのままではなく、さまざまな記録をあらためて一九世紀化政期に編集した日録という意味では、これも歴史編修とすることはできるし、危機感がその背後にあった点でも変動へ対応する歴史書と見ることはできる。この頃、伊賀城代藤堂家は直系の後継者を失い、津の家老職が伊賀へ越境して政務をみるという事態になっていた。城代家がこうした薄氷の状態を克服しようとする一つが城代事績の編纂であったと解されるが、『宗国史』の「撫恤之政」という普遍的な課題の意識よりは狭く、家老家の存続のほうが切実な動機になっていたであろうと思われる。いずれにしても編纂主体で見れば、『宗国史』は一八世紀半ばの歴史意識、『永保記事略』『庁事類編』は一九世紀前半の歴史意識を表現するものである。

『高山公実録』は藤堂高虎の一代記で、その事績を年月日順に編集した「編年体史書」である。驚くほど丹念な文献収集にもとづいて、それらを公平に引用し、そののち「謹按《きんあん》」（考証）の見出しを立て、冷静な比較検討を進める分析の書である。挙証の諸書は二六〇をこえている。『高山公実録』の第四十九巻（付録二巻目）末尾に跋文《ばつぶん》らしき注記と自作の歌一首があり、「寛文四辰年（一六六四）八月廿四日　太神朝臣惟直《おおかみのあそんこれなお》」の記名があるところから、この人物によってこの年に編纂が終わったという説があったが、今日では、収録された史料の年次から編纂は一九世紀前半文政年間に完成したもので、編纂者は『宗国史』を校訂して、その冒頭の「太祖（高虎）譜」などを文政一一年（一八二八）藩主高猷《たかゆき》（十一代）に献上した藤堂高芬《たかか》とする有力な仮説が出されている（清文堂本の上野市古文献刊行会「解説」）。『実録』の興味深いところは、戦国武将としての足跡だけでなく、いわば軍団の長から近世明君へ変身を遂げようとする大名高虎の変化が読みとれることである。

文政元年（一八一八）には藩主高兌《たかさわ》の命を受けて儒者津坂東陽《つさかとうよう》（藩校督学《とくがく》）が、高虎の事績を家臣に示すために『太祖創業志』を起草し提出した。これは「高山様二百回御忌」の年の文政一二年（一八二九）に、水戸斉修《なりのぶ》の序文、林大学頭《はやしだいがくのかみ》（第八代、林述斎《じゅっさい》）のあとがきを得て『聿脩録《いっしゅうろく》』と改題され、藩校有造館《ゆうぞうかん》から刊行され、藩中に配布された。

一九世紀前半化政期は、津藩が文教政治を強める時期であるが、この頃、藤堂高芬の『宗国史』校訂完了も加えて、『聿脩録』『高山公実録』『永保記事略』『庁事類編』などの藩世界の歴史の編纂が進んだということになる。『聿脩録』『高山公実録』は高虎の事績を顕彰するものであり、『宗国史』もまた「太祖譜」から始まる「本譜」（「公室譜」）を構成の上で柱にしていることは言うまでもない。その背景には、藩政の立直しという復興運動的な意思が働いていた、その際に藩世界の歴史意識の要素として今一つ見ておくべきものがある。それは、高虎の存在を介した津藩の自恃《じじ》の感情である。

藩史に伏流する国家意識　高虎は乱世に立身し、また他国からの転封《てんぽう》大名であるため、仁政の政治文化を全生涯で体現する近世的な明君像とは異質なものをともなっているが、晩年の儒教的政治思想の吸収もふくめ、英傑英明の太祖として常に回顧されるだけの統治者としての経歴は十分にもっていた。『聿脩録』の序・跋《ばつ》を御三家や公儀儒官に求めたように、津藩は明確な公儀尊重の立場をとっていたが、それでも高虎偉業を藩世界存立の正当性の起点におきたいというのは、藩が幕藩体制の中で保持している自立性―下位国家であること―の証であった。じつは『聿脩録』という書題は、津藩が決めた『太祖創業記』を水戸家の批判で変えさせられた結果であった。「創業」の二字が一諸侯として不穏当であり、書題を『聿脩録』に変えなければ序文を拒否するとせまられたのである。内容にも水戸藩学者中に論議が起こり、津藩はその弁明と交渉に数年を費やしている（『津市史』三）。聿脩とは、祖先を想い徳を述べ修めるの意であり、国起こしの偉業とは異なる。これは要するに、藩世界の歴史意識の中で、公儀を上位の国家として認証し大名が公儀名代として存続することを納得する他方で、藩を国家的なものとして位置づけようとする力が終始働いているからであった。そのことは、藩世界の動揺とともに弱まるのではなく、立直りの力の源泉を得るためにあらためて確かめられるのである。

一八・一九世紀の藩史編纂の特徴はこのように理解されるが、それでは一七世紀はどうだろうか。『高山公実録』の編纂時期をもう一度考えると、『高山公実録』という形での編纂が一九世紀前半であったとしても、その中の第四十九巻「士たるべき者常之覚悟之事」以下の編述が寛文四年（一六六四）に太神惟直という人物によって行われたこと自体は疑われていない。これは「高山公遺訓二百条」とよばれているもので、「士たるべき者常之覚悟之事」一〇か条、「家来常々召仕様之事」一六か条、「主君え奉公之心持之事《こころもち》」四か条、「家老の心持之事」一七〇か条からなるもので、太神惟直は最後に、

高虎公、武州江府《ぶしゅうこうふ》において、昼夜御物語仰聞けらる末品々、雖被為成御意、久敷事《ひさしきこと》なれば失念のみなり。漸《ようや》く数年存知出し唯今迄に書付る。随分承り違いなきとは存候得共、愚痴第一之某《それがし》なれハ承り違いこれあるべし。第二不学にて言葉ひらく句続てには相違して、よき笑草《わらいぐさ》たるべし。

と記している。聞き違っていることもあろうけれども自分の能力のせいであるとことわっているが、不明の個所を斟酌《しんしゃく》して読めば、この人物は高虎が藩邸で周囲の家臣に話して聞かせた多くのことを、高虎没後三〇年ほど経ってから思い出しつつ記録したということになろう。「私の腰折」として「人は人　なさけはなさけ仇《あだ》はあだ　こゝろはこゝろ慎《つつしみ》てあれ」と詠んでいるが、これは「友は只　直なる人をむつまじみ、いつわりなきを道と知べし」などの「高虎公御詠歌」を教訓の合間に入れて人間関係論を熱心に説く高虎遺訓に応えたものであろう。江戸藩邸で高虎の近くにいた一人と思われるが、確認されていない。

「高山公遺訓二百条」より以前にまとめられた高虎一代記は、『藤堂家覚書《おぼえがき》』である。これは寛永一八年（一六四一）に、高虎を身近に知る藤堂仁右衛門《にえもん》ら「伊賀伊勢古き者とも」がお互いの記憶や聞き集

めをもとにまとめて、二代藩主高次に提出したものである。史書というよりは藩主由緒書であるが、同時代の証言であり、相互検証のうえ記されたはずだから信憑性は高い。

ともあれ、一七世紀中葉頃には早くも「高虎公」遺訓編述という広い意味での史書が現れたとしてよい。それを支えたのは高虎という人格を介した秩序形成への意欲だったろう。

広い意味での史書には地誌編纂が入ってくるが、明暦《めいれき》二年（一六五六）には、二代藩主高次に使え代官・郡奉行として実績をあげた山中為綱《やまなかためつな》が『勢陽雑記《せいようざつき》』九巻を著した。これは伊勢の地誌の最初である。貞享《じょうきょう》四年（一六八七）には、菊岡如幻《きくおかじょげん》が藩主高久の指示で編纂したとされている『伊水温故《いすいうんご》』四巻が出来た。伊賀はまた、天正九年（一五八一）に織田軍勢の侵攻で、他に例がない一国破壊を経験したが、それが歴史の記憶に残され、『伊乱記《いらんき》』などが編述された。著者は菊岡如幻と伝えられる。

一揆実録の歴史意識　これまでにみた津藩の歴史編纂は、すべて治者の側に身をおいて作述されたものである。「里居臣」藤堂高文が、領主の利害以上の藩世界の政治文化を代表して藩政に鋭い警告を発しているといっても、それはやはり治者の世界の努力の現れである。

ところが津藩では、治者の側が歴史編纂を整備していく一九世紀化政期に、領民の世界も画期的な歴史書を生み出した。寛政八年（一七九六）百姓一揆の実録的一揆物語である『岩立茨《がんたちばら》』は、そのように見るべきであろう。『岩立茨』は、寛政の藩政改革の記録としても大事な藩政史料であるとともに、村社会の人々のつながり方と動き方、願望や心情などが書き込まれた当年の民衆史料である。百姓一揆物語によく見られるように、述作者は実名でなく「滅方舎部羅坊《めつぼうしゃべらぼう》」（後序を「葉無之種成《はなしのたねなり》」）が榊原《さかきばら》の温泉で夢うつつのまどろみのなかに「僧形《そうぎょう》の異人」が「津藩の騒動」を物語るのを聞き、後で書き留めたというものであるが、その真実性は、治者の側の歴史編纂の盛んなことが逆に保証している。『宗国史』は「変事」の予告さえしていたのである。

「寛政九つの年、正月延て隙な日」と自序しているのは、年末の一揆のため元旦の飾りや儀礼が延期になり暇になったことを指しているが、記録はその後の始末にまで及び、「数万人の百姓の命」に代わった刑死の頭取《とうどり》三人を「世の諺に右三人を世直《よなお》し大明神《だいみょうじん》と称」するようになったことや、「寛政より享和文化文政に移り」、藩主の「仁政」が施されて「御代万歳《みよばんざい》と祝した」とあるから、一九世紀化政期の歴史意識の高まりの証左としてかまわない。そしてここに貫通するのも民百姓の世界が「仁政」の政治文化を共有しているということなのである。

第一　戦国から偃武へ

伊賀・安濃津の戦国末　近世の藩世界は、「無事《ぶじ》」と「安民《あんみん》」を約束にして長期に持続したが、それぞれの藩によってその実現の経緯には違いがあり、また遅速があった。しかしどこでも無事のほうが先におとずれ、その後に安民の施策がめざされた。津藩世界でも、その順序で進んだ。無事（偃武《えんぶ》、太平、平和）の到来は、伊賀《いが》・中勢（伊勢中央部）安濃津《あのつ》辺りでは過酷な道程であった。伊賀では「天正《てんしょう》伊賀《いが》の乱」と呼ばれる激戦で際だった過酷さを経験し、安濃津では関ヶ原の戦いで町民も参戦するような激戦となり、町屋も堂宇《どうう》もほとんど焼亡した。

伊賀と安濃津辺りは、地勢的に京・大坂に近いため、「天下人」の戦略の中で重視された。ことに山地と盆地からなる伊賀では、域外の勢力に思うままにされまいとする在地の土豪《どごう》（地侍《じざむらい》）・百姓が強く結合して、諜報力や体術、武術を育て、抵抗力を高めた。ここでは中世の守護《しゅご》仁木《にき》氏の支配力が排除され、一円に支配する大名権力が成立せず、一向一揆《いっこういっき》とは異質な「惣国一揆《そうこくいっき》体制」をつくり、いわば「百姓の持ちたる国」の一環をなしていた。伊勢においても乱世を生き延びるために、強弱はあれ惣結合の自治勢力が各地の底部に成長した。一志《いちし》郡小倭《おやまと》郷（一志郡白山町）では、地侍たちは北畠《きたばたけ》氏の配下であったが、同時に地侍・百姓衆が村の一揆を構成して理非を裁き、徳政《とくせい》を実行した。こうした在地の勢力を十分に掌握する強力な支配力が形成されないまま、伊勢守護職北畠氏（永正五年〔一五〇八〕補任）や安濃津代官であった長野《ながの》氏が一六世紀前半にかけ、戦国大名化へ向けて抗争をくりかえした。

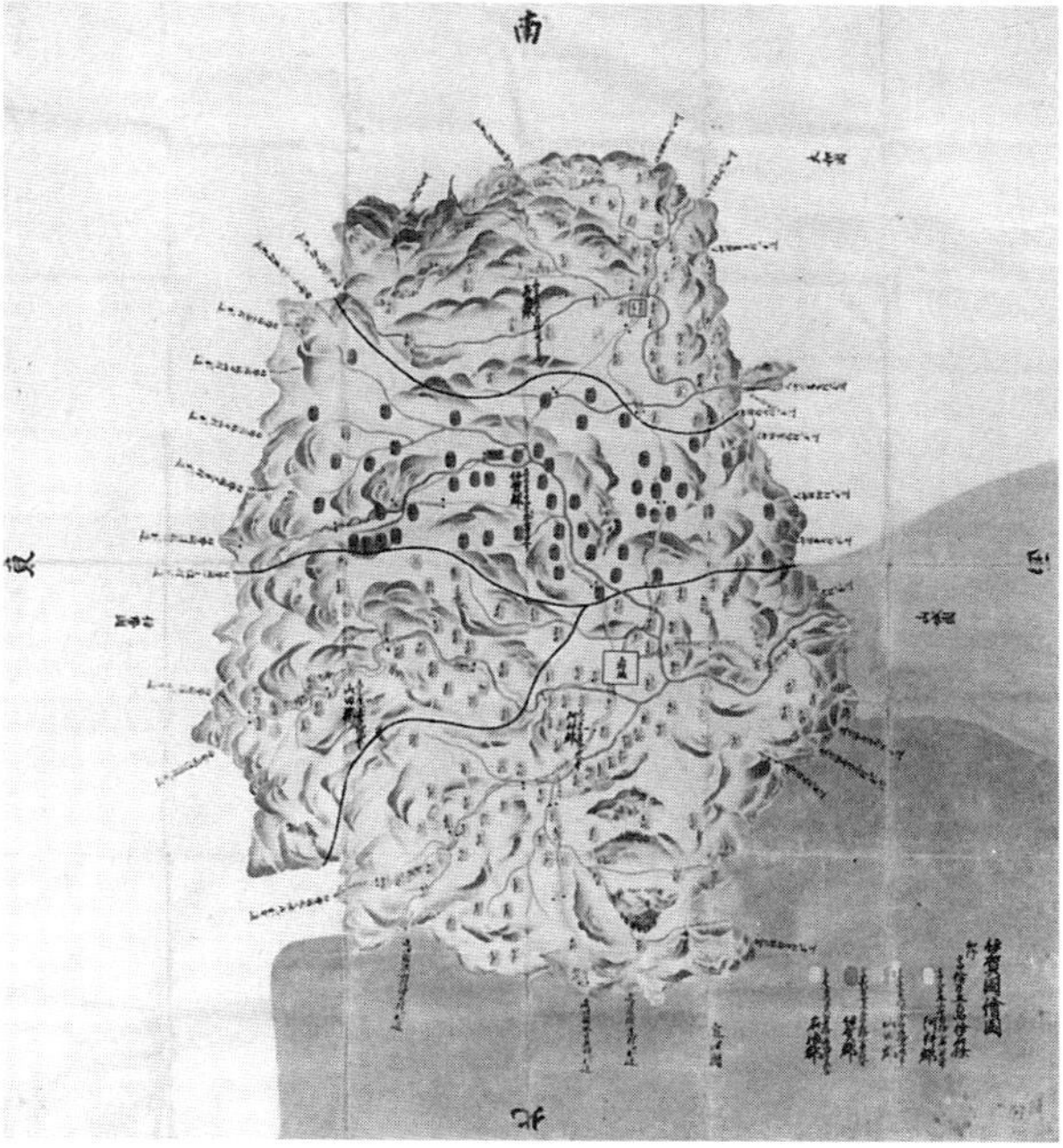

図3　伊賀正保国絵図（三重県蔵，『三重県史』別編絵図・地図，1994年より転載）

津は、伊勢国の安濃地方の海港である。伊勢湾の中程に位置し、一五世紀頃までは安濃津と呼ばれた。詩文中に「洞津《あなつ》」という表記を用いる文人があり、これも広くいきわたった。安濃津は、伊勢神宮への供米《くまい》・供祭物を中継させる港で、日明《にちみん》間の貿易が行われた中世には、明船も出入りし、明人が博多《はかた》・坊津《ぼうのつ》とともに安濃津を挙げるほどの知名度があった。対外貿易の実態についてはよく知られていないが、室町幕府の要路者が宿泊して接待されることもある陸海の要衝であった。安濃津が、「安濃の松原」（『勢陽雑記《せいようざつき》』）と歌人に愛でられる遠く突き出した砂堤、帆船を受け入れる水深に恵まれた天然の良港であったことは、江戸期の地誌をふくめたいくつもの史書・記録からうかがわれる。

しかし、安濃津の海港は、一五世紀末の明応《めいおう》七年（一四九八）の大地震とその際の大浪のために、天橋《あまのはし》立《だて》に似た構造の砂堤が海底に没した。海辺の町屋も洗い流され、人命と牛馬類が多数犠牲となった。そのため、海浜の一村になった安濃津にかわって、南勢度会《わたらい》郡の大湊《おおみなと》（大湊川・勢田《せた》川・五十鈴《いすず》川が合流する三角州）が賑わうようになった。それ以後の安濃津は、海を通じて外界へつながり、また伊勢街道の通過する所ではあったが、地域勢力がそこを本拠にする場所ではなかった。

古記や近年の知見を合わせると、その頃の伊勢は、北勢から南勢に至るまで、北をめざす長野氏と北畠氏の抗争を主軸に、大小上下の勢力が離合集散しながら争いあったが、安濃津を勢力圏においていたのは、安濃郡長野に本拠をもつ工藤（長野）氏であった。安濃津の港町は直接には長野氏与力乙部氏が支配したが、江戸期に町年寄伊藤家となる綿谷（屋）氏は周辺村落を従えて長野氏のもとに参勤するという主従関係を結んでいた。

安濃津には城はなく、一六世紀半ば以降、長野氏の重臣である細野藤光あるいはその子の藤敦が、安濃城（安濃町）を築いて守っていた。これに対して、南北朝内乱の時代から生き延びた北畠「国司」

家は、一志郡内に本拠を構えて南勢に勢力を張り、雲出川《くもず》を越えて北方をうかがった。北畠氏は天下に覇を志す勢力ではなかったが、戦国の一雄たろうとする勢力ではあった。抗争する長野氏との和議の決着として、具教の次男具藤を長野家養子に押し込み、影響力を維持した。具藤は、長野次郎と称した。

こうした伊賀伊勢の世界は、一六紀後半永禄一〇年（一五六七）に織田信長が尾張から南下し、北伊勢に侵攻したことを画期として大きな変動をむかえた。その変動は四〇年間も続いたが、その間、信長・豊臣秀吉・徳川家康と、この地域に圧力を及ぼす天下人権力が次々と入れ替わり、慶長一三年（一六〇八）の藤堂高虎の入封《にゅうほう》によって地域内部の争乱にようやく終止符がうたれる。

信長は、北勢で力を持つ亀山の関氏、関氏から出た神部の神戸氏らに対して、滝川一益を用いて影響力を行使した。そして武力と調略を合わせた手法で、長島の一向一揆圏を除いた北勢をその勢力下におき、抵抗する神戸家と和睦して、三男の信孝を神戸氏の養子に入れ、同家を手中に収めた。

永禄一一年（一五六七）、信長の部下は南進して、細野氏の安濃城を収めたが、攻めきれず、藤敦の弟らに内応させる策をとった。これが成功し、信長の弟信包《のぶかね》（信良）を長野次郎として工藤宗家の当主とし、先に養子に来ていた北畠具藤を追い出した。一志《いちし》郡の木造家は北畠氏一族だったが、具教との関係がわるく、織田側に通じたので北畠家の力は一掃された。こうして長野氏の勢力と安濃津は信長の支配圏に入り、信包は津の北方に上野城（奄芸《あんき》郡）を築いて入り、五万石の領主となった。当初は、滝川一益が安濃津、渋見、木造を政治的に管轄したようである。こうして安濃津周辺の近世への移行を、外来勢力が押し進めていくことになった。

織田信包の伊勢安濃津城入城と伊賀惣国一揆の終焉　永禄一二年（一五六九）、織田の大軍は、具教をはじめとする北畠一族の籠城する大河内城を攻撃したが苦戦し、和解策として信長の次男信雄《のぶお(のぶかつ)》を具教の子具房の猶子にする条件で開城させた。そして織田信昌が信雄の補佐として随従した。まだ織田の伊勢支配は不安定であり、信雄が北畠氏の家督に据えられるのは、天正八年（一五七五）武田勝頼を破ってのちである。その翌年に信雄は北畠一族と重臣を殺した。

一方織田信包は、狭小な上野城を出て、より要害の条件のよい安濃津に築城を始めた。縄張りは滝川一益によるものらしい。これが後の津城（丸の内）の起点になる。入城年次ははっきりしないが、元亀二年（一五七一）には津の町屋地区に対して公事免許状を出している。ただし、この措置は上野城主としても可能であるが、安濃津城主としての政務であるとみるのが自然であろう。ともあれ織田信包は、永禄一二年（一五六九、あるいは二、三年後）からほぼ四半世紀のあいだ上野城主・安濃津城主の地位を保った。信長は、縁者が伊勢の諸城に入って伊勢のほぼ全土が支配下に入ると、伊勢国内の関所を廃止したが、信包も楽市楽座政策を実行して、元亀二年（一五七一）には津三郷・津岩田の住民に宛てて、各種の公事を一三年間免除、誰からの陣夫役であれ免除、誰の家来であれ居住者は住民なみに扱うこと、と触れた。とりあえず振興策を実行したのである。

しかし信包は、長期間安濃津に在城したが、その存在の主たる側面は軍団としてであった。信包は、信長や信長長男信忠に従って北勢長島や越前・播磨と転戦した。神戸氏の織田信孝が四国出兵に一五歳から六〇歳までの名主・百姓を人足徴発したことが知られているので、信包も同様の軍事的徴発を行ったものと推測される。信包の官位は、上野介から侍従にすすみ、津の侍従、穴津侍従などと呼ばれた。

天正八年（一五八〇）、信包は安濃津城の拡張を行い、五層の天守閣を建設した。これは五年とも言うが、単年度で普請作事が終わらないことは多いから、信長の安土城普請が天正四年（一五七六）に始まったことを考えれば、それに示唆を受けて、それ以後に企画された建築であったろう。また信包は、それまで津の町が阿漕の浦に近い津興《つおき》であったのを城の真下に移して五万石の知行地の拠点にした。これが江戸期につながる城下町の起点になった。信包は同時に、安濃城の細野藤敦を滅ぼすため、安濃津城の茶会に招いて隙をねらったり、城を攻めたりしたため、藤敦は逃れ、伊勢での細野家勢力はほとんど消滅した。

伊賀は、天正九年（一五八一）の「天正伊賀の乱」の殺戮《さつりく》戦を経て、信長の支配下に入った。この場合の「乱」は順逆ではなく、文字通り治が破れて乱れることで、伊賀の反乱ではなく天正の乱れの意味である。長島の一向一揆を全滅させて伊勢全土を征服した織田信長に対して、伊賀の惣国土豪一揆は屈服しなかった。伊賀は大和《やまと》（奈良県）に隣接して古くから南都《なんと》の力が及び、東大寺《とうだいじ》領黒田荘《くろだのしょう》などがあった。地勢は山岳と盆地で他国から隔てられており、有力な大名が生まれず、伊勢の北畠氏の影響力もわずかであった。信長から見れば、近江・伊勢・大和が勢力下に入ったなかで、伊賀は手が入れられないまま、六角《ろっかく》氏や北畠氏の勢力が生き延びようとして逃げ込む空白地帯でもあった。

北畠氏棟梁《とうりょう》となった織田信雄は、伊賀全域を抑えて武勲をたてようとした。その拠点として天正六年（一五七八）、丸山城（伊賀郡）を築いたが、土豪勢力に攻撃され、敗北した。翌七年、信長に無断で伊賀侵入をはかったが、部将を失っただけの敗北に終わった。

信長は、信雄の独断を叱責しつつも、伊賀掌握の好機として天正九年に四万をこえる大軍を催し、伊賀へ入る場尾口、長野口、鹿伏兎《かぶと》口、甲賀《こうか》口、下口、笠間《かさま》口の六方から攻め込んだ。安濃津城主信包は長野口から攻め込んだ。伊賀の「惣国一揆」に結集した国人・土豪・百姓らはこの攻撃に耐えられず、壊滅した。要塞になってきた諸城が破却され、由緒ある国人・土豪家の祖先につながる信仰施設を滅ぼすために社寺や重宝にも火がつけられ、「国中大焼」の有様となった。しかし、徹底した殺戮と山中の掃討が行われる他方では、「裏返衆」も出たし（『多門院《たもんいん》日記』）、「過半落居《らっきょ》」（同前）が実態であり、また服従する者や武器を取らない百姓らに対してはかならずしも焦土作戦はとられなかった。そのことは、これ以後の伊賀衆や伊賀の百姓らの活発な動きからも明らかなことである。

こうして中世伊賀は武力解体され、伊勢・伊賀ともに織田信長に制圧された。ただ留意すべきは、伊勢・伊賀に広がっていた惣村の世界では、他所から侵入する領主軍の蹂躙《じゅうりん》とともに、内側にも対立があり、また下克上《げこくじょう》と立身を志す者がおり、それらが不安定と紛争を日常化させていた。惣村の世界は、ただ自治の力を養うだけでなく、一方では無事への待望とそれを実現する上位の力への期待が深く充満しており、それが非戦への社会的な圧力を醸成させていたのである。

伊賀の筒井氏・安濃津の富田氏　天正一〇年（一五八二）の本能寺《ほんのうじ》の変で信長が倒れると、それに続く政争と、秀吉による徹底的な国替え政策で、伊賀伊勢の権力配置はすっかり変わった。伊賀伊勢では、信長の子弟が何人も支配者になっていた。北畠氏の次男信雄は大河内城から出て一志郡松ヶ島《まつがしま》城を築き、伊賀と南勢に勢力を張った。神戸氏の三男信孝は北勢の神戸城（鈴鹿市神戸本田町）におり、中勢の安濃津城には弟の織田信包がいた。どの城も五層の天守閣を持っていた。

彼らは、信長の後継者かさもなければ重鎮権力者になれる可能性があった。当人が望まなくても、それを利用しようとする勢力があった。そのため、伊勢・伊賀は権力闘争の渦中におかれた。そのうち、信孝は柴田《しばた》勝家《かついえ》や滝川一益と結び、明智《あけち》光秀《みつひで》を倒して力を強めた豊臣秀吉の軍勢と戦い、敗れて自害した。信雄は家康と同盟して伊勢で挙兵した。安濃津の信包は、同族の信雄に反し、秀吉側についた。これは小牧《こまき》長久手《ながくて》の戦いの名で知られ、持久戦となって長久手では豊臣軍が敗北したが、伊勢では秀吉側が優勢だったので、天正一二年（一五八四）十一月、桑名《くわな》で秀吉は信雄と会って和議に持ちこんだ。のち秀吉は伊勢や尾張にこだわって転封に応じない信雄を下野《しもつけ》（栃木県）に追放した。信雄はすでに旧領において、自力で天正一四年（一五八六）に検地を実施して家臣に対する知行替えと知行宛行を行っており、領内での利害関係は深まっていた。

安濃津を領知する織田信包も、秀吉に味方したにもかかわらず、文禄年中《ぶんろく》（一五九二〜九六）秀吉によって近江《おうみ》に転封を命じられた。この転封は五万石から二万五〇〇〇石への減知だったので、信包は失意して剃髪《ていはつ》し、「老犬斎《ろうけんさい》」と自嘲《じちょう》の号を名乗ったという。信包は、のち関ヶ原の戦いで家康に属し、恩賞として丹波《たんば》に三万六〇〇〇石を与えられている。秀吉は、信長子弟に対してのみ厳しかったのではなく、国替え政策を大規模に進めた。伊賀伊勢の信長時代の大名は秀吉によって廃絶か移封《いほう》され、秀吉旧主の子弟勢力は一掃された。大名国替えは、大名の力を殺ぐとともに、一面では配下大名の新入部によって一揆や惣結合の基盤になる土豪勢力の弱体化を武断的に進めることを可能にした。

伊賀は天正の乱後、織田信雄の支配が及んだが、小牧長久手の戦いの一環として、賤ヶ岳《しずがたけ》の七本槍《やり》の一人となる脇坂安治《わきさかやすはる》が、信雄の家臣が預かる上野城を攻め落として、そのまま伊賀の支配を命じられた。安治はこの頃小身であるから、国主として入国したのではなく、上野城の城番《じょうばん》のような役割を与えられたのである。誰であるにせよ、土豪らが上下の道をわきまえずに「雑言悪口《ぞうごんあっこう》」（『伊乱記《いらんき》』）をはいてさからったという状況は想像にかたくない。

天正一三年（一五八五）、小牧長久手の戦いの和議が織田信雄とのあいだで成立すると、脇坂安治は摂津《せっつ》国内に一万石を充行《あてがわ》れて伊賀を離れ、同時に天正の乱で大和笠間口から伊賀へ侵攻した筒井順慶《つついじゅんけい》の後継者定次《さだつぐ》（養子）が、大和の郡山から伊賀一国（『寛政重修諸家譜《かんせいちょうしゅうしょかふ》』は「二十万石」、寛文印知《かんぶんいんち》では「拾万五百四拾石」）へ国替えを命じられ、上野に入城することになった。筒井定次の入国時には、伊賀の抵抗はまだ続き、土豪らが瀬城《おそせ》に拠って抵抗した。定次は羽柴《はしば》の称号を許され従四位下侍従《じゅしいのげじじゅう》までですんでおり、秀吉の天下平定の事業の一環を担う大名として伊賀支配を命じられたのである。天正一六年（一五八八）には南勢を制圧して松ヶ島城に入った蒲生氏郷《がもううじさと》が松坂城《まつざか》（松阪市殿町）に移って城下町を建設し、検地《けんち》を行うなど、伊賀・伊勢ともに乱から治へ向かう武断の歩を一歩進めた。

定次は、家臣団を大和から引き連れて伊賀に入国し、代官を任命して領地の支配に取り組んだ。定次は、伊賀の地侍層（国衆《くにしゅう》）に「百姓並《なみ》」になることを強い、拒否なら牢人《ろうにん》として居所を追う侍払《さむらいばら》いを強行し、兵農分離《へいのうぶんり》を進めた（藤田達生『日本中・近世移行期の地域構造』）。もっとも入国当初において強行できたことも、やがて年次が立つと社会の実勢に押し返される。伊賀では筒井氏のもとで土豪・地侍の系譜に立つ「無足人《むそくにん》」が生まれている。定次はまた、築城にも取りかかり、文禄年中（一五九二〜九六）には三層の「高楼」（天守閣）を持つ上野城を完成させた。

太閤検地　安濃津城主信包を転封させた頃、秀吉は、この時代にあっては天下統一の最大の基盤整備ともいうべき、耕作と年貢諸役の責任者を確定するための「太閤検地《たいこうけんち》」を伊勢と志摩で実施した。すでに伊勢では、北勢長島城に入った滝川一益が天正七年（一五七九）に支配下五郡に指出検地《さしだしけんち》を行っており、それ以後織田信雄や蒲生氏郷が天正年間に領内検地を実施していたが、国規模の統一的な検地は文禄三年（一五九四）に行われた。秀吉は、この年の六月一七日付で七人の検地奉行（伊勢・近国の領主）に対して一三か条の検地条目《じょうもく》（「就伊勢国御検地相定条々《いせのくにごけんちにつきてあいさだむるじょうじょう》」）を与え、丈量の基準を細かく規定し、奉行らが村々から礼銭や礼物を取らずに検地を進めることを指示した。

面積については、一間《いっけん》を六尺三寸、一間四方を一歩《ぶ》として三〇〇歩を一反《たん》（段、約一〇アール）、収量については、石盛《こくもり》（標準収穫）を上田一石《じょうでんいっこく》（約一八〇リットル）五斗《と》、中田一石三斗、下田一石一斗、上畠一石二斗、中畠一石、下畠八斗、屋敷地一石二斗とし、畠も屋敷地も、すべて米が収穫できると想定しての生産力比較である。枡は京都で用いられていた京枡《きょうます》（一升約一・七四リットル、のち江戸幕府が一・八リットルで統一）を基準とした。村境も決められた（村《むら》切《ぎ》り）。伊勢国の一三郡で、文禄検地によってほぼ一八万石が増えて、五六万七〇〇〇石余となった（神宮領を除く）。伊賀では同時に実施されなかったらしいが、一〇万石となった。

太閤検地は新たな打ち出しを行い、それを百姓に対して認めさせ（「請状《うけじょう》」）、また負担から逃げることを認めない束縛でもあったが、同時に、百姓に耕作専一と子孫長久を約束する天下一統の論理（刀狩令《かたながりれい》）の権力頂点からの実践でもあった。秀吉が「惣無事《そうぶじ》」の指示とあわせて、文禄二年（一五九三）十一月二八日「条々」の第六条で給人《きゅうにん》（知行地支配の上級武士）だけでなく「百姓も成りたち候様に」と指示し、百姓の非分直訴《ひぶんじきそ》をすすめているのは、天下一統が社会に対してどのような約束によって進められなければならなかったかということを示している。実際の検地では、多数の零細農が「本役《ほんやく》」を負担する上位の百姓に従属している実態が浮かびあがったが、検地の基調は「百姓成立《なりたち》」の方向を向いていた。

安濃津城の織田信包の所領も太閤検地の力に席巻《せっけん》されたはずだが、信包の転封がこの検地の前だったか後だったかは判明しない。その後へ、富田《とみた》知信《とものぶ》が、父子連名の朱印状《しゅいんじょう》を秀吉に与えられ、伊勢安濃郡で五万石、うち二万石は嫡子信高《のぶたか》領知を安堵《あんど》され、安濃津城主になったのは文禄四年（一五九六）だから（『寛政重修諸家譜』）、富田父子は文禄伊勢検地の後で入部したことになる。こうして富田父子は、より統一性を強めた石高知行《こくだかちぎょう》を安堵されて安濃津城に入ってきたのである。知信は近江に生まれ、信長にも仕えて転戦し、信長が死ぬと秀吉に仕えて従軍した。朝鮮侵略戦にも従軍し、帰国後安濃津に封じられたのである。たんなる武功の人ではなく、秀吉の近くにいて、使者に立ったり斡旋、交渉をする部将であった。

知信の支配を示すのは、「津町中諸公事免許」の判物《はんもつ》である（『津市史』一）。何年のものかははっきりしないが（月日は「六月十九日」）、信長・秀吉に仕えて、秀吉の近くで奉行職を勤めた知信だとすれば、当然信長や秀吉の楽市楽座の原則を自領にも適用しようとしたことであろう。ただ公事は免許になったが、「伝馬」は勤めるものと命じられている。商業に課税はしないが、町の領民としての負担は免許にならないのである。この公事免許について留意すべき点は、同日付けで津町の綿屋《わたや》又五郎・年寄宛に諸役の件について申し上げたところ許可されたという確認の文書が出されていることである。知信が楽市楽座を了解できていたとしても、町の商人たちの訴えがあって、それを知信が認めるという進み方であったと推測されるのである。それは近世の政治文化のあらゆる要素について言えることで、そうした社会的圧力があってはじめて具体的に発動されるものなのである。

知信は、慶長四年（一五九九）老齢のため致仕《ちし》したが、その年のうちに死んだ。五万石を継承したのは嫡子の信高（従五位下信濃守《しなのかみ》）である。年欠（慶長五年カ）二月一一日付で、信高に対して、津町の町民が「わたや」（綿屋又五郎）を代表として、人足役《にんそく》の件を中心に訴訟した「申上候ひかえ」（『三重県史資料編近世』一）がある。これによれば、伝馬、藩主迎え馬、諸普請、人足、屋根葺《ふ》き、釜塗り、通知継《つぎ》送《おく》り、他所への売物使役、家中の町屋滞在、牢番、綿摘み賃、大豆餅米年貢などをあげ、領主の善処を求めている。公事免許は当初から行われたとしても、町の負担は伝馬だけに限定されず、城下町が整えられるにつれて新しい負担ができ、不満がつのってきたのであろう。

一方、伊賀では定次《さだつぐ》が、上野の新城築造とともに、中世以来の市町を生かした城下町づくりをすすめた。また、太閤検地の前に入国した定次は、独自の方法で領内に賦《ふ》課《か》し、関ヶ原の戦いをはさむ慶長三年（一五九八）から六年（一六〇一）頃にかけて、太閤検地との関係は明らかでないが、藤堂氏時代に「古《こ》検《けん》」と呼ばれるようになる独自の検地を行った。高虎が入部後にそれらの台帳を探し求め、初政の年貢決定の基準として活用しているところを見ると、この検地は領内支配に有効な内容をもっていた。

この頃、一国一城の規定はなく、定次は、上野の本城以外に名張《なばり》（名張市丸の内）、阿保《あお》（名賀郡青山町阿保）、平田《ひらた》（阿山郡大山田村）に支城を設け、それ以外の城は破却（城割《しろわ》り）させた。そして、舟運によって奈良・京・大坂などの上方市場に伊賀の経済を結びつける流通網をつくりあげようとした（前出藤田『地域構造』）。

関ヶ原の戦いと安濃津藩　慶長五年（一六〇〇）の関ヶ原の戦いでは、伊勢・伊賀の領主も東西に別れて戦ったが、そのなかで、安濃津城の攻防がもっとも大規模で、激しいものとなった。伊賀が天正の乱で被った災禍に匹敵する戦乱の被害を安濃津の町々が被った。両者とも、地元勢力同士の争いではなく、外来勢力の侵攻であり、このことも容赦ない攻撃の因になった。

　富田家は豊臣系の大名であるが、信高《のぶたか》は、石田《いしだ》三成《みつなり》を嫌い家康に近づいた。信高は徳川家康の会津《あいづ》遠征に従軍して北上したが、下野《しもつけ》（栃木県）で西軍の挙兵を知った家康が伊賀伊勢諸将に帰国命令を出したので、急きょ宇都宮《うつのみや》から津に帰った。八月一日に伏見《ふしみ》城（京都市伏見区）を陥落させた西軍は伊勢に部隊を割き、八月二三日、西軍の毛利《もうり》輝元《てるもと》名代《みょうだい》毛利秀元《ひでもと》（のち長府藩祖《ちょうふはんそ》）、吉川広家《きっかわひろいえ》（のち岩国《いわくに》領主）、安国寺恵瓊《あんこくじえけい》・鍋島勝茂《なべしまかつしげ》、長曾我部盛親《ちょうそがべもりちか》、長束正家《なつかまさいえ》ら三万余の大軍が津城を包囲した。海上は西軍の九鬼嘉隆の水軍が封鎖した。当時の安濃津城や城主富田信高に東西の形勢を左右する力はなかったが、伊勢湾の海港から伊賀を経由して上方《かみがた》へ抜ける兵站《へいたん》基地になる可能性をもつ要衝と位置づけられたのであろう。

　僅《わず》か千数百の富田勢は、奄芸《あんげ》郡上野の分部《わけべ》光嘉《みつよし》の手兵や多数の津町民と一緒に籠城して戦ったが、津城下は戦火にまかれ寺社・町家が焼けた。この籠城戦では、信高夫人（宇喜多《うきた》安信《やすのぶ》娘〔『寛政重修諸家譜』〕）が夫とともに討死するため鎧兜で乗り出し手槍で奮戦したことが伝えられ、尾鰭《おひれ》もつきながら、のちにいくつかの記録に載せられた（『武功雑記《ぶこうざつき》』。湯浅常山『常山紀談』。津坂東陽『武家女鑑《おんなかがみ》』）。攻撃側も必死の反撃で少なからぬ死傷者をだした。

三日間を過ぎて、分部町をはじめ津町は跡形もないくらいに破壊された。堂宇も焼かれ教典・寺宝も壊され、敵の足場になるのを恐れて籠城側が寺などに火をかけることも行われた。援軍もない富田側は、万策つきたが、攻撃側の主将毛利秀元が美濃路への復帰を迅速に行うために講和開城にもち込みたいとする姿勢が反映し、高野山《こうやさん》の木食上人応其《もくじきしょうにんおうご》の出向、仲裁で和睦し、講和開城となった。信高は城を出て一身田《いしんでん》の専修寺《せんじゅじ》に入り、そこで落髪して高野山に上った。秀元らは美濃に向かい、あとの津城を守ったのは付近の西軍方であったから、九月一五日の関ヶ原の戦いで西軍の敗報が伝わると、たちまち退散した。

信高は、戦後の論功行賞の発表で、家康への信義を曲げなかったことが認められて、五万石に二万石を加増されて津城に戻った。あらためて津の町々に地代《ちだい》の免許を約束して、壊滅した城下町の復旧を進めた。津は七万石の城下町となったが、戦禍による疲弊は大きく、城下町の復興は進まなかった。信高はその後八年間ほど、藩主として支配を行うが、七万石支配の詳細は知られていない。しかし、関ヶ原の戦い以降の家康の信任によって、一段と江戸時代に直結する安濃津藩が確かな存在になってきた。信高は江戸に公儀が成立してからも将軍家康・秀忠《ひでただ》の信頼を失わず、慶長一三年（一六〇八）には、さらに五万石を加増されて一二万石で伊予《いよ》（愛媛県）宇和島《うわじま》に移った。しかし、のちに安濃津籠城戦で勇戦した夫人の縁辺に当たる武士の扱いをめぐる紛争にまきこまれ、秀忠に直訴《じきそ》され、所領を没収された。

関ヶ原の戦いと上野藩　天守閣を持つ城と町地をととのえ領内検地にもかかっていた伊賀の筒井定次も、家康の会津遠征に従軍した。しかし上野城は西軍の新庄駿河守《しんじょうするがのかみ》に攻撃され、留守居《るすい》の筒井玄蕃《げんば》（定次弟）は高野山に逃げた。定次にも家康から帰国命令が出ていたはずだとすれば、関ヶ原には参戦せず帰国したことになるが、間に合わなかったので関ヶ原の戦いに加わり、それが勝利してのち伊賀へ戻ったとの説もある（『寛政重修諸家譜』）。定次の上野城奪還にあたっては、伊賀の領内の雑人《ぞうにん》にいたるまでがそれぞれの得物を持参して加勢したという（『上野市史』）。入国にあたって手厳しく抵抗した伊賀の土豪らも、一五年間の支配のなかで領主に味方するという関係を育てあげていたのであろう。定次は、戦後、伊賀一国支配をそのまま承認された。

それから八年後、定次は、安濃津城の織田信包の支配が二〇数年間で終わらされたように、慶長一三年（一六〇八）、江戸の公儀によって改易《かいえき》の処分を受け、二三年間にわたる伊賀支配の権を取りあげられた。この理由としてキリスト教の洗礼を受けて棄教を聞き入れなかったという説もあるが、キリシタン禁制《きんせい》は全国的には慶長一八年からであり、この時定次に棄教をせまる者はいない。しかし、重臣間の確執がたびたび起こって、家臣が公儀に訴え出たという。また田の用水利用のことで家中の争いが起こったともいう。武士同士のこうした家中の不和はその頃の大名家に随伴する事態で、御家騒動《おいえそうどう》として後世に物語化されることもあったが、そこまで燃え広がらなくても大名の統制能力を疑われて所領を失う場合があった。家臣もまた、「御家」よりも自らの一分を立てることに執着して主筋を果敢に上位者に訴え、原因の大小にかかわらず大名がのっぴきならない矛盾の立場に追いつめられる場合が生まれた。富田氏も筒井氏も、その意味ではよく似た経緯で地位を失った。争いの訴え先が徳川氏であることも、すでに天下の帰趨《きすう》を示していた。武士の社会は、現実の問題の解決にあたって、徳川氏と豊臣氏に同時に公儀機能を期待することはなかったのである。また徳川氏には、武士の直訴に応えてきっぱりとした裁許を行うことが、当年の公儀の威信を高めるうえで大事であった。

ただし伊賀に関して言えば、家康は、この頃秀頼の残る大坂包囲網を構築することが、自身の寿命もあわせて覇権掌握のうえで焦眉《しょうび》の課題になってきていた。かりに筒井家の家中不和が通常なら叱責で済む程度であっても、伊賀の戦略的な位置からすればゆるがせにできない時期であった。ここでは、軍団としてのまとまりのあやうさが問われたのである。

藤堂高虎の入封と津藩の成立　慶長一三年（一六〇八）、伊賀の筒井氏の一国所領没収、安濃津の富田氏の加増・転封の後へ、藤堂高虎が入封し、両藩を合わせて津藩が成立した。高虎の入封は、家康の戦略的観点からの配置だったとされる。筒井氏の場合は家臣統制の乱れに乗じたという説明が可能だが、加増されて伊予に移封された富田氏はどのように説明できるだろうか。

関東から大坂をにらむ家康からすれば、伊賀と伊勢安濃津は戦略的に一体のものだったはずである。そのことを関ヶ原の戦いが証明した。伊賀は京都・伏見・大坂・堺に近く「西国《さいごく》ノ咽喉《いんこう》」（「公室年譜略」）であったが、安濃津はそこから伊勢の海上につなぐ軍事的要衝になる可能性があり、関ヶ原戦でも陸からは毛利秀元ら西国勢、海からは九鬼水軍が安濃津城を包囲し、激戦のうえ富田勢を陥落させている。富田氏の忠誠を疑わないとしても戦略的には、伊賀・中勢安濃津を同時に押さえることのできる大名の配置が求められる。藤堂和泉守《いずみのかみ》高虎の両国入封は、さしあたっては忠誠と同時に、軍団としての能力が期待された結果であったと言えよう。

豊臣系大名の一人である高虎は、徳川氏にとって外様《とざま》ではあったが、着々と家康に近づき、関ヶ原の戦いでも東軍の中心となって働き、戦功を認められて伊予に一二万石を加増された。高虎は二〇万石の大名となり、旧城をあらため伊予の今治《いまばり》に築城していた。慶長一三年八月、高虎は、伊賀国一円一〇万五四〇石、伊勢国安濃郡・一志郡内で一〇万四〇〇石、伊予国越智《おち》郡内で二万石、都合二二万九五〇石余の領知を安堵されて転封した。これは二万石加増の転封であった。この年、外様大名の証人（人質）制度が成立したが、これは高虎の家康に対する建議にもとづくものと言われる。筒井・織田・富田氏は伊賀あるいは安濃津で長期間領主であったが、政治基盤が弱く、伊賀と伊勢とが別々の領主であったことや、藩主家が当地で継承されなかったことなどのために、高虎から高次・高久・高《とか》睦《ちか》・高敏《たかとし》・高治《とかはる》・高朗《たかあき》・高悠《たかなが》・高嶷《たかさど》・高兌《たかさわ》・高猷《たかゆき》・高潔《たかきよ》と一二代にわたって国替えもなく在封した藤堂氏が津藩の唯一の藩主家とされ、津藩藩祖は高虎であるという認識が深まった。

高虎は、安濃津・上野両城を与えられたが、入封時は「伊賀ニ移封シ、伊勢十万石ノ地ヲ併有ス。今治二万石ハ故ノ如シ」(「賜書録」)とのちに記録されたように、伊賀の守衛に力点があるものとされた。築城の名手として聞こえる高虎は、膳所《ぜぜ》城(近江)、伏見城、江戸城、篠山城(丹波)、二条城などの天下普請・助役普請に従っているが、津城と上野城配置についても、高虎の築城技術による堅固な要塞化という期待があったのは当然であろう。こうした入封事情からすれば、当初は民百姓支配よりも軍勢配置に重点がおかれざるをえなかった。高虎はやがて、軍政上必要な城郭と同時に城下町を拡充し、百姓支配にも着手して藩政の基礎を固めた。そしてそれ以後死ぬまで江戸の将軍に献身的に協力し、公儀の信用を得ることにつとめた。この姿勢は、以後も津藩政治をつらぬくものとなった。

高虎は、先ず伊賀上野城に入り、次いで伊勢津城に移って主城とした。上野には初代の城代として藤堂高清(通称与右衛門、出雲と改名)が任じられた。津は、慶長五年の籠城戦が尾を引いて、入城時の戸数は五〇〇に足らなかったという。しかし、将来へ向けた藩世界の構築という観点では、沃野《よくや》と外界へつながる流通・街道により恵まれた津に本城を構えるのは必然の選択でもあったろう。また上野の町も、入城二年前の慶長一一年(一六〇六)の火事で焼亡していた。

高虎は、慶長一三年(一六〇八)九月下旬に上野城に入り、一〇月初めに津城に入った。


法度二一か条・定条々一三か条　高虎は早くもこの年の一〇月二日には「法度《はっと》」二一か条(『宗国

史』を規定した。これは、「従伊予《いよより》御国替之時分、伊賀名張松倉豊後守殿城跡、梅原勝右ヱ門ニ御預成候ニ付、城付御法度御書付之写」（同前）と付記されているから、地域を限定していることになる。しかし局地的な事柄を除けば、高虎の藩主としての考え方をそこからうかがうことはゆるされる。意味の取りにくい条項もあるが、要点は以下の通りである。

一、口米《くちまい》は三升六合。
二、秤《はかり》は百姓一人一人に量らせる。
三、米は籾《もみ》・糠《ぬか》なきよう念を入れる。
四、納升《おさめます》は「御定之御焼印」を押した升。
五、俵《たわら》は二重にし、桟《さん》俵を当て立縄《たてなわ》をかけ五か所を結ぶ。
六、代官以下、百姓人足を使ってはならない。
七、代官・下代の食事は自分賄。
八、竹木伐採禁止。
九、糠・藁《わら》・薪《まき》がその所にあれば百姓に出させてよいが、他所まで運ばせるのは禁じる。
十、庄屋百姓の娘や下女に猥《みだ》りなことをすれば、後日にわかっても曲事《くせごと》（違法処罰）。
十一、妙な感じの牢人者は知らせること。
十二、百姓に十人組を組織させ判形《はんぎょう》をつかせて届ける。

十三、年貢未納は、理由により庄屋・百姓を人質とする。
十四、鹿・猪・牛・犬を喰うことを禁じる。
十五、山中での鉄砲は許すが、広場では禁止。
十六、年貢を済まさないうちに他国へ米を出すことは禁止。
十七、年貢未済のままでの借米《しゃくまい》・頼母子《たのもし》・勧進《かんじん》はいっさい禁止。
十八、「鉄砲之衆」の他組への編成がえは相談を必要とする。
十九、「鉄砲之者」は法度を厳守、みだりな事があれば組頭《くみがしら》も曲事。
二十、年貢や耕地のことなど細かなことも聞き込んで届けること。
二一、代官に任命した者には五人扶持《ぶち》を給する。

これは百姓に直接言い聞かせた触《ふれ》ではなく、郷方支配の原則を名張支配の責任者に指示したものである。百姓に年貢を皆済させるために、十人組編成をはじめとする様々な規制を加え、人質まで取るという厳しさであるが、他方で、口米・桝の定量を明示し秤は百姓に量らせるなど、百姓側の納得と自主性を引き出す規定も用意している。なによりも、代官以下の百姓使役や村の女たちへの悪行、村に賄《まかな》いを出させることや村を越えて遠くまで薪などを提供させることを禁止していることなどは、村社会の信頼を得るうえで当時なにが重要だったかを示している。鹿猪・牛犬を喰うことの禁止は、肉食忌避の社会習俗の確認のかたちをとった、局地的にはまま行われている家畜殺食への規制であり、それがまたより広い意味での社会的要請に応えることであったろう。

藩世界を支える「百姓成立」の論理の枠組みは出始めているが、高虎の伊賀・伊勢入封は軍団としての期待が込められたものであり、年貢の確保はなによりも優先されなければならなかった。一方、新領主の入部は、どこでも例外なく抵抗をもって迎えられ、なかには大規模な土豪・百姓の武力一揆へ展開する場合も少なくなかった。「法度」二一か条にもとづいて名張の支配を命じられた梅原勝右衛門が、年貢取立ての遅延を責められて数年で失脚し、上野城代の藤堂出雲が名張を直轄することになったのも新領主入部が受ける現地からの抵抗力のゆえであったろう。当時の村社会の強さは、村間の入会山《いりあいやま》争論に「鉄火《てっか》取り」で決着をつけたことにも現れている。高虎入部直前の慶長一二年（一六〇七）、当時は富田信高の領地であった伊勢一志《いちし》郡一色《いっしき》村（久居市一色町）と大鳥《おおどり》・中村の間で、焼けた金棒を素手で握って三方《さんぼう》（儀式用の台）に載せる方法で南山《みなみやま》入会権の決着がつけられた（『久居市史』上）。大鳥・中村は翌年、高虎所領（寛文一〇年久居藩領）となる。こうした主張の強さは、領主への反抗力としても発現するであろう。

転封してきた高虎は、伊賀国中を早々と巡察して、領内支配の役人を任命した。藩役人は、筒井氏時代の庄屋・年寄を招集して年貢の帳簿を点検しようとしたが、記録は出なかった。これも在地の抵抗であったろう。これに対して高虎は、「磔柱《はりつけばしら》二十根」と「数件ノ刑具」（「太祖譜」）を庭に並べて帳簿の存在を糾明した。越前敦賀《つるが》に去っていた筒井氏旧臣の門池加右衛門がこの事態を知って、自分所蔵の記録類を提出したので、ようやく伊賀領の実態が把握できたという（同前）。『公室年譜略』には、この門池加右衛門が伊賀の「地理ノ旧記、水帳《みずちょう》等所持」していたので「国務ノ便リ」となるということで召し抱えられ、郡奉行の一人に任命されたという。また高虎は、軍事の備えのために毎年粟《あわ》三万石を三か年貯蔵する方針をたてたが、こうした戦費的な蓄積の必要は、臨戦状況のせいで起こる重課であった。

高虎は、この年のうちに「家付帳《いえつきちょう》」を作成し、家と人馬を調べて夫役負担者を確定した。この家数・人馬数は、慶安二年（一六四九）の家並改め《いえなみあらため》まで不変となった。伊賀の惣家数は九七四四軒、役《やく》負担百姓は二九四三軒半とされた。この百姓役は、藩の普請や戦陣への陣夫役が想定されている。こうして現実には重課であったが、「法度」二一か条に流れる、百姓の服従を数量的な約束によって引き出そうとする論理は、当年の政治文化の性格を示すものと理解しなければならないのである。

四ツ成の定免　翌年の慶長一四年（一六〇九）八月二八日にも、高虎は、違背《いはい》の輩《ともがら》は曲事という末文をもつ、以下のような骨子の「定条々」一三か条（『宗国史』）を出した。

一、知行所の「物成《ものなり》」（年貢）は「四《よ》ツ成《なり》」（四割）。荒地開墾分は百姓と相談すること。
二、人数家数を改めて給人に与えたからには、百姓を悪しく「走らせ」（逃散）れば曲事。
三、年貢米の津出し（港への運搬）は、津までは百姓運搬。一志郡の山奥は村から五里。
四、口米は三升（目払い六合か）。

五、枡は判があるものを用いて、百姓に升掻《ますか》き（計量）をやらせて納めさせること。
六、四ツ物成とし少々の不作なら未進しないこと。他国にも隠れないほどの悪作なら検見《けみ》。
七、普請《ふしん》夫役《ぶやく》は五〇〇人に一人の割で。普請なければ使役禁止。
八、夫銭は、町枡で一人二〇石出す。
九、高一〇〇石に給人は糠五俵・藁十束を取る。
十、「定夫《じょうふ》」を給人が使う時は一日に町枡で手当を出す。
十一、種貸しは藩から行い、給人は禁止する。
十二、どの給人知行地でも藩の墨付を示せば百姓は「定役人足」にでること。
十三、「俄之陣《にわかのじん》」があれば、百姓も出て「相応之御用」に立つこと。

この条々によって、津藩では物成四〇％原則が決まった（四ツ成の定免《じょうめん》）。伊賀と安濃津での領主の違いからくる不統一をあらためて同一藩の郷中として均すためであったろうが、年貢率四〇％はいわゆる四公六民であり、この原則が公式に宣言されたことには津藩史として大きな意義があった。五条目の「升かき」は升取とも言い、安座して判のある公定枡を片手に当て、片手で米を掬《すく》って入れ、片手を離しておいて、竹で作った五寸七分の斗掻棒《とかきぼう》を真ん中に当てて枡の前方へ下ろし、手前へふち切りに引いて四斗を一俵として量る役で、微妙な手加減で百姓らの年貢米の駆引きの技があったとされる。高虎はこれを百姓側にやらせたのである。当初は藩が斗掻百姓を任命したが、後には、村側に決めさせるようになった。軍団的家臣団の養育を目ざす段階では、給人の私的な百姓支配権を制限することはむつかしいことだが、安堵された所領全体にふさわしい軍事的能力を持続させるためには、走百姓《はしりびやくしよう》（逃亡農民）を生み出すことはゆるされなかった。領民の確保は、入国当初の大名にとって最大の関心事であり、この翌年の江戸滞在中に高虎は国元に向け、尾張名古屋城の普請作事場へ「日《ひ》用《よう》」稼ぎにでる百姓を警戒するよう指示している。

「定条々」一三か条の末条で、「俄之陣」へ百姓が出張《しゆつちよう》し、そこで「御用」にたつべしという指示は、戦乱が眼前のこととして想定されている状況をよく反映している。しかし、そのために「常々れんみん（憐愍）を加へ候義、左様之時之用ニて候」という領主の恩義が強調されるとすれば、その反面では、常々の憐愍が藩役人の間にも民百姓の間にも領主の一般的な社会的責務として、受けとめられていくことになろう。

両城・両城下町の同時築造　伊賀上野城・伊勢津城の両城をふくむ大規模な普請にとりかかったのは入国後三年目の慶長一六年（一六一一）からであった。築城技術にすぐれた高虎は、それまでは公儀への助役普請に忙殺されていたからである。大坂の陣は多くの必然・偶然の要素がからみながら始まったものだから、高虎がその年次を知るはずはなかったが、大坂の陣が起こる慶長一九年までの三年間に、大坂方面で事変が起こった場合に対応できるように、両城の普請・作事が計画され、その工事の大要を終えた。それまで高虎が取組んだいくつかの公儀助役が大坂対応の性格を強くもっており、それに技術主導者として参画してきた高虎は当然その緊張感を実感しており、確度の高い情報に触れることがあったろう。ともあれ眼前の課題は、大坂包囲網の一環としての連携した機能を果たせるように、二つの城郭の位置と形態が計画され、町割がなされ、両城の間の物資流通を円滑にするために伊賀街道を官道化した（前出藤田『地域構造』）。またそのことが、以後の津藩経済の拡充を促すことになった。

しかし、両城を新造あるいは改築するまで流通に関して手をうたなかったのではない。町の活性化は伊予から移住してきた軍団の維持のためにも急がれなければならない。それに武士団だけでなく、町人も移住してきた。伊予からは大量の物資が、大坂から上野へ、また津港へ大船で輸送された。

上野町中の住民に対しては、郷方支配の「法度」二一か条を規定した翌月

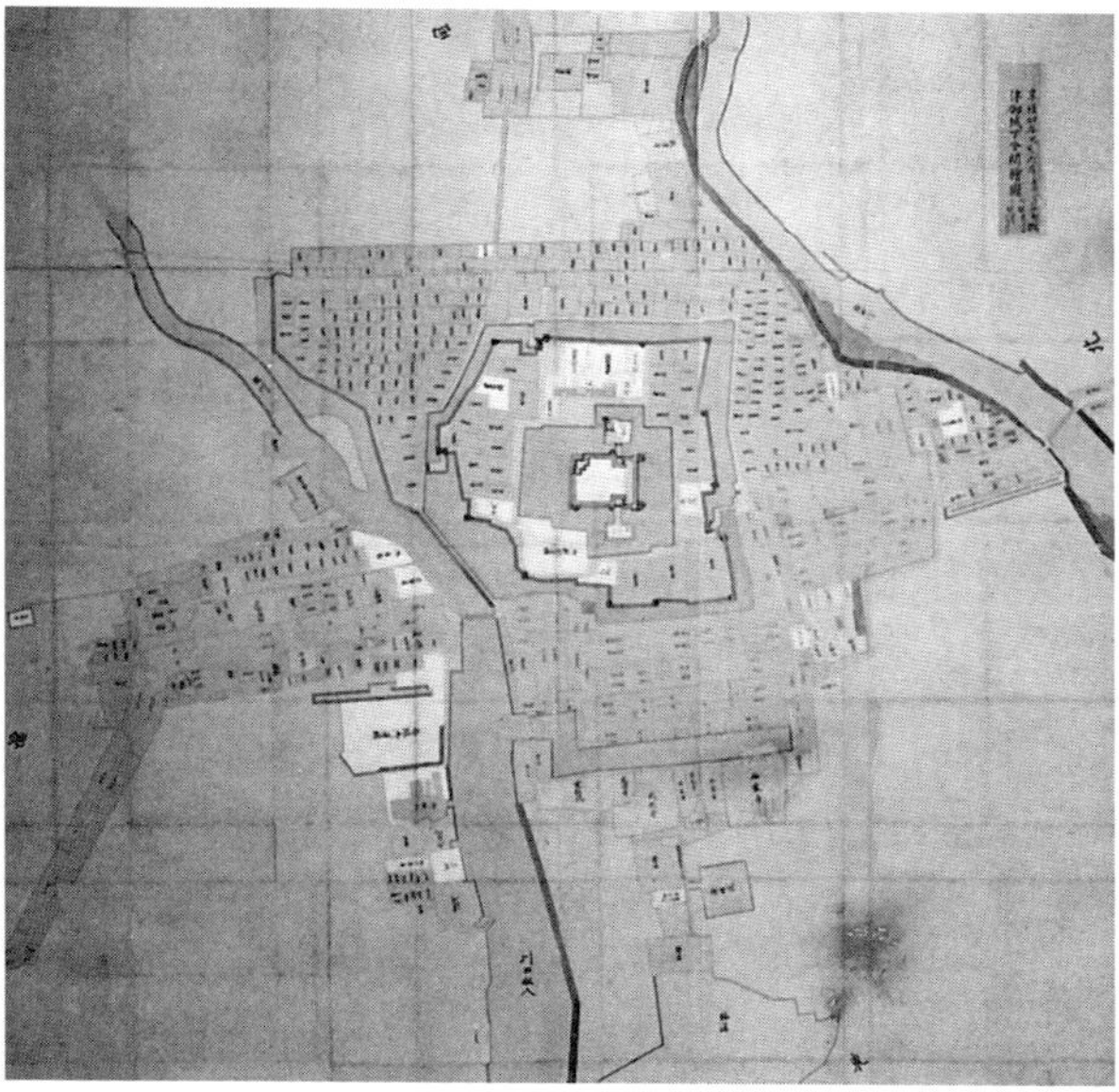

図4　津御城下分間絵図（樋田清砂氏蔵，『三重県史』別編絵図・地図，1994年より転載）

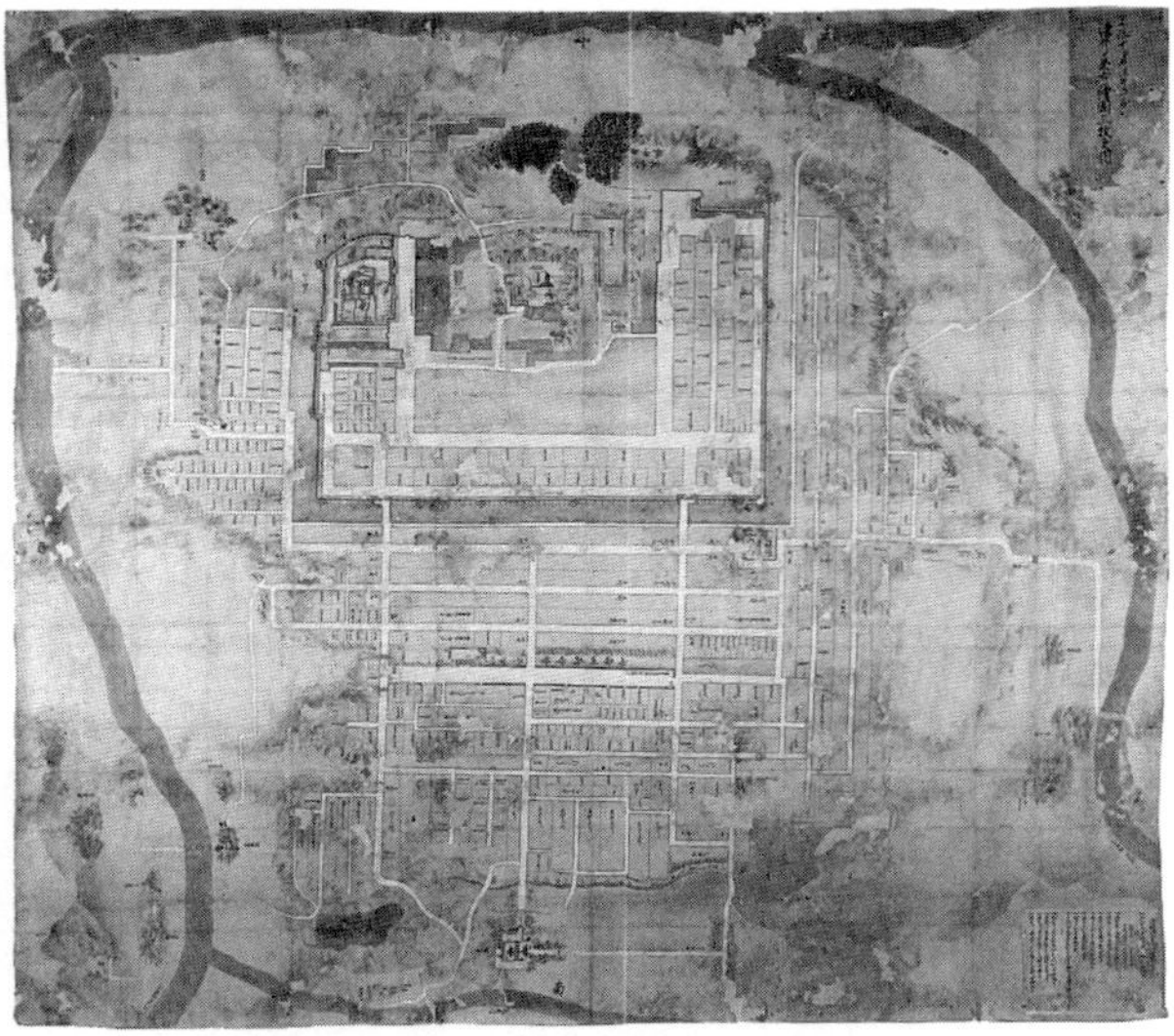

図5　伊賀上野絵図（岡森明彦氏蔵，永野鹿鳴荘提供）

の慶長一三年十一月、「国中万うりかひ（売買）」は「上野町」「なんばり（名張）之町」「あを（阿保）之町」に限定すると命じた（『三重県史資料編近世』一）。これは商業行為の制限であるが、先行きで農商の分離につながってくる指示でもあった。津に対しては、それよりも早い同年一〇月八日に「御免許の条々」五か条（『津市史』一）と町民への優遇措置を触れた。

一、「公儀の御用」の伝馬は出し、「和泉殿御自分」の伝馬は免除。
二、職人を徴用する時は、見合いの手間賃給与。
三、酒・麹《こうじ》・紺屋《こうや》・蒟蒻《こんにゃく》の年貢などを免除。
四、町普請には、町人出会い。
五、家中の町宿宿泊は、三〇日を過ぎれば宿賃支払い。

これは従来は「公事」として課されていたものを免除して町方の定着をはかり、町民を増やす誘導政策であった。この中で、「公儀」と「御自身」（高虎）が区別されているのは、江戸幕府がより上位の公権であることを大名の側が認め、そのことを領民に知らせようとしている点で興味深い。しかし、大名が私の立場になるのではなく、公儀の名代性を強調しながら、自らの権威を高めようとするのである。

伊予から「農商数十人」（「太祖譜」）が高虎に従ったとも記され、「勢伊（伊勢・伊賀）ニ来ル者枚挙スベカラズ」（「公室年譜略」）とも記されているが、津では岩田橋《いわたばし》の南に町地をつくらせ、伊予町（津市本町）とした。そして移住者の加藤甚右衛門にその町政を委任し、地子免除《じしめんじょ》とした。この町は以後特権商人の居住区となった。甚右衛門は、津の三町年寄の一人となり幕末まで世襲する。また伊予から同行した僧侶に寺町を作らせた。焼亡していた旧来の町は、伊藤又五郎が町年寄とされて差配することになった。民家や寺院が城下市街へ移住する助成金として、高虎は銀一〇〇貫（金二〇〇〇両）を町に与えた。

上野の城郭は、西に一五間（二七メートル）もの高い石垣を築き、大和・山城方面から攻撃されることを想定した堅固な要害として大規模な普請を行った。人足は、領内百姓の徴発で行われた。そのためにも、代官・給人の私的使役は抑えなければならなかった。天守閣は五層で、東西一三間、南北一一間の規模であったが、普請途中に、翌慶長一七年九月の暴風雨で倒壊した。

筒井氏支配の上野の町は入国少し前の慶長一一年（一六〇六）に焼亡していた。高虎は、町の東南の広野を切り開いて、町地や農地にした。城下町は、筒井時代の中心であった小田《おた》（上野市小田町）から城郭の南側の上野台地へ移転させた。この移転は要害性を重視するところから実行された（前出藤田『地域構造』）。町割《まちわり》は、商人の居住地と街道が東西に三本走る三筋町《みすじまち》（本町筋・二之町筋・三之町筋）、南北に走ってつなぐ竪町《たてまち》を骨格とするように行われ、その内部に鍛冶町《かじまち》・魚町《うおまち》・紺屋町《こうやまち》などの同業者の町共同体が形成された。そして、中央の本町と中之立町の分岐点を「札之辻《ふだのつじ》」にして高札《こうさつ》の掲示場とした。枝町《えだまち》にも鉄砲町・忍町などの職分による集住区がおかれた。

津城も、慶長一六年一月から改修に着手し、富田氏居城よりもはるかに威容のあるものとなり、また伊賀街道で上野城と結びつけ、伊勢街道・大和街道の人・物を流入しやすくさせる工夫がなされた。津城は「石壁（石垣）ヲ積直シ」（『高山公実録』）、本丸を拡張し、外郭に土塁《どるい》を巡らし、櫓《やぐら》を一一も配置した。入国当時五〇〇戸ほどしか焼け残っていなかったという津の町屋は、三年間のあいだにかなりな変化を見せていたはずとはいえ、高虎が、城と城下を存分に縄張りするうえでかえって好都合であったろう。

こうした普請・作事を急がせながら、慶長一八年（一六一三）一月、「津町惣中」にあてて「高町」「浜幷築地《ついじ》」「岩田之内伊予町」の町人地の「地子」（年貢）二一〇石四斗八升分を永代免許にする特典を触れた。「高町」とは高い所の意味で、城下町を通過するよう従来の海沿いから付替えられた伊勢街道や諸街道に面して町割された町人地で、京口・立・中之番・宿屋《しゆくや》・地頭領《じとうりよう》・分部《わけべ》・東・西・塔世《とうせ》・山之世古《やまのせこ》・大世古《おおぜ》・南之世古・蔵・新立《しんたて》・宝禄《ほうろく》の町々、「浜」とは堀川に近い片浜・北浜・南浜・魚町、「築地」とは岩田川に接する町である。また岩田川沿いには水主の住む船頭町《せんどうまち》、西に家中武士の住む八町を開発した。港は、岩田川畔に移し、廻船や漁船も津港に多く出入りするようになった。武士の居住区は城の西北に開発し、これらの城下町建設政策で、富田氏時代とくらべて人家が三倍にふえた。城下町の南北は、四八町二一間半（五・三キロ弱）、東西四町四三間（〇・五一キロ余）の南北に細長い市街が生まれた。

大坂の陣と最後の軍功加増　高虎は、大坂の陣でも軍功を評価された。上野城・津城とその城下町をひとまず整え終わった高虎は、慶長一九年（一六一四）の大坂攻撃（冬の陣）に、これまでの参戦と同様の熱意で取り組んだ。高虎にとって、入国以来の大坂包囲の諸城普請への参加、その後の上野・津両城拡張は、高い戦意の持続につながったであろう。

両城普請にとりかかってからも、高虎は江戸や駿府《すんぷ》（静岡県静岡市）に滞在して、将軍秀忠や大御所《おおごしよ》家康の命で、公儀の権力・権威を固める全国政治の一環を担う政務を命じられることが多かった。慶長一六年に京都二条城で家康と秀頼の会見が行われたが、高虎はその接待役を引き受けた。この年に加藤清正《かとうきよまさ》が死ぬと、後継の忠広《ただひろ》が幼いため、肥後《ひご》熊本藩の監国（監使）を命じられて国政を沙汰した。慶長一七年には禁裏《きんり》仙洞御所《せんとうごしよ》の修築手伝普請《てつだいふしん》を行い、慶長一八年には、元の津藩主富田信高が封土没収となった際、伊予宇和島の富田所領の在番を命じられた。慶長一九年には江戸城本丸助役《すけやく》を勤め、高虎は、老年に達しても忙しく公儀の要請に応え続けた。

大坂参陣令を受けたのは、江戸城本丸手伝普請に従事している最中で、ただちに駿府に向かい、家康から大和の諸軍を率いて大坂に向かうことを命じられた。高虎は、十一月一三日に渡辺勘兵衛と藤堂仁右衛門を先鋒《せんぽう》にして、津城を出発し、上野勢も合わせて、全藩兵に近い六〇〇〇余人を率いて参陣した。鉄砲は六八〇人を超え、騎馬は五五〇人を超えた。藤堂軍は、住吉《すみよし》・天王寺《てんのうじ》（大阪市）で戦ったが、大和の大小名は高虎の指図には十分従わなかった。国元《くにもと》でも、少数の留守勢を残しただけの武士団の出陣が刺激したのか、安濃《あの》郡神戸《かんべ》村（津市神戸）で百姓の集合が起こっている。この原因はわからないが、郡奉行《こおりぶぎょう》中村四郎左衛門が集合した者を捕らえた。藤堂氏への恩頼感はまだ領内に染みこんでいないと言えよう。冬の陣は講和でひとまず決着したが、その後、五万石以上の大名勢が城《しろ》濠《ぼり》を埋めることを命じられ、藤堂勢も埋立て作業に従い、その後に帰国した。

慶長二〇年（一六一五）、高虎は三月末には次の出陣の内命を受けた。夏の陣ではやや出兵数を減らし、津城を出発してから上野城へ向かい、四月四日、約五〇〇〇（馬上四四三騎、鉄砲五〇〇挺ほか）の藩兵で押し出した。出陣中の高虎は、家康に対して、大坂方が国持大名を欠く弱さを指摘し、敵側の焦りに応じて打ち破る持久策を建言した。藤堂軍は、井伊《いい》直孝《なおたか》と河内路の先鋒を勤めた。

しかし、夏の陣では遠巻きでは終わらず、藤堂軍は五月六日、八尾の決戦と言われる大坂城外での乱戦を経験し、長曾我部《ちょうそがべ》軍を破るなど、朝夕の合戦に八〇〇内外の首級をあげたが、侍大将の藤堂仁右衛門、藤堂勘解由《かげゆ》、藤堂新七郎、藤堂玄蕃《げんば》、桑名弥次兵衛らのほか、この日だけでも総数三〇〇余人が討死した。高虎は、陣没者の法要を南禅寺《なんぜんじ》で営んだ。高虎は、戦後の論功行賞で六日の奮戦を評価され、伊勢の鈴鹿《すずか》・安芸・三重・一志の四郡の内で五万石を加増され（「賜書録」）、従五位下から従四位下に上げられた。高虎は、すでに六〇歳の高齢であったが、この陣でも、武功の大名として二七万九五〇石に知行地を増やした。

しかし、大坂の陣では、家臣の働きの評価をめぐるもつれから、部将の渡辺勘兵衛が、退去するという出来事も起こった。勘兵衛は、高虎が養子の高吉《たかよし》と同じ二万石の高禄で召し抱え、その子長兵衛に妹を配するほど重く用いていた新参の家臣だったが、冬の陣、夏の陣ともに、指揮者としての進退が気に入らず、行賞しなかった。勘兵衛もまた主君を見限って暇《いとま》を願い出た。高虎の改易令に、勘兵衛は上野城から家兵に武装をさせ、槍の穂を光らせ、火縄《ひなわ》に点火して退去した。勘兵衛は、戦上手の能力によって次々と歴仕する武士であって、御家大事のみに生きる近世武士ではなかったのである。のちに勘兵衛は、「武功覚書《ぶこうおぼえがき》」を残している。また、高虎弟の高清《たかきよ》（出雲）と正高《まさたか》（内匠《たくみ》）は、留守番の命を破って勝手に出陣したとして、二人とも「勘気をうけ」（『寛政重修諸家譜』）、五年後に許されて家臣になった。

夏の陣でも、国元での領内に対する藤堂氏の威信が十分でないことを示す事件が起こっている。伊賀の夙村では甚七の一党二〇余人が高虎の「戦勝」の祝祭に際して「事を挙げ」ようとしたが、事前に密告者が出て磔《はりつけ》にされた（「本譜太祖公」）。夙村の者は一月に二六日、東西の大手門を掃除する役を負っていたという（久保文雄「部落の歴史」）。ほぼ毎日大手門に接近できる立場にあったのだから、軍事的な行動は可能であったろう。

大坂の陣では、関ヶ原の戦いのように、津城や上野城が巻き込まれる派戦は起こらなかった。この戦陣以後、警戒のための出動や手配りはあったが、長く幕末まで津藩世界の非戦の状態が保たれたことを見れば、元和元年は津藩史における一つの区切りとしての比重をもつであろう。実際、大坂をにらんで堅固にされた上野城は、大坂の陣の集結によって石垣普請が中断され未完の城郭に終わったとされることを思えば、いよいよ「元和偃武」の津藩にとっての意味は大きくなろう。

第二　藩体制の成立

伊勢伊賀入国までの藤堂高虎

藤堂高虎《とうどうたかとら》は、伊勢伊賀《いせいが》入国の時に五三歳の老将であった。戦国を駆け抜けて立身出世した証として、石高《こくだか》でほぼ全国の百分の一にあたる藩領を手に入れ、七五歳の長寿を全うし、その余慶で藤堂家は幕末まで続いた。高虎の生涯は、一六世紀五〇年代から一七世紀三〇年代に及ぶ長さをもつとともに、つねに天下人の近距離にあった。そのため高虎の一代記は、戦国争乱から幕藩体制成立へかけての、天下統一・朝鮮侵略・朝幕和融・幕藩政治の緩急の機微をうかがう良好な証言ともなっている。

高虎は、近江《おうみ》国犬上郡藤堂村（のち在士《ざいじ》村）に住む地侍家の出身で、弘治《こうじ》二年（一五五六）に生まれた。名を与吉《よきち》と言った。残された逸話では、体格がよく、乳児の時から常人離れの食欲を示し、荒っぽい振舞いで怪我もしばしばだったが、「家中未《いま》ダ其ノ啼《な》くヲ聞カズ」（「本譜太祖公」）という我慢強さで、驚くほどの力持ちだったという。一三歳の時には屋敷に追い込んだ曲者を自ら切伏せた。父の虎高は武田家から浅井家に移ったが立身の機会をつかめず、与吉の非凡さに家運挽回を期待し、自分の名前を「反覆」させた高虎の名を与えた。成人した高虎は、身長六尺三寸（約一九〇センチ）だったという。

太祖崇敬からくる誇張はあるとしても、すべての戦国武将がこのように伝えられるわけではない。高虎は周囲と比較すれば図抜けた大男で、胃腸も筋力も強く、武張った人格であったにちがいない。

高虎は元亀《げんき》元年（一五七〇）の姉川《あねかわ》（滋賀県東浅井郡）合戦に、父と同じ浅井家に属し、一五歳で初陣《ういじん》し武功をあげた。しかし藤堂家は浅井氏の下では芽を出せず、父の虎高は天正《てんしょう》元年（一五七三）の浅井家滅亡ののち近江で隠棲した。高虎は主家を次々と替えたが、羽柴秀長《はしばひでなが》に仕えて二一歳で三〇〇石を給与されたことが立身への画期となった。高虎はひたすら槍《やり》働きで認められる武人であり、秀長に従いながら秀吉の作戦に参加し、数年に及んだ播磨《はりま》三木《みき》城（兵庫県三木市上の丸町）攻めで、天正八年、二五歳の時に秀吉に武功を認められた。

その後も秀長の下で、天正一一年には賤ヶ岳《しずがたけ》（滋賀県伊香郡木之本町）で戦い、伊勢でも峯《みね》の城（三重県亀山市川崎町）、亀山《かめやま》城（亀山市本丸町）を攻め、翌年の小牧長久手《こまきながくて》の戦いでは織田信雄《のぶお（のぶかつ）》の勢力下にあった松ヶ島《まつがしま》城（松阪市松島町）を攻めた。また家康に同盟した紀伊《きい》（和歌山県）の根来衆《ねごろしゅう》・雑賀衆《さいがしゅう》の討伐戦、天正一四年の四国攻めなど、秀吉の天下統一の諸戦に参戦、秀吉に認められて三〇歳で一万石を給された。それまで高虎は武功を積み重ねて四六〇〇石に昇進していたが、秀吉が秀長に五四〇〇石の加増を指示したのである。

こうした中で天正一三年（一五八五）、小牧長久手の戦いが和解となり、家康が上京した時、秀吉は聚楽《じゅらく》第《だい》の郭内に新邸を造って家康に贈与することにした。秀長が経営を命じられたが、高虎が普請《ふしん》奉行を勤めたため、家康との昵懇《じっこん》の関係が生まれる画期ともなり、普請巧者《こうしゃ》に成長する契機ともなった。天正一五年の島津《しまづ》攻略でも、秀長に従って従軍、高虎は日向《ひゅうが》（宮崎県）で島津軍を大敗させ、大局を動かした。その軍功で、従五位下佐渡守《じゅごいげさどのかみ》に叙任され、紀伊粉河《こかわ》（和歌山県那賀郡粉河町）で二万石の大名に封じられた。その時秀吉の命で、丹羽長秀の三男仙丸が羽柴秀長の養子になっていたのを、また動かして高虎の養子とした（宮内少輔《くないしょう》高吉《たかよし》。第四章）。

天正一九年（一五九〇）、秀長が死ぬと、跡継ぎの秀俊《ひでとし》（秀保《ひでやす》、秀吉姉とも男子）に仕えたが、秀吉の朝鮮侵略戦が始まると（「高麗陣《こうらいのじん》」＝「文禄《ぶんろく》の役《えき》」）、秀俊の代理で渡海することになった。文禄元年（一五九二）、九鬼《くき》嘉《よし》隆《たか》らと水軍を編成して参戦、沿岸の水戦を受けもったが、李舜臣《りしゅんしん》の水軍と遭遇して苦戦した。文禄の参戦では、高虎は軍功として伊勢に一〇〇〇石を加増された。主君の秀俊が文禄四年に横死し主家が絶えると、高虎は落髪して高野山《こうやさん》に入ったが、秀吉に請われて下山した。四〇歳の高虎は五万石を加増され、伊予で七万石を与えられて秀吉直属の大名になった。

日明《にちみん》講和交渉が破れて、慶長《けいちょう》元年（一五九六）に二度目の朝鮮侵略（「慶長の役」）が始まると、高虎は舟《か》手《こ》の頭領を命じられた。李舜臣が斥けられ志気が落ちた朝鮮水軍に大勝し、高虎は殊勲の感状《かんじょう》を得た。慶長三年（一五九八）に帰国後、伊予大洲《おおす》（愛媛県大洲市）で一万石加増され八万石の大名になった。撤退に際して藤堂水軍は、朝鮮儒学者姜沆を連行したが、姜沆は藤原惺窩《せいか》に朝鮮朱子《しゅし》学《がく》を教え、日本の近世朱子学に影響を残した。この年、秀吉が没すると、家康は、困難な朝鮮撤兵の始末を高虎に命じた。

しかし九州に下る途中に、諸軍が帰還していたので渡海せずに、復命した。

高虎は天正一四年以来、家康との交流を続けたが、秀吉没後はいっそう関係を深め、慶長四年（一五九九）には石田《いしだ》三成《みつなり》の動きを知って家康に告げ、その宿邸を警護した。家康もまた、病気の前田《まえだ》利家《としいえ》を見舞った際には藤堂邸に宿泊するほどであった。この年には、高虎は弟の正高《まさたか》（内匠《たくみ》）を人質として江戸に差しだし、家康への忠節を表明した。秀吉の死とともに、高虎が家康を次の天下人として見極めたことを示している。また四〇代の半ばに達した高虎は、たんなる戦場の勇者だけでなく、非戦時の駆け引きで自分の位置を安定させていくという政治的能力を発揮し始めた。同じ年、前田利長も母や老臣の子を江戸に送っている。これが、江戸に証人を置くことの始まりとなった。人質の正高は、家康から下総《しもうさ》（千葉県）香取《かとり》郡に知行地を与えられ、慶長一一年（一六〇六）まで将軍秀忠《ひでただ》に仕えて伊勢に帰った。のち大坂の陣で高虎の勘気《かんき》を受けて家臣となり、公儀《こうぎ》給与の三〇〇〇石は藤堂家の知行に組込まれた。高虎は、開幕後になるが慶長一〇年（一六〇五）に正夫人と世子《せいし》高次《たかつぐ》を江戸に移り住まわせ、二心なきことをさらに示そうとしている。

慶長五年（一六〇〇）関ヶ原の戦いでは、高虎は迷うことなく養子高吉をともなって家康の会津《あいづ》（福島県）遠征に従い、三成挙兵が知られた小山《おやま》（栃木県小山市）から引き返して、福島正則《ふくしままさのり》らと岐阜《ぎふ》城を攻撃した。関ヶ原では、小早川秀秋《こばやかわひであき》・大谷吉継《おおたによしつぐ》・石田三成の軍に当たって破り、三成の佐和山《さわやま》城（滋賀県彦根市）攻撃に加わり、家康の先駆《さきがけ》をして大坂城に入った。戦後も郡山《こおりやま》城（奈良県大和郡山市）受取りなど、譜代《ふだい》の臣に近い働きを命じられている。高虎は少なからぬ家臣を失ったが、一二万石加増の戦功と評価され、伊予今治《いまばり》二〇万石の大名に昇進して、今治城を新築した。

関ヶ原戦後も家康の大坂包囲は続けられ、高虎はその戦略のなかで天下普請に動員された。慶長六年、近江大津《おおつ》城を壊して膳所《ぜぜ》城が築造されたが、これは高虎が縄張《なわばり》を担当した。慶長九年の伏見城石垣普請にも加わった。慶長一一年（一六〇六）の江戸城拡張・天守閣築造などの設計、二の丸・三の丸増築にも働いた。江戸城の拡張に際して、高虎は備中《びっちゅう》（岡山県）に二万石の加増をうけ、普請の負担を軽減できた。翌一二年にも江戸城修築で縄張や普請を受け持ち、官名が和泉守《いずみのかみ》に変わった。伊勢伊賀転封後も、毎年のように丹波《たんば》篠山《ささやま》城・亀山《かめやま》城（京都府亀岡市）などの譜代大名の築城に力を使い、亀山城へは今治城の構造物を解体して送ったりした。

無事の時代の高虎　大坂の陣以後も高虎は油断なく公儀と徳川将軍家への忠節を態度で表し続けた。国許よりも、家康存命中は駿府《すんぷ》（静岡県）・江戸に、家康死後は江戸に滞在することが多かった。元和《げんな》二年（一六一六）、家康の発病を聞くと、駿府にいた高虎はただちに駆けつけて枕頭で看病に当たり、家康死後の下野《しもつけ》日光《にっこう》廟《びょう》東照社《とうしょうしゃ》（のち東照宮）建設では、天海《てんかい》に協力して、翌年の駿河久能山《くのうざん》からの改葬に立ち働いた。

そのため元和三年、軍功ではなく、日光工成と多年の忠勤を功とされて伊勢度会《わたらい》郡の田丸《たまる》五万石が加増となり、津藩三二万三九五〇石余（弟正高拝領高を加算）の表高《おもてだか》が確定した。しかし表高は確定したが、領地については変動する。元和五年、徳川頼宣《よりのぶ》の移封《いほう》に伴い、伊勢の田丸五万石が紀伊徳川家の領地となり、高虎には伊賀に続く地として大和の四郡、また京街道に沿う山城（京都府）の一郡に替地が与えられた。肥沃《ひよく》な城和の替地は、高虎にとって有利な交換となった。伊予今治二万石が伊勢へ替地となるのは高虎死後である。

高虎は、寛永《かんえい》四年（一六二七）寛永寺の寺域に、江戸城紅葉山《もみじやま》東照社にかわる東照社（上野東照大権現宮）を奉納し（『高山公実録』）、寛永六年（一六二九）まで一〇年を要した大坂城再建を縄張りし、公武和融を演出する儀典城になる二条城《にじょうじょう》（寛永三年後水尾天皇行幸《ごみずのおてんのうぎょうこう》）の修築普請に加わるなど、国許に帰らず公儀確立の下支え役を勤めた。江戸柳原《やなぎはら》（千代田区）の津藩邸へは、秀忠・家光《いえみつ》の将軍御成《おなり》がしばしば行われた。また高虎は秀忠が催す夜話会に常に出席し、その信頼を得ることに全力を傾注した。世子高次の夫人も、酒井忠世の娘を娶り、幕閣要路者との姻戚関係によって藤堂家の安泰をはかることに努めた。

晩年の元和九年（一六二三）から高虎は眼疾にかかり、視力は次第に衰えた。寛永七年（一六三〇）には失明し、一〇月五日死去した。高虎は、自分に殉死することを望む家臣の姓名を書き出させ、その七三人に対して、いったん命を失えばどうして「天下の先鋒」になれようかと、将軍の威名も借りて禁じたため、殉死者を一人も出さなかった（『聿脩録』）。すでに高虎は、世子・家中・領民にだした教令・法令からみるかぎり、関ヶ原戦前後あたりから、人格的な恩頼関係だけでなく身分制による職掌の実践という近世政治の要をつかみはじめていたと言える。公儀による殉死《じゅんし》の禁止は、家綱《いえつな》政権のことになるが（寛文三年〈一六六三〉）、高虎のように殉死者を出さない空気を醸成したり、井伊直孝《いいなおたか》のように近臣に殉死を厳禁する自判書を与えたという話が広がったりしたことが、無言の圧力となって公儀の法制化を押し出したと見るべきであろう。

高虎の遺骸は、度重なる戦陣による玉疵《たまきず》・槍疵が満身にあって手足も欠損が多く、家臣らは高虎の辛酸に感じ入って語りあったという。高虎は江戸忍ヶ丘《しのぶがおか》の寒松院《かんしょういん》（台東区上野公園）に葬られ、その後、津乙部《おとべ》の潮日山願王寺《がんおうじ》に葬られたが、この寺をも寒松院と呼ぶようになった。高虎は、自らが天下をうかがうという意欲はなかったが、常に真の実力者を頼んで押し上げる力になることによって、自らの立身の機会をつかみ取るという生き方をし、その点で鋭い嗅覚を発揮した。大名たちの一部とは不和にもなったが、互いに襲い合うような私的な敵対関係はつくらず、戦場で討取られることもなく、七五歳の寿命を得た。戦国武将としては恵まれた生涯であったと言えよう。

高虎の公武和融活動　高虎は四〇代半ばから政治的駆け引きの能力を見せるようになったが、これは下克上《げこくじょう》の乱世を槍働きで這い上り、さらに幕藩体制の中に位置を占めたほどの大名であれば、誰でも身に備える力であったろう。しかし、高虎が他の大名の追随をゆるさない力を示した分野がある。それは、朝廷と徳川氏の結合のために働き、結果的に、公武和融の近世公儀という国家形態を確立するうえで大きな役割をはたしたことである。

家康は、朝廷対策として、武家官位の将軍推挙・無定員の約束をつくりだすとともに、慶長一七年（一六一七）に一七歳の後水尾天皇の女御《にょうご》として六歳の孫（秀忠七女）である和子《まさこ》（のち東福門院《とうふくもんいん》）の入内《じゅだい》を提案していた。朝廷は紛糾したため、高虎は、家康の内意をふくんで上京し、前から親交のある近衛信《このえのぶ》尹《ただ》（後水尾天皇伯父）に朝議取りまとめを申入れた。高虎は後陽成上皇《ごようぜいじょうこう》に謁《えつ》して、事情と事の進捗を説得した。これが効を奏して朝議一決となり、承諾の旨が家康に伝えられた。高虎の近衛家との親交は、官位叙任の際に藤堂家を藤原氏支流とした縁による。高虎は、天正一五年（一五八七）の島津攻略の軍功を秀吉に認められ、従五位下佐渡守に叙任され、紀伊粉河で二万石の大名に封じられた。その時、藤原氏支流の立場を選び、近衛家を本宗《ほんそう》（宗家《そうけ》）と仰ぐことになった。高虎が、自分の行動・思考の範囲に入る事柄の一つとして朝廷のことを意識し始めるのはこの頃からと思われる。近衛家との親交はその後も続き、信尹《のぶただ》の養子信尋《のぶひろ》（後水尾天皇弟。内大臣・右大臣・左大臣・関白を歴任）が江戸に下向するときは、津藩の藩邸をしばしば訪れた。

幕末の公儀儒官塩谷《えんや》世弘が水野《みずの》忠邦《ただくに》に建言した際、大坂陣後、高虎が家康の面前で天海と争った逸話を紹介している（『津市史』二）。天海が、「禁裡幷公卿方《きんりならびにくぎょうがた》」を伊勢へ移して「太神宮の神主」にすれば、数百年の大乱を平らげた徳川将軍家が「天子同様」となると論じたのに対し、高虎は、諸大名に蜂起《ほうき》の名分《めいぶん》を与え再び天下大乱になると批判し、「天朝を御羽翼《ごうよく》遊ばせられてこそ諸大名も屈服し万民も仰望つまかつり候」と論じた。家康は高虎の論を採り、天海を叱ったという。これは豊臣氏滅亡と元和偃武《げんなえんぶ》の到来を喜ぶなかで徳川氏の天子化をさえ構想する動きが一部に生まれたことを物語るとともに、高虎のような公武和融の現実的判断が結局は優勢になり、落着することを象徴する逸話である。

元和五年（一六一九）に将軍秀忠が上洛したが、秀忠が婚儀の事を切り出さず、公家の風儀の処罰を取りあげた。後水尾天皇はすでに子供も生まれていたが、右大臣近衛信尋に書簡（『宗国史』）を送って、

今度は、藤堂和泉守、種々懇切之義共難謝ノ次第に候。然《しから》は入内先々当年はのへ（延べ）られ候様に粗《あらあら》承《うけたまわり》候《そうろう》。（中略）相調候様に、藤堂和泉守肝煎《きもいり》候ハ、生々世々わするましき由申つたへられ候ハ、云々。

と、高虎の周旋《しゅうせん》に対する期待を明らかにした。高虎は、入内の促進を秀忠に進言し、元和六年の実行が決定した。高虎は知られざる裏方でなく、その動きが後水尾天皇に伝わっており、「天子へ申上候へは一段と御満足の事に候」（『津市史』一）という信尋書簡や天皇からの下賜品が高虎にもたらされた。元和六年、徳川和子に御茶《おちゃ》ノ局《つぼね》が母代わりに付き添い、公儀年寄《としより》酒井忠世ら諸大名が随行して、六月一八日に入内儀式が挙行された。高虎はこの時、大坂城築城の差配で参列できなかったが、藩士数十人を護衛に派遣した。

高虎はその後も、政治的にも文化的にも公家社会の頂点にいた近衛信尋と交流し、寛永元年（一六二四）春には、信尋が伊勢神宮へ参詣した途中に津城を訪れた。六九歳の高虎は大いに信尋を歓待したうえ

上野まで送り、さらに京都まで同行しようとして、公儀の許しが出ないと許されないと諫止《かんし》する三宅《みやけ》亡羊《ぼうよう》に従った(「年譜略」)。この年に侍従《じじゅう》に進み、翌年少将《しょうしょう》に転じている。高虎は、最晩年の寛永六年にも近衛信尋を通じて朝廷に歳暮《せいぼ》の献進を行った。この年はいわゆる紫衣《しえ》事件で朝幕確執が表面化し、十一月には後水尾天皇が退位(後水尾上皇)して徳川和子の娘(興子《おきこ》内親王《ないしんのう》)が即位している(明正《めいしょう》天皇《てんのう》)。高虎は十二月、新しい天皇・上皇・女院《にょいん》のそれぞれの御所に対して献進したのである。朝幕和融の公儀形成のために和子入内を周旋した立場としては、この献進は憂慮を伴うものであったろう。しかし、藤堂家は、これ以後毎年十二月に朝廷へ歳暮献進の使者を遣わし、同時に近衛家と京都所司《しょし》代《だい》にも贈物をするようになった。さらに藤堂氏の叙任と朝廷の吉凶に際しても使者を送り物品を献進する慣例が生まれた。もとより藤堂家にあっては、これが将軍と天皇を比較する発想にはつながらず、公儀尊重もまた以後の藩政の骨格になっていくのである。いずれにせよ近世においても、武家への官位叙任が機縁になって、朝廷勢力と大名家が親近の関係になる場合があることを藤堂家が示している。

讃岐高松藩の監国　慶長一六年(一六一一)加藤清正《かとうきよまさ》の死後、高虎は肥後《ひご》熊本藩の監国《かんこく》(監使)を命じられて国政を沙汰したが、元和七年(一六二一)にも、讃岐《さぬき》(香川県)高松藩の監国になった。生駒《いこま》家は、藩祖親正《ちかまさ》以来、半世紀以上も高松を拠点に讃岐一国を支配してきたが、関ヶ原の戦いで親子が東西に別れ、子の一正が軍功で讃岐領有を安堵された。しかし、その子の正俊《まさとし》が三六歳で急死したため、三歳(あるいは一一歳とも)の高俊《たかとし》(小法師)が残された。正俊は、藤堂高虎の女婿《じょせい》に当たった。高虎は氏家《うじいえ》源左衛門の娘を養女としていたが、それが正俊《まさとし》夫人になっていた。元和七年（一六二一）、高俊が藩主を襲封することになったが、幼少のため、外祖父の高虎が藩政を補佐することになった。高虎には、縁戚としての藩内への影響力と、将軍に近いため江戸の公儀に対する影響力が期待された。

高虎はすでに六六歳の高齢であり、熊本藩監国の時のように「肥後国に御下向」（「言行録」）という行動は起こさなかった。高虎の関与は、公儀西丸年寄《こうぎにしのまるとしより》土井利勝《どいとしかつ》の内意を受けるかたちで行われたらしいが、讃岐の実務には家臣の疋田右近《ひきたうこん》・西島八兵衛《にしじまはちべえ》を派遣して「仕置《しおき》」（『西島八兵衛家乗《かじょう》』）をさせた。この時の八兵衛は副役《そえやく》であり、奉行として活動して間もなく津に戻った。

しかし藩主急逝後の高松藩では、江戸家老と国家老の権力闘争が表面化し、後世、生駒騒動と呼ばれる御家騒動の様相を呈しはじめた。寛永元年（一六二四）頃、西日本一帯をおおいだした旱害《かんがい》が讃岐で現れ、亡国の惨状となった。紛争の詳細な経緯は分明でないところがあるが、江戸家老が高虎に讒言《ざんげん》して、国家老に干魃《かんばつ》の責任をとらせ、国家老を入れ替えた。高虎はこの人事に影響力を発揮し、寛永二年、再び八兵衛を讃岐に遣わし、藩政の援助をさせた。八兵衛は寛永六年まで駐在し、いったん呼び戻されたが、公儀実力者の土井利勝は娘が生駒高俊の妻という関係にあり、強く津藩の援助を要請したため、高虎は三度西島八兵衛を讃岐に派遣した（「藤堂藩大和山城奉行記録解説」）。八兵衛は讃岐で一五〇〇石の高禄を与えられて年寄並《なみ》の客臣として藩政に関与した。そして溜池《ためいけ》の新設・修築、香東川の瀬替え工事など、開発、農政の分野で働いた。この間、寛永六年、高虎世子の高次を烏帽子《えぼし》親《おや》として小法師が加冠《かかん》して高俊と改名し、翌年、大御所秀忠、将軍家光の上洛に供奉して壱岐守《いきのかみ》に任官した。

寛永七年に高虎が死んで後は、津藩二代藩主藤堂高次が監国になったが、騒動は収まらず、寛永一四年（一六三七）、元の国家老の子生駒帯刀《たてわき》が江戸に出て、土井・藤堂・脇坂《わきさか》の三家に藩政を担う者らの非法と江戸家老の不正を訴え出た。藩内での決着も試みられたが解決できず、寛永一七年五月、家臣三〇〇人以上が徒党化して家中を立退いた。公儀は処分を決断して両者の処罰が行われ、藩主高俊は一七万石余を没収され、出羽《でわ》に一万石の減封処分となった。

生駒家騒動は初期御家騒動と言われるもので（福田千鶴『幕藩制的秩序と御家騒動』）、公儀は必ずしも初めから大名取潰《とりつぶ》しの方針で臨んだのではなく、むしろ安定的な「御家」の創出をめざしていたが、大身家臣の権力が大きく、大量の藩士立退きという主従制の根幹にかかわるような動揺が顕在化したので、公儀としての権威を守るために政治的処断を行った。また藩史として見ると、藩世界は孤立的とばかりは言えず、このように縁戚関係や公儀意思がともなう共助関係をもって維持の努力を行うこと、しかしそれが失敗に終わって国主大名の位置を失う大名家も出ることなどを示している。事情はちがうが高虎が監使を勤めた熊本藩加藤家も寛永九年（一六三二）に改易《かいえき》になっている。ともあれ、高松藩監国は、晩年の高虎、ことに次代の高次に対して、自藩の家中統制、継嗣・分家問題について冷水を浴びせるような教訓を残したにちがいない。伊予今治には、高虎養子で高次の義兄に当たる高吉が二万石で在城しており、その主従は藤堂家に納まりきらない家意識を持っていたからである。

伊予時代の仕置思想と百姓　高虎は伊勢伊賀入国早々に系統性のある法令を発したが（第一章）、そこでの支配の論理はじつは伊予時代に見え始めていた。

高虎は、家康の会津遠征に従軍する前に、慶長五年（一六〇〇）二月四日付で「覚」三六か条（『三重県史資料編近世』二）を伏見から国元（板島）へ触れた。これは出陣家中への指示であるとともに領民への指示でもあった（「郷中御下知六ケ条」）。浦方の「加子共」が走らないよう警戒させるとともに、田畠の植付けは堅く、開田は一年作取り（無年貢）など、耕作入念を百姓に約束させた。また種子が不足なら奉行が蔵から直接渡すことを命じているが、その際に「小百姓壱人々々銘々判をつかせ」とあるのは、小農民の経営にも大名高虎の目が向けられていること、小農民《しょうのうみん》が各自の印形を所持するような自立度にあることを物語っている。伊勢伊賀入国後まもなく高虎は法度二一か条、定条々一三か条を領民仕置《しおき》のために触れているが、それは伊予時代から始まっているのである。

慶長六年十一月二日にも、百姓支配に関する「置目《おきめ》之条々」九か条（『宗国史』）を領内に触れたが、これは二倍半にふくらんだ新領地に対するものであった。

一、本年の年貢は「検見《けみ》之奉行」が定めた通りに上納。
一、納枡《おさめます》は今までの蔵納《くらおさめ》なみの升。
一、口米は一石に三升。この外に役米なし。

一、「升取《ますとり》」は所の庄屋か長《おさ》百姓が正直に「とかき」(斗掻)を用いる。
一、米・大豆の津出《つだ》しは百姓が五里運搬。
一、家付帳より百姓が増えれば手柄、逃げれば越度《おちど》。
一、「役儀之百姓家」は一軒あたり年に入木一〇荷。その他の百姓使役は禁止。
一、高一〇〇石に糠《ぬか》五石・藁《わら》一〇束は給人が取得。
一、山林・竹木・小物成《こものなり》は大名から奉行を通して差配する。

細かな異動はあるが、給人の恣意的な百姓支配の制限、給人地の蔵入地《くらいりち》並化、家付帳を作成し、口米などの数量を限定して升取りを百姓側にやらせるなど領民の自主性を引き出そうとしていることには、津藩時代の初政へつながるものがある。

関ヶ原戦後の高虎は、新しい無事の世の領主として文事が重要であることを敏感に察知し、江戸屋敷へ儒者三宅亡羊を京から招いたり、宋学の本仏寺日章(如竹散人)を薩摩《さつま》(鹿児島県)から招いたりして経書を傾聴した。伊藤東涯《とうがい》も招き、『資治通鑑《しじつがん》』を講じさせた。

慶長一三年(一六〇八)一月に家中に対して触れた「条々」十一か条(「高山公御書付之扣十一ヶ条」)は、武士としての「嗜《たしなみ》」と「とたう」(徒党)の禁止を申渡したもので、武道具の嗜みを説き、大酒長酒・他出・女犯《にょぼん》などを禁じているが、ここには以後の津藩政の特徴となる「公儀」の強調が現れる。末尾に、「我ニ対し、公儀御奉公申上ことく下々迄も相慎」とあるのは、すでにこの時期の高虎が

「公儀」と「我」と分離させ、「公儀御奉公」を上位において「我」に対する奉公を求めていることを示す。高虎が公儀に奉公するように、家中が高虎に奉公することを求める政治論である。この年の八月二五日に国替を言渡されたが、十一月に津藩で「公儀の御用」を自分への伝馬《てんま》役の上位においた町《まち》触《ぶれ》をだしたのは、そうした考え方が伊予時代に作られていたからである。入国間もない慶長一三・一四年の「法度」二一か条・「定条々」一三か条には十分な前提があったのである。

「太祖遺訓」と近世政治思想　高虎は、武将から治者に変わろうと努力し、長寿も幸いしてその方向への変化が現れた大名である。強壮な身体に恵まれただけでなく、新しい支配思想を身につけようとしたことによって、後世、より誇張した形ではあるが崇敬の対象になることができたものと思われる。寛永二年（一六二五）八月三日、七〇歳の老境に達した高虎は、世子高次に「条々」一九ヶ条（「遺書録」）を与えた。高次は慶長六年（一六〇一）、高虎四四歳の時に生まれた実子で、まだ二〇代半ばの若さであった。この「条々」は「太祖遺訓《たいそいくん》」と呼ばれ、以後の津藩政に影響を与えた。法令（法度）とは異質な教令（教諭）が、近世政治思想では無視できない比重をもっていた。以下は、その要旨である。

一、公儀に対する「御奉公」に油断あるまじき事。
一、「孝行之道」忘却これあるまじき事。
一、「出頭衆《しゅっとうしゅう》」（将軍側近）え切々申通すべき事。
一、「弓鉄砲馬以下家職《かしょく》の道」忘るべからざる事。

一、「身の分限《ぶんげん》」程に万事、その沙汰あるべき事。
一、若き者（高次）は「遊山このみ」をせず、公儀への「御奉公の道」を油断せぬ事。
一、「振舞《ふるまい》」にはむざと応ぜず、事情があって出かける場合は「長酒無用」の事。
一、諸方より「御尋之刻」には応じ、「虚病」を構えて偉ぶった心持ちを持たない事。
一、「孔子之道」を心がけ、「日本記」では「吾妻鑑《あづまかがみ》・式条」などを聴講する事。
一、上下共に良き人と評判の人には「不及迄も似せ」、悪いと評判の者の真似はしない事。
一、「大事之御国を預」りこれある事に候間、万事油断仕るまじき事。
一、「能友《よき》」の「異見」を受け、褒めるだけの「悪友《あしき》」は「佞人」だから「愛」さない事。
一、家中の奉公の忠不忠をよく見抜き、「吾（高次）又、君（将軍）」へ「御奉公之心持」を持つ事。
一、侍は「人すき」するものだから、合戦の心で、「情」をかけ「憐愍《れんびん》」を加えて使う事。
一、「車の両輪」として「物まかなひ」の代官の勘定報告もよく聞き、「懇《ねんごろ》」に召仕う事。
一、「算用の道」を知らない者は諸事について「悪」いことだと常に心懸け申すべき事。
一、微罪の者を死罪にすれば恨みが深くはね返りもある。「問罪之軽重」は十分に行う事。
一、小身から出世した高虎の辛労を聞き、未明に髪を結い「五つ」（午後八時）に寝る事。
一、「仁義礼智信」の一つでも欠けては、「諸道成就」はできないものである事。
右の条々を心がけ、「文武両道之嗜専一」にし、合戦の稽古はできないのだから「功者・其道を知たる人」の談話を聞く事。「大人を敬ひ老人を愛し」て自分本位にならない事。囲碁・茶湯・歌舞・能楽などもほどほどには嗜む事。何の「道」でも一つに偏執するのは悪いことであり、公儀への「御奉公之さはり」になるので気をつける事。

この訓戒では、軍役《ぐんやく》・合戦への心がけが説かれるが、同時に政事の指令者としての大名のあり方が説かれ、儒教の「孔子之道」とともに、日本の歴史に即して鎌倉政治を表す『吾妻鏡』や鎌倉幕府の基本法典である「御成敗式目《ごせいばいしきもく》」を学ぶことが奨められる。将軍から国を預かるという認識を土台にして公儀への奉公を説くのは、好学の初期明君《めいくん》とされる岡山藩主池田光政《いけだみつまさ》と同じであり、かつそれよりも早い立論である。そしてこれは、のちに津藩法の主旨となって顕れる。異見と教諭を重視するのも光政と同じである。将軍・幕閣要路者との忠誠・昵懇を強調するのも、これ以後の津藩主が一貫して重視する政治姿勢となる。

そして、「君」(将軍)を推戴する上位国家である「公儀」への「御奉公」を誓いながら、大名である高虎・高次への家中の奉公の忠不忠をも要請していくのは、大名を主権者とする藩組織が下位国家としての自立性を持つことをも証している。

『高山公実録』のなかの二百余か条の「昼夜御物語」は、晩年の高虎が江戸藩邸で折りにふれて口にした言説を箇条書きにまとめたものだが、ここにも、軍陣の心得とともに、各所に「太祖遺訓」に顕れたような政治意識が表出している。

図6　鍵屋の辻

高虎に遺訓を与えられた二代藩主高次（大学助《だいがくのすけ》、元和二年従五位下、寛永一一年従四位下侍従・大学頭、寛文六年少将）は、寛永七年（一六三〇、初入国寛永八年）から寛文九年（一六六九）まで三九年間も長く藩主の座にあった。「小百姓」をも支配の視野におく観点は軍事的要請（慶長五年関ヶ原の戦い）から高虎の下で現れたが、それが無事の世の民政思想として現れるのが高次の時代であった。

敵討と藩世界　領民を土台にする藩世界であるが、領民に関わらない経験も多岐にわたった。寛永一一年（一六三四）に起こった、伊賀越えの敵討《かたきうち》で後世知られることになる復讐事件もその一つである。この敵討（仇討《あだうち》・讐討）を、高次は「勢津（伊勢の津）御在城ニシテ聞召サセラレ」（『視聴混雑録《みききこんざつろく》』）ていたから、その後の処置も自ら指示することがあったろう。原因となった事件が起こってから四年目であり、大名・旗本《はたもと》の面子《めんつ》争いになって公儀が介入するほどだったから、経緯は高次も在府中に耳にして、よく知っていたであろう。

寛永七年（一六三〇）七月、備前岡山藩の家中渡辺数馬《かずま》宅を、傍輩《ほうばい》の河合又五郎が訪ねて数馬の弟源太夫と会った。子細は不明だが面談中に又五郎が源太夫を斬って江戸に逃れ、旗本安藤治右衛門方に匿われた。この時の岡山藩主は池田忠雄（池田光政叔父）で、河合又五郎を呼び戻して処罰しようとしたが、かくまった安藤治右衛門がこれに抵抗した。そのため池田忠雄は公儀に訴え、公儀は旗本の側を非として又五郎を隠すことを禁じた。ただ、公儀としてあえて処断する立場はとらなかった。

そこで河合又五郎は江戸を逃げ、大和郡山藩家中の伯父河合甚左衛門にかくまわれた。渡辺数馬は又五郎を探知し、姉婿の郡山藩剣術指南役《けんじゅつしなんやく》荒木又右衛門《あらきまたえもん》に助太刀《すけだち》を求めた。荒木と数馬は、又五郎が奈良から江戸へ向かうことを知り、伊賀上野の城下西外れの鍵屋の辻で、従者二人を連れて待伏せた。又五郎は、伯父河合甚左衛門、妹婿桜井半兵衛をはじめ一六人で行進してきたが、斬り合いの末、数馬側が本懐を果たした。又五郎は斬り殺され、河合甚左衛門も荒木又右衛門に斬られて死んだ。桜井半兵衛は重傷で後に死去、従者一名は即死であった。対する渡辺数馬は重傷、又右衛門は手傷、従者はその夜、死去した。

津藩はただちに検使の役人を出して、事態を取り調べた。そして現場の処置を進めて、津城庁へ向け、

今朝辰之上刻《たつじょうこく》（十一月七日午前七〜八時）、小田《おだ》町鍵屋之前三辻ニ而出合《てであい》、首尾能《しゅびよく》、仇討いたし候ニ付、夫々《それぞれ》役人罷出、始終之様子承届、同所金伝寺・浄蓮寺ぇ双方引分け入置、医師呼寄、手疵之療治中付、足軽見斗番念入云々、

と記した報告書を送った（『累世記事《るいせいきじ》』）。津藩は、「仇討之次第、公儀へ御届として遠藤勘左ヱ門を江戸へ遣さる」（同前）と、使者を派遣して公儀へ報告した。

こうして渡辺数馬・荒木又右衛門らは津藩に預けられ、五年後の寛永一五年（一六三八）に池田家に戻された。池田家は同族大名があり、寛永九年の忠雄死去にともない、鳥取の池田光政が岡山に移封され、岡山の池田光仲が鳥取へ移っていた。事件は岡山藩で起こったが、帰藩のさいは鳥取へ帰ったのである。藤堂家は、数馬らを伏見まで護衛し、鳥取池田家からの出迎え役に引渡した。

明治政府が明治六年（一八七三）に禁止するまで習俗化していた、主君・近親者のための復讐は、武士身分だけに限られなかった。したがって支配者の身分的尊厳を守る無礼討《ぶれいうち》とは異質なもので、身分制以前の、血縁近親者が無念を晴らすというものであるが、近世の公儀は殉死のようには禁止できなかった。無礼討に喝采をおくる民衆はいないが、敵討は武士社会も民衆社会も広範に義挙として受け入れるからである。伊賀越えの仇討はのち、安永五年（一七七六）に江戸で『志賀の敵討』が、翌年に大坂で『伊賀越乗掛合羽《のりかけかっぱ》』が上演された。また近松半二・加助が合作した『伊賀越道中双六《すごろく》』は天明三年（一七八三）三月に浄瑠璃として大坂竹本座《たけもとざ》で初演され、大坂嵐座《あらしざ》では歌舞伎芝居にもなった。

寛永の凶作・飢饉と対症的藩政　津藩世界は、無事の時代に入ってのち「社会危機」とでも言うべき混乱と政治恐慌に二度陥った。一度は一七世紀前半寛永年間の凶作・飢饉であり、もう一度は一八世紀末寛政年間の百姓一揆である。二度とも、その後に系統的な政策対応が生まれ、津藩の政治的力量を増進させた。

西国一帯をおおい、高虎監国時代の讃岐高松藩動揺の因にもなった「大日焼《おおひやけ》」（『西島八兵衛家乗』）は、やがて九州で寛永一四・一五年（一六三七・三八）の島原《しまばら》・天草《あまくさ》一揆の要因となった。無事の時代に入ってからの十万を超す軍事動員と民衆殺戮《さつりく》に、津藩は出陣せず警戒態勢だけで済んだが、凶作・飢饉は伊賀・伊勢にも押し寄せた。

領内の村々は、寛永九年（一六三二）以降減作に見舞われた。寛永一四年には「人売買一円停止《ちょうじ》」（『宗国史』）と「公儀御定」に沿った禁制を触れているが、旱害の影響はむしろ大量の植物飼料を食べる牛馬に強く現れた。寛永一七年（一六四〇）九月までに、伊賀四郡（阿拝《あへ》・山田・伊賀・名張《なばり》）で、牛六五一一頭のうち三割五分近い二二三一頭が死牛となり、九六七頭が煩牛となった。寛永一八年も、伊賀・伊勢ともに凶作のうえ大雪となり、葛・蕨根の掘取りもできない事態となった。この年の十月二八日、藩は、御蔵入《おくらいり》（藩直轄地）・給地ともに年貢皆済《かいさい》の期限を十二月一日とし、「小百姓中」にもこのことを申し聞かせるよう命じた。しかし、伊賀では未進米が二〇〇〇石に達し、津藩は定免《じょうめん》を適用できず、検見取にせざるをえなくなった。

また年貢皆済期限を厳命した同じ日に、百姓欠落《かけおち》について「小百姓中」にまで触れ、一郷で二人三人が立退いた場合は、五人組・庄屋・年寄など一村連帯で年貢を皆済し、「一村残らず立退」いた場合は村々を「郷組《ごうぐみ》」にしておき、郷組連帯で年貢を皆済するという連座の仕組みにした。また、飢餓のために首くくりなどの自殺者をだせば、家族・親族・居村の責任にすると藩は警告した。翌寛永一九年二月二一日にも、雑穀・芋などの畑作物がなく、くわえて大雪のために葛・蕨掘りにも難儀し「百姓中つまり」の状態であるとして、掘り方について指示している。

また、これまで十人組を編成させていたが、公儀御料でキリシタン禁制・牢人取締り・走百姓《はしりびやくしよう》防止のために寛永一〇年（一六三三）代から五人組を編成したのにあわせて、津藩でも寛永一八年頃から次第に五人組法式への変更を進めた。

高次は、寛永一九年に、これまでの藩法令と公儀法を取り入れて三二か条にまとめて「小百姓」へも申聞かせるようにし、寛永二〇年一月一一日には「御自筆の御覚書」（『宗国史』）を出して、在々の百姓が「首くゝり、しがい（自害）」などをすれば、家族村中を火炙《ひあぶ》り、飢餓人は村中として養い乞食にならないように指示した。また飯米を貸さない者は「公儀」に申上げよと触れた。津藩は、高虎時代から江戸幕府が公儀であることを領内にも言い、「公儀御法度之趣」を強調することで自藩の権威を上げようとしているが、ここでの「公儀」は津藩であって、津藩主は公儀名代《みようだい》となる。同じ使い方は、慶安元年（一六四八）七月一九日「覚」の「公儀役」にも見られるが、あるいはこれは下位ではあれ、藩が国家性を帯びているという認識が染み出したものとも言える。

二月には、町方にも他国乞食に出ないよう命じ、縁者・親類・十人組の共同責任を強調して餓死者をだせば曲事（処罰）と触れた。藩の直接の救恤《きゆうじゆつ》よりは、各種の共同組織を動かして救済（「はごくミ」）

を行わせ、領民数を減らさないようにした。高次の「御自筆の御覚書」は、眼前の危機に対応するための強圧の性格を帯びているが、難儀な状況のなかであるからこそ、「なるべき程は、はごくミ、かつやかし（飢えさせ）申さず」（「国約志」）という撫育《ぶいく》の論が引き出され、その後の津藩民政の中で比重を高めることになるのである。

慶安農政と法制支配の伸張　津藩は、「寛永の飢饉」の衝撃から立ち直るために、取りあえずは気づいた場所の用水確保普請から着手し、次の慶安期（一六四八〜一六五二）に藩世界を飛躍させる、系統性のある農政を全領的に展開した。慶安年間はわずか数年間であるが、その密度と内容を考えれば、前後の正保《しょうほう》・承応《じょうおう》年間を加えて慶安農政と呼んでさしつかえない。それが、藩機構を、軍団維持を重視する武断的体制から領内民政に比重をおく文治的体制へと変えさせることになった。訴訟制度をふくむ支配の法制化が格段に進むのが慶安期であり、それと対応するように津藩世界に「民間社会」が育っていった。ただし、その「民間社会」は次の「社会危機」の種子の温床にもなっていく。

慶安元年（一六四八）から、寛永飢餓状況を生かした法令がいっきょに増える。それらは法制化や百姓経営維持という点では深化を見せるが、必ずしも開放的なものとは言えない。それは藩領国のなかに領民を閉じこめようとするものでもあったからである。慶安元年十二月六日の三か条（一、麦《むぎ》〈麦〉の津留《つどめ》〈荷留《にどめ》。移出入禁止〉、二、走百姓厳禁、三、年季・日用《ひよう》ともに他領奉公禁止）は、物・人の藩越境を籠舎《ろうしゃ》・過料《かりょう》（罰金）でくい止め、稼ぎを禁じたのは、飢餓状況で乞食稼ぎもふくめて領内人口を減少させないための政策であった。

同じ十二月六日の一二か条は、

一、他国からの扶持や金銀で助成を受けるのは「盗賊同前」。

一、旅人に宿貸し禁止。

一、牢人に宿貸し禁止。

一、「徒党《ととう》」は重科。訴訟や商いに起請文で申合せ「連判約束」を交わすことを禁止。

一、郷中の出入に介入せず「地下のささわり（障り）ニ成もの」は届け出る。

一、博奕《ばくち》など勝負事禁止。

一、「御鷹《おたか》」への無礼を禁止。

一、「奉公人」（武士）への「慮外《りよがい》」禁止。「地下人《じげにん》」の「乗打」や刀・大脇指帯刀《おおわきざしたいとう》禁止。

一、証人なしの質取り禁止、盗物の質取りは闕所《けつしよ》・籠舎。

一、他領奉公は禁止。

一、「郷中悪党人」の放置は罪科。

一、殺人者・盗賊・悪党人の搦取《からめと》りを奨励。

という内容であるが、郷中の人的出入りを抑えて安定させ、徒党化の芽を摘み、武士の治者としての日常作法上の特権を領民に首肯させることに狙いがおかれている。この十二月六日、「町人等刀幷大脇指停止」と、町方に対しても同様の触れが出された。

徒党とは一揆の土台をなす様相であるが、飢餓状況が続く中では藩政担当者がもっとも危惧する事柄であった。十二月六日、あらためて「徒党停止之事」を冒頭にした三か条を出し、「徒党を結ぶ輩あらバ速《すみやか》に厳科《げんか》に処すべし」（『国約志』）と警告している。徒党化を押さえ込みたいのは支配の側からすれば当然だが、そのために津藩は、厳罰だけでなく、同じ十二月六日に「訴訟裁許之間相定条々」を触れ、訴訟制度によって社会の不満を吸収しようとした。近世の支配者はつねに百姓の一揆を警戒しており、起こるかもしれないという危惧が常に政治への圧力となった。また起こってもおかしくないほど緊迫する状況があり、その時期にこそ民政の対応が深まった。「寛永の飢饉」後の津藩はそういう世界であり、徒党・一揆の力を流し変える訴訟の制度に拡充されたのである。

津藩は次のように約束した。

一、裁許日は毎月三・八・一三・一八・二三・二七日の六回。
一、奉行所へ訴訟者が直接出頭。取次ぎが遅ければ「玄関聲《こえ》を高く訴訟之由」を告げる。
一、裁許の時は双方当事者と親子兄弟だけ出所。
一、「訴状」の裁許日限に遅参は越度《おちど》。
一、「徒党」を結んで訴訟を企てれば「理《ことわり》」の申し分も「非」として重科。
一、「非儀」を構え「目安をたくミに書なし」、周囲を頼み「理」を言いごまかせば曲事。

一、訴訟の対決では、五人組や町村で見せあっている判形を使用。
一、「地下人」の公事に、大庄屋が「目安状《めやすじよう》」を披見・批判することは禁止。
一、対決の時、双方が銭一貫文ずつを裁許場へ持参。勝訴側が敗訴側の一貫文を取得。

この条々によって、津藩世界が訴訟社会へ切り替わっていくのであるが、それを押し出したのは、「徒党を結ぶ」という緊張を感じさせる民衆的政治圧力であった。次のような事実は、それが杞憂《きゆう》でないことを藩役人にも村役人にも肝に銘じさせたであろう。慶安二年（一六四九）三月一八日に高次が郡奉行に宛てた「御書」（『宗国史』）によれば、この年、家臣西河又兵衛が「百姓成敗」の廉《かど》で吟味を受けた。百姓らと給人領主の又兵衛が対立し百姓らが立退こうとし、又兵衛が斬り殺したのである。高次は百姓らについても「不届のやつめ共」と怒る。それは、百姓が領主と衝突したなら「目安」（訴状）を藩の奉行に上げるべきであり、奉行の裁きが不満なら「我等」（高次）に目安を上げるべきであるのに、そうしないで一村立退くとは沙汰の限りだからである。百姓どもが一味して立退くのは「一き（一揆）同然」のことだから、「棟梁《とうりよう》いたし候者共」はその在所で「首をはね申すべし」と申渡している。半面では、きわめて高圧的に厳刑を指示し、別の「御書」で十人の大庄屋に「たとへいか程の道理を持候共、徒党を立候者は少之儀にても急度首をはねられへく候」と告知しているのだが、半面では、「目安をもって申上げず、一在所明け候て一味いたし、のき申候故、如此急度曲事《かくのごとくきつとくせごと》ニ申付候」とわざわざ繰りかえし、百姓に「目安」上げを奨めているのである。津藩において例外のない目安上げが公認された年と言えよう。そしてこれが法制化の進展であるのは、道理如何でなく、手続きの適法性を重視しているからである。

一斉農家調査　高虎の伊予時代に家付帳を作成することが始まっているが、乞食稼《こじきかせ》ぎや日用・奉公などで離村者が少なからず出たと考えられる郷方を確実に掌握するために、あらためて慶安二年（一六四九）に「家並改め」（農家調査）を実施した。この家並改めは、軍事の備えより民政に比重があった。

慶安元年十二月六日に、春耕を入念にし田畑を荒らさないこと、田畑の売買には夫役諸役も付け、庄屋・村中百姓と相談し領主（蔵入地の下代《げだい》や給人）に断り、「私として売買する事」（『宗国史』）は「堅く停止」とした。そして、百姓の「田畑一円」の売買は年季売りか一年切りの質物とし、請け返しが可能になる措置を命じた。寛永の凶作によって江戸の公儀は田畑永代売買禁令をだしたが、津藩では、窮迫を切抜けるためにこそ換金の機会となる田畑売買を認めざるをえず、条件をつけながら百姓経営持続のための規制緩和に踏み切ったのである。この年も農政関連のいくつもの法令が出されている。種貸米の利分を一割下げる、百姓が木を植えても藩は改めず各自の利用に供してよい、竹藪も自家の修理用に使ってよい、などと農家維持に留意する他方で、麥（麦）・粟《あわ》・稗《ひえ》・蕎麦《そば》・黍《きび》などの穀物や牛馬の津留を命じ、違反者の籠舎・過料と訴人褒賞も触れている。

しかし、藩が百姓維持政策を進めることと百姓が自ら存続しようとすることは同じではない。利害はもともと対立しているのであり、百姓経営維持という点での合意が生まれてきているが、年貢諸役徴収を前提にした藩の調査の前では不利なことを隠そうとするのは当然であった。慶安二年八月二七日の六か条（『宗国史』）は、家並改めの実施に入った藩が大庄屋に宛てたものであるが、家並改めに対して百姓らがどういう抵抗を見せているのかがうかがえて興味深い。

一、「地下人」が家並改めの前に、わざと四壁を荒れたように見せれば村役人も「曲事」。

一、家のなりを悪くして村を貧相に見せても、年貢は引かず過料として夫役を多く徴収。

一、そのようなことをしない村は「国中の手本」として、夫役諸役を軽減。

四条目は、当時の百姓の生産過程での抵抗の仕方をよく伝えている。すなわち百姓が「新田」を第一にし「本田」を二の次にするので本田の実りが悪い。たとえ作柄《さくがら》減となっても本田を第一にしないなら年貢を引かない。また新田の年貢を本田並にする。さらに本田の年貢相当分の新田を没収して他の者に与える、と触れているのである。

五条目では、本田の表作と裏作の関係に言及する。近年は昔と違い田植えの水が不足しているが、これは「麦田」を多く作るためである。「麥（麦）は尤も地下人の食物第一」だが、近年は麦を過作して水を引くため「干水がち」になる。日焼けの村は村高に応じて「麦田」を作ること。村によっては麦を三分一か四分一減らすこと。麦の作り過ぎによって稲作の日焼けが起こっても年貢を引かない。

六条目でも、「麦田」に年貢はかからないと思い「夏田」（稲）の世話を遅らして「麦田を第一」とするなら、稲の出来が悪くても麥（麦）の出来はよいのだから、年貢軽減はしないと繰り返している。

この六か条を見ると、麦が村人の食料で無年貢だったことがわかるとともに、二毛作地帯では領主と百姓の間に知恵比べのような駆引きがあったことがわかる。津藩の家並改めは、たんに家屋を調査するだけではなく、このように生産の次元まで目を降ろして村と百姓を掌握しようというものだったのである。

家並改めは、どんな貧相な家も、一間四方の小家でもすべて調査するというもので、調査に従事する担当役人や鉄砲の者から誓詞《せいし》を取った。藩は、家並改めの際に小家を見落としたままにすれば過料と籠舎、反対に知らせれば褒美米一〇俵を与えると庄屋・百姓中に徹底させている。

家並改めの動機は、眼前の寛永凶作による藩世界の変動にあったが、もう少し長い目で見ると、夫役を負担する上層百姓を中心に村をつかんできた従来のやり方をあらためて、村社会での小百姓の向上にあわせて、村と百姓を把握しなおそうとするものでもあった。

無事の時代の到来によって、陣夫役は軽減されたが、新規の普請人足役が次々と必要になった。それが役負担の百姓層を弱めることを「寛永の飢饉」は明らかにした。藩はかつての「守護夫」を慶安期には夫銭化《ぶせんか》（代銭納）し、次の明暦期《めいれきき》には免除し、その次の寛文期《かんぶん》には専業の土木工事者である「黒鍬《くろくわ》」を抱えて、川除《かわよけ》（堤防）普請による百姓の「草臥《くたびれ》」を除こうとした。

一方、小百姓層は、老若男女が精勤することで持ちこたえる小家族の利点を発揮しながら、郷中で確かな存在になってきていた。しかし寛永の凶作のような打撃には弱く、それだけに利害を主張する力を強く発揮した。乞食化するにせよ村方騒動《むらかたそうどう》のもとになるにせよ、村社会の不安定の要因となった。百姓維持策が小百姓維持策でなければ領内基盤が安定しないことが「寛永の飢饉」で明らかになった。そうして上層だけに役負担をかける仕組みも変えなければならなかった。藤堂氏の支配では「小百姓」は高虎時代にも無視されてはいなかったが、この時期に藩政の中での比重を増したのである。

慶安二年十二月一八日に、津藩は「屋並かゝり高かゝり」（家基準・高基準）について触れ、村々で勝手に高懸《たかがか》りに切替える傾向を曲事とし、諸役の懸り方を明確にして、「小百姓がてん（合点、納得）」（『宗国史』）を得させることにつとめた。これは村役人が、役負担を小百姓にまで負わせようとする動きと、役を負うなら持高を基準にしたほうが有利だという小百姓の意向が働いていることを示す動きであった。ただ高懸り化は階層間の力、藩と村の力が働き合い、一七世紀末の元禄五年（一六九二）になってようやく高懸りに純化されることになる。いずれにしても、慶安農政は、小百姓層の上昇をうながす結果を生み出したのである。慶安四年（一六五一）の伊賀国では、惣家数が高虎入国以来の半世紀で、九七四四軒から一万六四六九軒に増えた。人口は六万八三七四人（男三万五一四四人、女三万三二三〇人）、馬一〇五六疋、牛三八八六疋であった。しかし「壱人役」を務めるほどの家は減り、小百姓の比重の高い村社会になっていた。

新田開発と五穀外作物の奨励　高次は、讃岐高松藩「大日焼」打開のために派遣された西島八兵衛らを重用して、川除普請を行い新田開発を進めた。正保元年（一六四四）には、伊賀の山田川の堤を築いて無《む》高水呑《たかみずのみ》を新百姓に取立てることを策し、正保四年からは伊賀の阿拝《あへ》郡山畑《やばた》村（阿山郡伊賀町山畑）で新田開発を始めた。これは伊賀で最初の新田開発とされるが、西島八兵衛に普請の指揮を正式に命じたのは慶安二年（一六四九）である。八兵衛は、慶安二年には、一志《いちし》郡で大規模な雲出井《くもずい》を完成させた。雲出井は七二〇〇間余（一三キロ余）の長大な用水路で、一志郡高野《たかの》村（一志町高野）で取水し、一三か村の六〇〇〇余町歩（五九五〇ヘクタール）、石高で八八八五石に水を配り、旱害を減らした。また井水紛争を防ぐために雲出村又兵衛が井守に配置されて営繕に当たり、井郷一四か村の分水管理・井堰修理の心得が決められた。

山中為綱《やまなかためつな》もこの頃の開発に活躍した。一志郡八田《はった》村（嬉野町八田）の庄屋・百姓の出願により、雲出川の水を引いて一五〇〇余間（二・七キロ）の用水路を開削し、雲出川に流し返す新水路を設けた。工事は正保二年から九年間を要して承応二年（一六五三）に完成した。これまでの高野井《たかのい》では一二〇町歩しか灌漑できなかったが、その四倍の八か村四八八町四反一九歩に灌漑面積が拡張された。またこの年、一志郡の戸木《へき》（久居市戸木町）・野辺野《のべの》・小森（津市小森）に新田をつくり、承応三年には、一志郡栗原池、安濃《あの》郡半田池《はんだいけ》を掘った。伊賀では、高次の時代に溜池《ためいけ》が二九築造され、古池が一五修築されている。

津藩は、大河川から用水を引くだけでなく、耕地化の可能性のある場所はすべて掌握し、水田化して灌漑する方法を考え、水田化が無理なら畑地にすることを考えた。慶安三年七月二二日の「覚」は、加判《かはん》・普請・郡の三奉行名で大庄屋へ下した、徹底した農地開拓令である。
一、溜池を造れば田になる所。
一、用水を引けば田になる所。
一、造成普請をやれば田になる所。
一、水は掛からないが畠になる所。
これらの外、たとえ五畝六畝ほどの地所でも耕地になりそうな場所は見立てること。少しでも掠《かす》めて私有すれば見せしめの処分を行うが、新田を開けば「百姓の為、能《よ》きよう二年貢はかろく（軽く）」する。こうして津藩は、可能なら寸地でも田畑にするという宣言を行い、実際に五人の鉄砲頭《てっぽうがしら》に領内巡視を命じた。

山中為綱の用水開発に見られるように、このような新田開発の要請は、領主側の年貢要求だけではなく、村社会の「百姓成立」要求からも出たものであり、二つの意思の合成力が生み出したものであった。慶安三年、伊賀国比土村《ひどむら》（三重県上野市比土・朝日ヶ丘町）は日焼けの害から逃れるために新池築造の「訴訟」を行い、認められた。その前提に、比土村と羽根村《はね》（上野市羽根）の池出入りがあったが、こうした紛争もまた村社会の要求として藩政を動かしたのである。ただし、同じ百姓成立でも、表作の米作りから年貢を得ようとする領主の立場と、出来るだけ年貢のかからない裏作の麦作りに精を出そうとする百姓の立場には、深いところで超えがたい溝があることには留意しておかなければならない。

この時期の開発は、全国的にみれば、江戸や大坂の町人資本が投入され、場所によっては洪水、秣《まぐさ》場《ば》不足などの過剰開発の弊害を生んでいた。津藩でもこれより少しのちに伊賀の開発に大坂町人を入れたが、開発弊害は起こらなかった。田畑は五穀を収穫するか、加工用の原料を収穫する場所であったが、津藩は、経営維持のために農耕を補う諸稼ぎによって農家収入を増やすことを構想し、その方向へ誘導した。屋敷廻りの樹木は課税対象にしないという約束だけでなく、広い意味での諸稼ぎ収入である販売・加工の可能性をもつ竹木や作物の積極的な植樹・栽培を奨め、無年貢を約束した。慶安元年には、自家入用にも使えて、売木にもなる植林をすすめている。

慶安三年（一六五〇）一月一一日には、五穀の外に百姓の頼りにできる作物がないから自然と百姓の窮迫になるゆえ、「且《かつう》ハ国の為、且ハ百姓の為」（『宗国史』）と率直に真意を明かしながら、徳用樹木の栽培と加工を奨めた。一つは、桑木の栽培と絹を取る才覚、一つは漆の栽培と樹液・実を取る才覚である。藩は、先年は新開の田畠を無年貢にしたのだから、まして桑や漆に年貢はかけることはないと約束し、「若し後代年貢かかるへきや」という百姓の疑いを晴らさんために「證文」を出すというほどの熱意を示している。しかし、ここには国産・特産品を育成して専売統制を行うという発想はまだない。

定免制の告知と諸役の軽減

もともと津藩は慶長一四年（一六〇四）以来、「四《よ》ツ成《なり》の定免《じょうめん》」を施行してきたが、寛永凶作で検見取《けみどり》にせざるをえなくなった。検見制は、実体に近い賦課にはなるが、実施の手順も入れると緊張を高めたり取引きを生み出す危険が大きかった。それでは藩や給人の年貢収入も百姓経営も不安定になり、摩擦も起こると判断して、承応二年（一六五三）に再び定免制に切り替えた。地方知行を行う給人は、寛永一四年（一六三七）で五〇〇石以上の家臣が一三八人（総数二八六一人）いた。知行高は一八万五〇〇〇石にのぼり、三二万石余の過半を占めていた。この地方知行の比重の高さも、百姓との緊張、給人財政の困難、藩収の少なさになり、その克服のために俸禄制ないしは藩支配の優越へと変化していかざるをえなかった。その制度的転換は寛文一〇年（一六七〇）に起こったが、慶安農政では定免制による克服が目指された。ただし、たんなる定免制復帰ではなく、付加税や百姓夫役《ぶやく》について思い切った改革を提起して、郷方を納得させることに努めた。

津藩は、定免制への再移行に時間をかけた。正保二年（一六四五）には「近年世の中あしく、百姓も草臥《くたびれ》候ニ付、当年ハ世の中能く候共、最前の定免ニ召上ぐべき旨」と、稲の出来が良くても経営の過重負担を考慮して、従来の定免で済ませる村々もあった。定免は藩にとって身近な選択肢だったのである。「四ツ成」の定免率は実際は四ツ四分一厘だったが、四公六民を了承するこの時代としては苛斂《かれん》の域に入らない年貢率と言えた。

承応二年（一六五三）の定免告知は、年貢率だけでなく、ほかの掛物《かかりもの》や人足役の大胆な軽減と組合わされた。年頭二日の「覚」（『宗国史』）で、

一、「自今《じこん》以後、定免たるべし」。
一、伝馬人足は全廃。
一、小掛物《かかりもの》・高掛物は免除。
一、池・川除《かわよけ》修理は居村限り。
一、大庄屋給米は藩から下行《げぎょう》。
一、御小人上米は停止。
一、八朔《はっさく》御礼の江戸出府は廃止。
一、城内の正月飾り役は停止。
一、大庄屋の村触以外は、奉行印のない書状の村送りを廃止。
一、訴訟を除いて、奉行所へ来ることは禁止。

と触れたのである。第一条目については、「百姓迷惑仕らざる様」とし、村によって物成を上下させるとことわっている。小掛物・高掛物は、「殿様御帰国之日一日、幷ニ江戸へ御立之日一日」の二日間の馬人足役と蔵入分の糠・藁・秣《まぐさ》・鷹餌《たかえ》犬代だけが残され、それ以外は「一円御免許」となった。藩御用も奉行の切紙・印判がなければ、「木の枝一ツ、竹一本、手ニさけ（提げ）候ほとの物たり共」百姓に運ばせることはない、と約束したのである。

こうすることには根拠があった。一つは、百姓への負担が多種多様なためもつれの原因となり、訴訟ごとの費えが嵩《かさ》むという事情があった。百姓を「年貢一種」に向けて出精させ未進を防こうとしたのである。この「御あわれみ」を受けてもなお未進し、公事出入して費えをつくる百姓は「悪人」であり、「死罪」にすると宣告している。定免制も百姓側の執拗な抵抗を経てこそ実体化されたことがわかる。

承応二年七月一一には、「定免」を命じたからにはいくら豊作でも「御定のごとく」実行すると一定年貢率を確約した(「定」八か条)。そのかわりに百姓側も、御蔵入地・給地ともに「免」のことで異議申立てをしないことを求める。藩は、過去四〇年余も新田の年貢分を百姓に与えてきたことを持ちだして村側を納得させようとした。「過分之未進」を負った徒者《いたずらもの》は今後の見せしめに罰すると威嚇《いかく》する反面、「村中としてたすけ、百姓つぶれさるやうに仕るべき事」と相互救済による潰れ防止を説いた。

給人にも、定免制の実行と、その柔軟な実施を求めている。すなわち、定免率四ツ四分一厘は村柄を見て適用し、定免でもかじけたり損毛《そんもう》になったりする村には相応の「免米」(年貢免除)にして「百姓相続」できるようにすること、と触れ、また百姓が納得しなければ藩の郡横目《よこめ》が見分《けんぶん》するとして、定免制を契機に藩の支配権を給人の上におこうとしたのである。

平高の確定　しかし、津藩には、入国事情を起点として、後に次第に百姓の経営を圧迫していくことになる村高の把握の仕方が行われた。津藩では、村高は本高《ほんだか》・分米高《ぶまいだか》・平高《ならしだか》の三つが記載された。

本高は太閤検地の登録高で、やがて建前となった。百姓間の実際の質入・売買には平高が使われた。平高（毛付高・帯高・無イ田・延高《のびだか》・帯高・毛《け》付高《つけだか》）は、年貢賦課の不均衡や知行割替の是正に使われた。それを「他国ニハ無キコト」と藤堂高文は述べたが（『宗国史』）、津藩の平高は、本高のほかのもう一つの村高という点だけで見れば、尾張藩の概高《ならしだか》、和歌山藩の今高《いまだか》、岡山藩の直高《じきだか》などと似ていた。それは当初の村高と実状にずれが生じたことへの対処で、不可避の措置でもあった。

平高は、高虎入国時に村により年貢の高下があり、四ツを基準に村高を上下させたのを延長させたもので、本来は負担を「平均」させることが目的であった。しかし、高虎の時には「助免之法」（「本譜大通公」）だったが、全領に実施する段階では財政基盤確保の目的が優先し、一八世紀の農村困窮の一因になった。また家臣は給地配分の際に、より増高になった知行で渡されるため、額面は変わらないが実質は減禄となり、藩の増収になった。

平高は、制度的には慶安二年（一六四九）の家並改めの際の年貢の平均を基礎に確定された。寛永凶作で未進米が増大して検見取が常態化したため、家並み改めに至る間の年貢額を平均させて、それを「四ツ成」になるよう村高のほうを変化させたのである。その方法は、実際に徴収した年貢量の平均を村別に調査し、村柄を考慮して相応の負担額を決め、年貢率を収穫高の四割とし、その十割を収穫高とし、これを平高と称した。高虎時代に一〇〇石とされた村が、その後の変動のため実質六〇石を上納することになっていたとすれば、年貢量を減らさず、四割の年貢率にするため村高を再計算する

表１　伊勢国平高延率郡村表

郡＼藩／延率	一志		多気	飯野	奄芸		三重		川曲		鈴鹿		安濃		計
	津	久	津	津	津	久	津	久	津	久	津	久	津	久	
縮　村	4	7	3	6	6	1	3					2	1		33
無延村	11	2		1	6	1	3					2	1		27
有延村	46	15	17	22	18	9	9	8	6	4	3	11	67	13	248
0.1 以下	4	2	4	8	8		1								30
0.1～0.2	6	2	1	4	2		2	3	1			6	6		33
0.2～0.3	4	2	3	2	3	2	2	2			2	2	8		35
0.3～0.4	10	1	7	1		1		1	1	2			18	2	44
0.4～0.5	13	4	1	3	1	1	2		3	1		2	9	4	44
0.5～0.6	3	2	1	2	2							1	10	2	23
0.6～0.7	3			1						1			5		10
0.7～0.8	2	2							1				4	1	10
0.8～0.9	1				1	1	1						5		9
0.9～1.0								1					1		2
1.0～1.1															0
1.1～1.2															0
1.2～1.3															1
1.3～															0
不　明				1	1	1	1	1			1		1		7
計	85		20	29	30	11	15	8	6	4	3	15	69	13	308

（『三重県史』）

と一五〇石となり、この五〇石が本高から「延」びた平高となった。この平高が新しい年貢賦課の基礎として制度化され、さらに承応二年には定免制が再施行されたのである。

延高ともいう平高の「延」は村によってちがい、「延ノ多少」があった。飯野郡・多気郡など藩領南方では、概して延が少なく、領内北方から中程の諸郡にはすべて延があった。また伊勢領よりも伊賀領のほうが延率が高かった。伊勢領では、三〇八か村のうち八割ほどの二四八か村に延があり三割から五割ほどの延の村が多かった（中田四朗「藤堂藩における平高制」）。二七か村は延がなく、三三か村は少なくなった。伊賀では一九六か村のうち、一七九か村が延で一七か村が縮であった。延は五割を超える村が半数に近かった。山城・大和五万石と下総《しもうさ》三〇〇〇石には平高はなかった。百姓は、ふだんは延高のほうで田畠を言い表した。このように平高の影響は村や地域により区々であり、村高が半減に達するほど大きく減る場合もあり（伊賀国伊賀郡上神戸《かみかんべ》村〈上野市上神戸〉）、四割ちかくも増加した村もあった（伊勢国一志郡南家城《みなみいえき》村〈白山町南家城〉）。しかし全体としては高率になった。安濃郡神戸村では、本高に対しては年貢率が九〇％余であった。これは極端に延が多い例で、本高二六八八石六斗五升、平高で三八三四石四斗に延び、この延高で年貢を上納したのである。

表2　伊賀国平高延率郡村表

延率＼郡	伊賀	山田	名張	阿拝	計
縮村	6	2	6	3	17
有延村	53	24	36	66	179
0.1以下	3	5	1	5	14
0.1～0.2	5	6	5	6	22
0.2～0.3	5	3	2	3	13
0.3～0.4	6	3	4	8	21
0.4～0.5	3	2	9	2	16
0.5～0.6	7	2	4	3	16
0.6～0.7	6	1	7	2	16
0.7～0.8	3	1	2	5	11
0.8～0.9			1	4	5
0.9～1.0	2			2	4
1.0～1.1	4	1		5	10
1.1～1.2	1			6	7
1.2～1.3	1			3	4
1.3～1.4			1		1
1.4～1.5				4	4
1.5～	7			8	15
計	59	26	42	69	196

（『三重県史』）

伊賀では、初め筒井氏時代の検地を受け継いだが、年貢確保を目ざして実状を把握するために、徐々に村単位で検地を進めた。その際に六尺五寸四方を一歩として検地して村高を出していたが、それをさらに変化させて平高を出し、これを年貢徴収の基礎とした。伊賀治田《はった》村（上野市治田）では本高一〇四七石三斗八升八合、平高一二四一石六斗七升という関係になった。

平高は、四公六民の数字に現実を強引に合わせようとするものだったが、さらに時間がたてば、下田が上田になったり上田が下田になるなど生産力の変化が起こり、人数・家数など村の状況も変化する。この変化への対処が遅れると不公正になり、村にとって重課になってくる。一八世紀後半の『宗国史』は、その点を批判したものと読むべきであろう。平高制が郷中に高率年貢という不満を醸成させつづけたことは、明治四年（一八七一）に名張地方で「平高暴動」が起こったことからも肯けるのである。

明暦三年の当分国主論と公儀田畠論　高虎時代からの十人組は寛永年間から五人組に変わり始めていたが、明暦三年（一六五七）には、伊賀・伊勢・大和・山城の全領に制度化された。藩は、「百姓之上中下」を組み合わせて五人組に組織することを命じた。五人組は、五人組の内に「御年貢滞り候者」があれば、その組で弁済することと年貢の共同責任を命じ、大酒や耕作不精《ぶしょう》の者は村役人や藩役所（代官所・奉行所）へ届けさせた。この年に郷中へ出した一〇か条の判物をみると、村の組織として五人組が確立し、年貢未進をはじめ、勤勉・婚姻・贈答・振舞酒食・葬礼などの生活規制に役割をはたすことが期待されている。十人組が五人組に改組されたのは、公儀・他藩での普及と、村内部に設けられる近隣の小監視組織として、より持続性があって効果的であると判断されたからであろう。

五人組令を出した同じ明暦三年三月二八日、津藩は五人の家老（藤堂兵左衛門・藤堂監物《けんもつ》・藤堂釆女《うねめ》・藤堂可休・藤堂仁右ェ門）から伊賀伊勢大和山城の奉行中へ宛てて三か条（『宗国史』）を触れたが、ここにはいわば当年の津藩支配機構が獲得した政治文化の水準が示されている。

この三か条は、一条目の冒頭を「一、田畑之事」とし、「殿様は当分之御国主、田畑は公儀之田畑」と宣言している。「大事之御国を預」るという考えは、高虎が高次に与えた遺訓に見られたが、それを煮詰めた表現と言えよう。

殿様は高次を指し、公儀は江戸幕府を指す。人格で代表させれば将軍であり、当時の四代将軍家綱だが、公儀はもっと機構的なものであり、公的政治体に領地が属していると述べたのである。藩主は公儀名代として公儀の内部に含まれており、そこから排除されているのではない。こうした言説は、岡山藩主池田光政によって表明された「預治」論に等しい（深谷克己「明君創造と藩屏国家」）。

このような見解が公示されたのは、当年の津藩に田畑について解決すべき課題があったからである。慶安農政が円滑に施行されて円滑な藩世界が築かれたのではなく、次々に生起する問題との終わりのない格闘は続いた。公儀田畠論は、そのことの政治的表現であった。田畑に関しては、「水帳《みずちょう》をかすめかくし田畑混乱せしむる」という村社会の抵抗の反映でもある実状が、藩にとって無視できなかった。それを克服するために、そうした抵抗は「公儀を軽しめ」ることであるから曲事だと決めつけ、「水帳」のない村々は、順々に「地押《じおし》」（内検《ないけん》）を実施すると命じたのである。

「地押」は、主として隠田《おんでん》を見いだして石高を付け耕作責任者を確定しようとするものであった。これ以降一七世紀六〇年代寛文期頃まで、伊賀・伊勢の藩領で実際に内検が進められた。安濃郡長谷《はせ》場《ば》村（津市長谷場）では、寛文二年（一六六二）に文禄検地以来土地が混乱したという理由で、村側からの嘆願のかたちで内検が行われたが、百姓が異議を申立てないことを誓約させている。

二条目では、在々の池・川除・井手の破損修理は村負担を原則とし、大規模な破損は藩が他村百姓を徴発して行い飯米《はんまい》支給する、と触れ、三条目では、用水・橋に使う材木は国毎に調達すると触れている。これらは従来はあいまいな先例であったものを、規則として明示したのである。しかし、こうした調査や規則の必要を「小百姓」にまで徹底させ、村を安定させることは藩にとって多大の精力を要した。一方で背けば「過銭《かせん》・籠舎、或《あるい》は追放・死罪」と威嚇し、他方で公儀の威信を借り、しかも公儀の田畑と見ることが「御意《ぎょい》」（藩主意向）だと強調して、法令の威力を発揮させようとしたのである。

百姓から見れば、不服従、徒党、訴訟など様々な抵抗を通じて、このような政治的約束を獲得することが、近世農村の成立であったが、藩政は村一般ではなく、ますます「小百姓」を中心においた村の育成の方向を向いた。三か条を触れた日に、津藩は、庄屋らが「小百姓」に過分の負担をかけることを「曲事」として禁じている。

第三　一七世紀後半の藩政展開

民政臣僚の成長―西島八兵衛―　津藩が慶安農政を実施していく過程で、開発事業を指揮したり郷方を歩き回って通達や督促に従う民政担当の上下の藩士が、算勘に巧みで粘り強く実務を行う「近世官僚制」的な藩役人に育った。彼らは、死を恐れぬ「乱世の忠」ではなく安民の成果を追う「無事の忠」に献身した。そしてこの時期には、「改革」ではなく「開発」の分野に顕著な人士が登場した。

戦陣のための算勘能力を農政の構想と実務に振り替え、二つの藩の民百姓に貢献したのは西島八兵衛《にしじまはちべえ》であった。八兵衛は、慶長《けいちょう》元年（一五九六）に遠江国《とおとうみ》（静岡県）浜松《はままつ》で生まれた。父親も高虎《たかとら》に仕え、老年で隠居していたが、慶長一七年（一六一二）八兵衛が一六歳の時に、駿府《すんぷ》（静岡市）で高虎に召抱えられた。高虎は大御所《おおご しょ》家康《いえやす》に昵懇《じっこん》の関係を維持するため駿府屋敷を持っていた。この召抱えは、旧臣の子を成長のあかつきに仕官させるというものであったろう。大坂冬・夏の両陣にも従軍したが、槍働《やりばたら》きは高虎は期待しておらず、八兵衛自身が記した「高久様《たかひさ》へ上《たてまつ》ル覚《おぼえ》下書」（『藤堂藩大和山城奉行記録』）によれば、

御人数、押の次第、御陣取の絵図御究被成候。おくの御禰間（寝間）ニ而《て》、誰も御よせ不被成、

私壱人、御前ニ而書付を仕候キ。

という仕事で奉公した。たんなる右筆《ゆうひつ》ではなく、高虎が家康に命じられた京都二条城《にじょうじょう》の修築では八兵衛が設計し、大坂城修築でも用いられた。

高虎が外祖父になる高松藩主生駒《いこま》家の監国《かんこく》では、藩政執務のため八兵衛が三度（元和七～八年、寛永二～六年、寛永六～一六年）も派遣され、三度目は高松藩の年寄並《なみ》の客臣として高禄で藩政に関与した。讃岐《さぬき》（香川県）駐在は足かけ一六年間にも及んでいる。八兵衛は、溜池《ためいけ》の修築・新設に働き、その合計は九五箇所にも及んだ。また高松城下へ流れ込む香東川の瀬替え工事を行い、城下の危険性を除いた。八世紀に築かれた満濃池《まんのういけ》（香川県仲多郡満濃町）は、堤防が決壊し灌漑《かんがい》の用にたたなくなっていただけではなく、すでに池の底に池内村という小村が生まれていたが、八兵衛は、村の中核である矢原氏の協力を得て村の立退きを実現し、その復興に取りくんだ。数年間の普請を経て、満濃池は寛永八年（一六三一）にようやく復興した。その水掛高《みずかかりだか》は、讃岐の三郡四六か村、三一一五町八反歩、三万五八一四石に及び、高松藩の内高二一万二九四〇石余の六分の一に当たった。讃岐の領民は、のちに八兵衛の業績を記念して、「小祠ヲ建テ、西島ノ宮ト称シ崇《あが》」（「年略譜」）めた。八兵衛は、寛永一六年（一六三九）、政争の深まる高松藩を辞して津藩に帰ったが、寛永一七年、封地《ほうち》を没収された生駒家の城受取に向かう公儀上使《じょうし》の案内を命じられ、四度讃岐を訪れた。

帰還した津では高次から一〇〇〇石を給された。津藩でも飢饉《ききん》からの復興を図り、伊勢伊賀で井堰《いぜき》の改良、溝渠《こうきょ》の開削《かいさく》、溜池の改修に当たった。正保《しょうほう》三年（一六一六）の干害《かんがい》被害は、一志《いちし》郡の雲出《くもず》・長《なが》常《つね》・島貫《しまぬき》・伊《い》倉津《ぐらづ》（いずれも津市内）などの諸村で顕著に現れた。八兵衛は、この地域に用水を引けば石高《こくだか》三七〇〇石を上回る増収となり、年貢収入も一五〇〇石余が見込めると所論を述べ、採用された。

図7　雲出井分岐点

慶安《けいあん》二年（一六四九）、自ら指揮した大井堰《おおいぜき》の開削が完成し、七二〇〇間余（一三キロ余）に及ぶ長大な雲出井《くもずい》を完成させた。そして、井水の広域利用では不可避とも言うべき村々の紛争を防止するため、戸《へ》木《き》村（久居市戸木町）から雲出村までの「大井出」に井《い》守《もり》を配置し、井郷一四か村の管理規則を決めた。讃岐と同様、伊勢でも関係井郷の村民が毎年伊勢参宮して御師《おし》宅で神楽《かぐら》を上げ、その御《お》祓《はら》いを送り届けて感謝の意を表し、後に分水地に湧宮《ゆのみや》（八兵衛宮。明治三年改称して水分《みくまり》神社）を建てて八兵衛の命日を祭日とした。

　八兵衛は能筆《のうひつ》のため記録の仕事に携わったようだが、この能筆が讒言《ざんげん》を生み、一時高次から禄を放たれた。八兵衛が尊円法親王《そんえんほっしんのう》の真筆《しんぴつ》と見分けられない筆法を使ったのを、八兵衛の私利のために御家が恥をかいていると訴える者が出たため斥けられたのだが、やがて氷解して復職し、五〇〇石の加増となった。ただ八兵衛は家中で人望を得なかったらしく、城和《じょうわ》奉行に転じたのも、八兵衛を忌む者が多いために高次がとった転任策だったといわれる。八兵衛はおそらく、自らを恃《たの》むところの強い「地方《じかた》巧者《こうしゃ》」だったのであろう。

万治《まんじ》元年（一六五八）伊賀《いが》奉行になったが、同年中に城和奉行に戻り、以後、延宝《えんぽう》四年（一六七六）まで、前後二九年間もこの職務にあった。この間、伊賀と城和の地図作製、国境確定、溜池築造、荒地開墾に奔走した。逸話では、炒り豆を袂《ふところ》に入れ、歩きながら食べて時間を省いたと言われる。またたいへんよく記録を取り、大坂の陣の従軍記録を『古事録《こじろく》』として整理し、城和奉行としての在勤記録を「万大控《のろずおおひかえ》」（前出『奉行記録』）などにまとめた。延宝六年、八五歳で死んだ。

西島八兵衛は、近世武士の心意のありようを考えさせる。讃岐に派遣されている十数年間、八兵衛は津藩主への忠誠心のみで土木の事業に打ち込んだとは考えられない。津藩での雲出井普請も藩収改善のみを動機として日夜打ち込んだとは考えられない。御家への「無事の忠」は当然としても、それよりも広い、安民という普遍的な欲求を動機に加えなければ、その精勤は説明できないのである。

山中為綱　均田《きんでん》思想を抱いて水利開発に貢献した山中為綱《やまなかためつな》は、近江《おうみ》（滋賀県）に生まれたが、二〇〇石の山中為次《ためつぐ》の養子となり、家を継いで正保二年（一六四五）に伊勢の代官役になった。当時、一志郡高野井《たかのい》が灌漑する耕地は、肥沃《ひよく》だが旱害に見舞われた。そこで地元の庄屋や百姓の出願に基づいて水路を調査し、雲出川から水を引く一五〇〇余間（二・七キロ）の用水路を設けた。この工事には九年間を要し、承応《じょうおう》二年（一六五三）に完了した。その結果、灌漑面積は四倍の四八八町四反一九歩に拡張された。また承応二年には、一志郡内の各所に新田を造成し、翌承応三年には、一志郡内で二つの溜池を掘った。為綱は、高野井が完成した際に水神の祭日も決めたが、為綱自身も死後に村民から山中大神として祀られ、井之宮（湯之宮、のち高岡《たかおか》神社）と称された。干天の時は井之宮で雨乞いをすると効験があると信仰された。

為綱は、明暦《めいれき》二年（一六五六）に功績を認められて一〇〇石加増され、翌年郡奉行に任じられた。寛文四年（一六六四）から、雲出川上流の瀬戸ケ淵《せとがふち》の上流に堰を設け、家城《いえき》村・川口村（一志郡白山町）に灌漑する工事に着手した。瀬戸ケ淵は一志郡の奇勝の地であったが、洪水の原因となる箇所でもあった。そのため流床を開く難工事に打込み、三年間現地に滞在して成功させた。これによる灌漑で開いた水田は、三九九七石余に及んだ。さらに、その末流が和歌山藩領の村々を潤したので、和歌山藩主は為綱に紋服を贈った。

為綱の伊勢奉行在職は二四年間に及び、天和《てんな》元年（一六八一）伊賀奉行に転じたが、翌年死んだ。為綱は、代官として新田や溜池の造成に打ち込む中で、自らの見聞を生かした地誌『勢陽雑記《せいようざっき》』八巻を明暦二年に著した。これは、密度の濃い最初の伊勢の地誌で、後代の類書はこれを参考にした。また為綱は『恒産記《こうさんき》』を著し、百姓に恒心《こうしん》を持たせるためには恒産《こうさん》を与えるべきだと、孟子《もうし》の考えを取り入れた言説を表明し、均田法《きんでんほう》の実施がよいと主張した。仁政《じんせい》とは均田であり、中国古代の周《しゅう》の井田法《せいでんほう》、北魏《ほくぎ》の均田法を良しとした。津藩は寛政の改革で均田を強行しようとして大規模な百姓一揆を招いたが、恒産の元は均田にありとする考え方は、津藩の治者の世界では一七世紀に得られていたものであった。

為綱については、尊敬をともなう逸話が多く残され、一九世紀前半文政年間に、彼の安民の事業を顕彰する碑が建てられた。

加納藤左衛門　加納《かのう》直成は伊予（愛媛県）で高虎に仕えて従軍を重ね、二〇〇〇石を受ける上級家臣となった。伊賀上野に移って、その子藤左衛門も一八〇〇石を与えられ、伊賀領の加判《かはん》奉行となった。そして小波田《おばた》新田（名張市）に心血を注いだ。藤左衛門は承応三年（一六五四）、伊賀郡小波田（小畑）野台地の開墾に着手した。伊賀は、住民の数にくらべて田畠が少なく、生活にゆとりがなかった。名《な》張川《ばりがわ》支流の小波田川流域にあたるこの台地の開墾は、西島八兵衛の計画を採用して開始した。普請奉行・郡横目とともに加判奉行の藤左衛門が西島の目論見《もくろみ》どおりに実地見聞し、溜池の築造によって台地の畑を水田化することで三〇〇〇～四〇〇〇石の新田をえられることに確信をもったのである。伊賀は人口過剰だったから、その人手を稼働することで開発の期間を短くできる見込みもあった。藩財政から見ても、二年間は無年貢としたが三年目からは年貢収納が見込めた。開墾は藩直営で進められ、領民の徴発は百姓・町人一万二九〇〇人に及んだ。しかし、それを強制とだけは言えず、村々に流れる一人前の百姓への上昇願望、また百姓としての存続願望の強さが開墾の労苦を支えた一半の動機だったと言える。開墾の労働力には、徴発されたものだけでなく、付近からの助勢によるものがあった。こうして承応四年に小波田の新池が完成し、新田一〇〇町歩・新畑五〇町歩の成果となった。

藩は入百姓《いりびやくしよう》を募集するに当たり、必要経費の無利子貸付、二年間の年貢免除、それ以後の年貢軽減、夫役雑税の免除、住居の助成を明示して入植を奨励した。半年間で二〇〇戸余が応じたが、開墾には難儀がともない、明暦三年（一六五七）、藩直営から「大坂町人安井九兵衛」（『永保記事略《えいほきじりやく》』）の資本による町人請負新田《うけおいしんでん》に切替えられた。その資金で、さらに二一〇町歩の開墾が行われた。そして請負商人には、見返りとして「御国え入候塩売買之儀も引受度旨願」（『永保記事略』）があったので、伊賀一円の塩の専売権が与えられた。

万治三年（一六六〇）に検地《けんち》を行い、寛文九年（一六六九）には、ここに水呑《みずのみ》や弱百姓を入れ、新百姓と没落した無足人《むそくにん》家族数十戸が入植した。入植百姓の中からも四八人が無足人に取立てられ、小波田新田鉄砲組一〇〇人の編成が行なわれた。新田開発が、ここでは藩体制の確立と直結していた。小波田郷のうち上小波田村では、綿やなよ竹から鉄砲や煙草《たばこ》の火付けに使う火縄《ひなわ》をつくって売り出した。

キリシタン禁制　さまざまな宗門《しゅうもん》とさまざまな習俗的信心を、藩世界はその内部に持っていた。世俗の藩世界には、藩世界の境を越えるつながりを持つ、正邪込みの諸仏諸神が存在したが、この次元のところで、藩権力は、江戸公儀の意思を体して苛酷な排除の態度を現し、また熱心に育てたり鷹揚に広がるのを許したりした。

百姓成立《なりたち》の合意が支配被支配の間に染み渡っていく津藩世界は、万民に対して寛容であったのではない。世俗の徒者の排除とは別に、幕藩いずれの領地にも適用されるキリスト教の制禁《せいきん》、その信仰者への抑圧はここでも例外ではなかった。津藩では、寛永一三年（一六三六）に宗門改めが始められ、慶安三年吟味《ぎんみ》令《れい》（『宗国史《そうこくし》』）に、

> 毎年国中、村きり人数をあらため、しうもん（宗門）の判形《はんぎょう》仕らせ、坊主ニ判をくわえさせ、其上ニかしらてらのうははん（上判）を申付、村々にてうたかわしき者は在所におき不申候様ニ仕候得とも、

と記されたような寺請《てらう》けの法が広まった。しかし形式の整った全領的な宗門改帳《あらためちょう》が作成されるようになるのは、天下一統の制法であるという公儀令が出た寛文五年（一六六五）からであった。

寛永一三年一月二日の六か条では、山林竹木の伐採、頼母《たのも》子《し》、鉄砲を打つこと、諸鳥の捕獲などが禁止されるとともに、「切支《キリシ》丹《タン》宗旨《しゅうし》改《あらため》」「旅之商人・牢人《ろうにん》宗旨改」が告知され、不審者を届けることが命じられた。宗旨改めの開始であるが、商人・牢人・不審者が領内へ入り込むことがキリシタン改めと組み合わされている点が注目されよう。それは領内の町方村方への不審な流入者を排除して、藩世界を安定させようとする意図と不可分であり、その際に最も相容れない異端が「キリシタン」とい

う呼称で措定されたのである。

日本の社会全体で見れば、すでにキリスト教の教会組織やキリシタンの講組織は公儀主導の禁教政策のもとで衰えており、寛永一四・一五年、島原天草一揆《しまばらあまくさいっき》の殲滅《せんめつ》で牢人・土豪・百姓の立帰りキリシタンの結集も崩壊させられた。しかし、この一揆の解体で公儀諸藩は安心したのではなく、かえって警戒心を強めた。津藩でも同じで、寛永二〇年（一六四三）には、岩田川《いわたがわ》下流に川口番所《かわぐちばんしょ》を設け、海上から入り込むかもしれない異教徒の探索に乗り出した。「行衛《ゆくえ》もしらぬ牢人、或は薬師・はり立、或は諸あき人」（『津市史』一）など不審な流入者の排除が、異教徒探索と組合わされ、これを町年寄「わたや又五郎」宛てにだして、町中の心得《こころえ》とさせた。

キリシタンは士民を問わない制禁事項であった。寛永年中のこととされる事件では、「御《ご》家中組《かちゅうくみ》付之士中嶋長兵衛（采地《さいち》三〇〇石）」という者が妻子四人ともに死罪になった。とりわけ「夫婦両人は二、三日活張付《いきはりつけ》とかや、逆様《さかさま》に釣《つ》られぬ」（『視聴混雑録《みききこんざつろく》』）という凄惨《せいさん》な処刑であり、諸人も初めて目にしたという。子供も打首《うちくび》となり塔世川《とうせがわ》（安濃《あの》川）のほとりに首を晒《さら》されたが、その高札《こうさつ》の文面は「御公儀よりの案文《あんもん》の趣」であったという。また三〇〇石の鯰江九郎衛門と男女四人、職人三、四人、足軽鉄砲一人が江戸の訴人によって摘発され、一類の長である鯰江九郎衛門と三人が「逆《さかさ》張付」となり、「都合二十有三人」が塔世川のほとりで打首になったという。そのほかにも、江戸での訴人にもとづいて津城下の町医者道竹が江戸に送られ、その白状にもとづいて二〇〇石の横浜清右衛門、五〇〇石の近藤十郎兵衛が公儀に引渡された。道竹は二〇年来津に住んで医療の評判もよかったが、他国にいた頃の旧友から訴人されたのであった。しかし、道竹によって訴人された藩士二人は拷問によって穿鑿《せんさく》されても「元来宗門ならさる由、前後混乱せずして果て終わりぬ」という最期であったという。しかし高次の茶道頭幾田宗伯《さどうがしらいくたそうはく》は疑われて「公儀沙汰」になり入獄したが、二、三年間も吟味を受けた結果、人違いで「公儀の障り少も無之」と赦免され復職できた。

これが史実を正確に伝えるものかどうかは検討の余地を残すが、高次が公儀の探索に鋭敏に協力し、家中領民に強く臨むことには根拠があった。当時、公儀では井上政重《いのうえまさしげ》が宗門改役として活躍し、訴人にもとづいて幕藩の境界を越える芋蔓式《いもづるしき》の摘発を進めていた。町人・百姓も大名に近侍する家臣も容赦しなかった。この頃の士民には移住の経験者がきわめて多く、転変の経歴を持ち、一時どこかでキリスト教と触れるということもままあったのである。そうした古傷を暴くようにしてキリシタンが住んでいると江戸の公儀から名指しされることは、それが領民でも大名を怯えさせたが、近臣に疑惑が向けられれば御家の大事としていっそう緊張させられた。高次は、公儀の制法を大事にして自家の威力を保つ高虎以来の家風に加えて、こうした藩権力の危うさを意識しながら見せしめの処刑を断行したのであろう。

町方にも郷村にもくりかえしキリシタン訴人が触れられるなかで、慶安三年（一六五〇）伊賀で、「きりしたん当正月名張え罷越候《まかりこしそうろう》」（「伊賀国つねつね御法度幷きりしたんのきんミ」『宗国史』）という事が発覚し、

「名張へ参候手すし（筋）、一夜つゝやとをかし申次第、請人《うけにん》以下一々せんさく」して吟味の結果を報告することが家老に約束されている。しかし処刑の記録がないから、疑惑で終わったものと思われる。

寛文五年には伊勢・伊賀両地にそれぞれ切支丹《キリシタン》（宗旨）奉行をおき、宗門改めを専管させ、領民は人別に、家中は家別に改めた。初めは毎年であった調査もやがて四年になるなど、内容は粗漏になっていくが、郷方町方《ごうかたまちかた》への触《ふれ》には冒頭の条目で禁教令が繰り返された。

しかし、津藩は藩体制終焉の間近になって、突如キリシタン弾圧事件に巻き込まれる。慶応三年（一八六七）に長崎奉行所がいったん捕らえて帰村させていた肥前浦上村《ひぜんうらがみ》（長崎県長崎市）のキリスト教信徒を、明治新政府が一村総流罪と判決し、諸藩に信徒を配流した（浦上四番崩れ）。明治二年（一八六九）津藩には一六〇人が送られ、伊勢伊賀大和の村々に、多い村は五〇人余（伊賀阿拝《あへ》郡上野村五三人）、少ない村は一人（伊勢一志郡藤方《ふじかた》村〈津市〉ほか）ほどの割当てで預けられた。信徒には村負担で食糧と金銭が給与されたが、農業や日用《ひよう》稼ぎや馬喰《ばくろう》をやらされた（『一志郡史』上）。明治六年（一八七三）の禁教令撤廃にともなって、彼らは「改心」しないで帰国したが、おそらく津藩世界が生身のキリシタンに最も濃密に触れあったのはこの数年間であったろう。

藩世界の宗教環境　排除されたのはキリスト教だけではない。仏教の法華宗不受不施派《ほけしゆうふじゆふせは》は、公儀からの朱印寺領《しゆいんじ》を教義上、供養は受けないとして拒み弾圧を受けた。名張には不受不施の寺があったが、この理由で退転《たいてん》した。ところが、不受不施派の中に布施《ふせ》や寺領を悲田供養《ひでんくよう》として受ける悲田派《ひでんは》があり、これが津藩では混同された。そのため寛文九年（一六六九）、伊賀名張の妙典寺《みょうてんじ》（名張市元町）は、疑惑のため藩がキリシタンでないことを保証する寺請け寺院《てらう》として認められないため「つふれ申仕合」（『宗国史』）の状態にある。種々弁明しても認めてもらえないと訴訟した。ここには、不受不施派に対する厳しい禁制がうかがえるとともに、末寺《まつじ》が宗門改めの執行者として認められなければ潰れてしまうという近世寺院のあり方が示されている。

近世の寺院は、世俗不入の空間と施設、それを人格的に体現する住職からなり、宗派・教義を超えて、領域や村町の紛争の調停機関の役割を果たした。寺入りによって謹慎の意を表す行為を認める習俗は長く続いた。しかしそれは身元の明らかな居住者の社会の自力解決の方法であり、寺院は、不審な流入者が滞留しやすい場所であった。藩は、慶安二年（一六四九）一月二一日、伊賀の二〇か寺に対して、境内や坊中などに道俗ともに請人のない者や証人があっても疑わしい者、手負い者、走者《はしりもの》を一夜たりとも留めてはならないと触れた。寺入りや住職による紛争の解決も、不審者排除の原則の中で容認されたものであった。

宗門・信仰に対して抑圧、統制で臨む他方で、藤堂家は、神社の勧請《かんじょう》や寺院の増築で藩世界の宗教環境をととのえようとした。

高田《たかだ》派《は》本山専修寺《ほんざんせんじゅじ》（寺領三五〇石）は、真宗《しんしゅう》ではあるが、戦国末の一向一揆《いっこういっき》には加わらずに信長《のぶなが》・秀《ひで》吉《よし》・家康《いえやす》の保護下に入り、摂関家《せっかんけ》とも近かった。津藩初期には、高虎の娘を堯朝の、高次の娘を堯《ぎょう》円《えん》の妻に迎えて藤堂家と姻戚関係にもなった。高次は、一身田《いしんでん》（津市）にあった所領三一一六坪を寄進して専修寺の寺域を拡大し、藤堂仁右衛門に命じて宏壮な伽藍《がらん》を建立させた。藩主に保護されていることが高田派に有利に働いて、帰依者《きえしゃ》が急速に増えていった。専修寺のある一身田は賑わいの地域になったが、それに対しては藩は規制を加え、やがて一身田への芝居見物や夜間の徘徊《はいかい》、茶の湯などが禁止された。

高次は、実際的な必要から城下町に寺町《てらまち》を設けるだけでなく、城下町や城下に荘厳感のある寺社を配置し、治者の立場から領内の威厳を高めようとした。近世は、神罰よりも法度《はっと》による支配が優位になっていく時代だが、それでも近世人の御利益信心を土台にして神威の比重は大きかった。藩主の神仏崇敬は、藩主に対する家中の信服や領民の服従を強めることにつながったのである。

高次は、江戸忍岡《しのぶがおか》の寒松院《かんしょういん》（台東区上野公園）に葬られた高虎の廟を、寺町の極楽寺《ごくらくじ》（津市寿町）にも設けて呼称を寒松院（天台宗《てんだいしゅう》）と改めた。ここは高次以下累代藩主の菩提所《ぼだいしょ》となった。また、八《はち》幡《まん》神社を千歳山《ちとせやま》（津市垂水）から結城《ゆうき》（津市八幡町）に移して、高虎を合祀《ごうし》し、別当《べっとう》・神主《かんぬし》・禰宜《ねぎ》・巫女《みこ》をおいて、藩主が年頭の参詣を行った。寛永一三年（一六三六）から、藩主出資金を町方に貸付けた利子を経費にあてて毎年祭礼が行われるようになった。また八幡神社に奉仕する八幡町をつくるため、煙草の専売権をあたえて町の賑わいをはかった。津城北方の鎮守としては愛宕大権現《あたごだいごんげん》を勧請《かんじょう》し（比佐豆《ひさず》知《ち》神社〈津市鳥居町〉）、在国の年には藩主が年頭に参拝した。

また津藩主は累代、観音を信仰し、自ら観音に参詣した。高虎も将軍家光《いえみつ》の疱瘡平癒《ほうそうへいゆ》祈願のために津観音（恵日山観音寺）に仁王門《におうもん》を寄進した。観音寺はやがて藤堂家の氏神《うじがみ》の扱いを受け、藩主家族の守護神として崇敬されるようになった。観音は、領内の民間信仰でも雨乞や雨止の祈禱、吉凶禍福を左右する霊力崇拝の対象であり、治者と被治者の共有できる神観念であった。藩主の観音信仰が知られると、藩士もまたそれにならい、町方郷方でも長患い平癒や流行病の撲滅を祈願したので、やがてお百度踏みの石標が設けられた。

御　救　明暦《めいれき》三年の当分国主論と公儀田畑論は、津藩政の水準を示すものではあっても、それで領内の矛盾が解消したのではない。万治一・三年（一六五八・六〇）に大風水害が伊勢・伊賀ともに発生したことも一因となり、訴訟に訴えるだけでなく、直接に不満を「捨目安《すてめやす》・落文《おとしぶみ》、或は名もなき札《ふだ》」などで世間に公表する行為が増えた。もともと札を立てて不満を表明する行為は折々には見られたのだが、それがしきりに行われるようになった。これに対して、藩は万治三年一〇月二一日に「御仕置《おしおき》」の妨げとなり「出入之もとひ（基）」になるとして、訴人の褒美を銀子《ぎんす》一〇〇枚を与えるか、もしくは何か望みがあるなら叶えさせる、また報復されないように住所を保証する、と触れた。

こうした状況は、藩政に訴人や取締りを促しただけではなく、「御救《おすくい》」政治を促した。寛文《かんぶん》七年（一六六七）、津藩では大水の時の川除《かわよけ》普請の百姓夫役《ぶやく》を「郷中困窮」という判断でやめ、「黒鍬《くろくわ》」（土工専業者）を二六四人抱えることとした。これは一年間に換算すると一〇万人分の夫役に相当した。夫役はこれまでなんどかの変更を通じてしだいに制度化され、私的な使役が厳禁され、藩御用の奉行の切紙《きりがみ》・印判《いんばん》がなければ木の枝一本、竹一本でも百姓に運ばせないという原則が確立してきていたが、藩御用が続くかぎり実際に軽減されることがなかった。開発事業を百姓徴発によって藩直営で進める津藩では、藩御用が続いた。川除普請には、遠村の百姓は三日がかりという場合もあり、その数も膨大であった。これは一七世紀の開発の時代に固有の様相で、「耕作不精」を曲事《くせごと》としながら出精できない状況を藩がつくっているわけであり、藩政の矛盾でもあった。黒鍬雇用は、村方の実状に詳しい奉行らが城代に上申して採用されたのである。こうした現場の農政役人の意見具申が用いられ始めるのは、藩政が成熟していく一つの兆候であった。

寛文七年にはまた、藩からの御救が実行された（「御救覚」、『宗国史』）。その前年は伊勢・伊賀だけでなく諸国風水害に見舞われ、飢饉の恐れがあった。穀物だけでなく自給できない必需品である塩も値上がりした。前年の秋に藩は、百姓が「塩ニかつへ疲申候」と判断して、藩の蔵に貯蔵してある塩を「津付在々」へ貸与の形式で与えた。また前年は麦の不作で今年の秋冬に麦が途切れるようになったため、藩有の麦の五四〇俵余を「弱き村」に対して、同じ貸与の形で与えた。御救は必ずしも無償で与えてしまうことではなく、近世政治の中では貸付けのかたちを取った。また「妻子のはごくミ成らざる」者を村で選んで普請の労働力に使い、「御下行《げぎょう》」（給付）の「日用銀《ひようぎん》」を稼がせるという、一種の公共事業的計画も明らかにしている。街道筋の宿々は、藩に「弱り申候」と訴訟したので、伝馬数を基準に大豆の貸与を行っている。こうした農作者・老人・小児・女に対する「飯米」の貸与に対し、「津附百姓」は「誠ニ有り難き御じひ」と忝《かたじけ》ながり、村々が「少将様（高次）御息災・御家繁昌尚万々歳」とことほいで「日待《ひまち》」（日の出拝み）をしたという。不安定なものとはいえ、藩は領民の心を獲ることが出来ていると言えよう。

奉行らは言上して、「御恵深《おめぐみ》き儀」を常々百姓が知って相互に合力しあい、そういうなかから「御《お》助《たすけ》の米」を辞退する村が六、七か村にもなった。これは「御恵の印《しるし》」であるから、こういう「正直の者」への「御感」の「しるし」を与えれば「善人」が増え「御国之風俗」が「正直」になる、と提案した。奉行らは、「百姓御恵」の評判はあり、街道筋の「民家次第ニ繁昌」しているから、江戸からの巡見使も気にすることはない、と言上しているが、じつはこの年は公儀から諸国へ巡見使が派遣される年であり、津藩はその評価を意識してもいたのである。

御救は農耕者だけでなく、「津浜方・浦加子《うらかこ》」に対しても、火事で「妻子のはごくミ」ができなくなった者らへの御救の仕方を規定している。御救の考え方は、経営補助だけに限られず、「妻子のはごくミ」を行う扶養力に基準がおかれているのである。

預治の支配　この年には、高虎に始まり明暦三年令で輪郭がくっきりした預治《よじ》の思想が奉行らのものとしても語られる（「同年夏大和山城奉行御請案」、『宗国史』）。このように繰り返されれば、津藩で成長した代表的な政治思想と言うべきであろう。すなわち、伊賀・伊勢・大和・山城の領地は「殿様の御国と存じたてまつるまじく」と述べ、「上様之御国ニて、殿様ハ当分之御給人」という領国観を強調する。そう見なすことによって、

百姓などいたミ、或ハ餓死、或ハ人すくなく成申様ニてハ、御国御預り被成候かひ（甲斐）も無御座と思召候。

と「入念」に支配を行うからである。預治観を大名個人の理念にしておかず、藩役人の民政原則に稼働させているのである。上野城代家老も、この「御自筆御書付」を書き留めている（『永保記事略』）。「御請案」の文中には、五畿内共通の三分一銀納について、「殿様」は「公儀御直段並」にしているが他領は高いと藤堂家支配の良さを強調している箇所もある。津藩政の目標は、「百姓、女子を養ひ、来年の作付も無滞仕候ほとの作とく（徳）を遣シ」て年貢を定めることであるとする。ただし徒者は別と、選別されている。

その頃、山城の南笠置《みなみかさぎ》村（京都府相楽郡笠置町）で百姓が老母を捨てて立退いたあと、親類が難儀するので庄屋が預かって養っているという事が判明したが、「殿様常々御憐愍《ごれんびん》の御内意」が反映した事とみなし、いよいよ百姓の「草臥《くたびれ》」「迷惑」「つかれ」「かじけ」「いたみ」を「御憐愍」の確度から視野に取り込む支配が説かれるようになった。

寛文九年（一六六九）一月二六日、高次は、大庄屋へ向けて「百姓望事可申出事」（『宗国史』）として、屋敷替え、農道付替え、隣家との距離、堅田《かただ》化、屋敷排水、田畑排水、用水溝などにつき、望みに任せ

て実現させるよう指示した。この約束がどれだけ行われたかは不明だが、藩と百姓の間に、下からの要望にそって手当をするという約束がなされたということになる。また、直接の御救とともに細かな生産条件の整備が取りあげられてくるのは、初期の藩政から中期の藩政へ移っていく兆候でもある。この年の二月には、「当年ノ様なる年ハ例ニ成らず」とはしながらだが、借金の利息を下げると触れ、「高利を取り、ふとく成」った者がこうした年に貸し与えないのは僻事《ひがごと》であり「道理」に背くと叱責しているが、この高利を取る者についての対処は、次の高久の時に思想的な脈絡のなかにおかれて浮上する。

乞食稼ぎが大きな問題になったのは寛永凶作の時であったが、高次の藩主としての最晩年の寛文九年にも、「飢人取扱ひ之事」（『宗国史』）を触れて、餓死者を出さないこと、庄屋年寄が「身を持たる者」として「はごくみ」、他国へ乞食に出せば越度《おちど》（処罰）、それが村で不可能なら藩に訴えること、と触れ、日雇に出る際は他所乞食をしない者を確かめることを命じた。

こうした「はごくみ」の政治意識に「地平《じなら》し」の考え方を加えて、寛文年間には内検が各所で行われ、その結果が分米高《ぶまいだか》と呼ばれた。経営の基盤強化策であったが、本高一〇四七石三斗八升八合、平高《ならしたか》一二四一石六斗七升の伊賀治田村《はった》（上野市治田）では、分米高三七五石三升四合になった。

助役・火災の出費と家中減俸　このような領民支配に力を注げば、凶作年などに臨時の御救資金が嵩《かさ》み、大名としての助役や藩屋敷の火事など、藩世界が外界とつながる所で負担が増す。大名家の購入物は自然に増加し良質高額な品に移る。そのうえ藩主高次は焼物を好み、晩年は古道具を買集めたから、その経費も少なくなかった。江戸藩邸では消費の量と水準だけでなく、公儀・他藩との見栄を張った贈答、交渉にも多額の出費があった。これらが相乗して、藩財政が悪化していった。

寛永九年（一六三二）に江戸城辰《たつ》ノ口にあった藩邸が類焼し、明暦三年（一六五七）の江戸大火（振袖火事《ふりそでかじ》）でも江戸の上・中屋敷がほとんど焼失した。寛文二年には津城下に大火が発生し、中之《なかの》番《ばん》町・地頭領《じとうりよう》町をはじめとして一四か町七三八戸が焼けた。城も本丸以下の城郭が焼け落ち、西の丸だけが残った。いずれの火事でも多大な復旧資金を費やした。また公儀助役《すけやく》では、寛永一二年・一六年も江戸城、承応元年（一六五二）に日光廟などの普請助役が続いた。

高虎の代にも軍役・助役の出費が多かったが、それでも死去の年の寛永七年に高次に引渡された江戸下屋敷の残金だけでも、小判三万二〇〇〇両、大判一二〇〇両、灰吹銀《はいふきぎん》五一貫九五二匁余という多さであった（『累世記事』）。松平越中守《えつちゆうのかみ》・寺沢志摩守《しまのかみ》・宗対馬守《そうつしまのかみ》ら他大名への貸金さえあり、上下の江戸屋敷、国許《くにもと》の現金を合わせると、銀で九八七二貫、大判で二万二八〇七枚があった。高虎遺金は、小判でおよそ一七万両以上となった。

公儀も諸藩も遅かれ早かれ財政悪化に苦しみ始め、遅速はあるにせよこの難儀から免れた藩はなかったが、津藩では二代高次の時代にそれが始まった。借金依存の藩財政運営は津藩では一七世紀半ばをこした明暦期に始まった。明暦三年（一六五七）に町人から一万両の借金をした。万治三年（一六六〇）の凶作では領内と京の豪商から救済資金を集めた。寛文二年（一六六二）の水害、津城大火では翌年に江戸・大坂・京都の三都の富商から銀三五〇〇貫を借りて苦境を切り抜けた。高久《たかひさ》が三代藩主になってまもなくの寛文一〇年には、松坂《まつざか》の富商三井《みつい》家から三〇〇〇石の借米をし、その返済は元利四二六〇石に達した。

津藩の収入は、伊勢・伊賀合わせて約一五万石であり、その半ばは家中の収入であった。寛文三年の借銀は、藩収のほぼ一年分に近い巨額であった。利息の返済も容易ではなかった。当年の災害を当年の借財でまかなうという伸縮力を藩財政が失ってしまったのが、一七世紀の後半だったのである。これへの対処として、津藩では、家中に六分の一の俸禄差出《さしだし》、村々からも出米《だしまい》を命じた。これ以降、家中の俸禄を藩財政に組込むことが常態化し、もともと平高の禄高が減禄の意味をもっていたのに、さらに減俸されるということになった。

寛文八年一一月二三日に江戸藩邸で高次は江戸詰《えどづめ》の諸士に対して「御直《おじき》」（『宗国史』）に、藩主が出した法度に背くならば金輪際《こんりんざい》許容しない、「しょこしょこ」した法度でなく高久の代までも筋が通るような法令をだす、と厳しく言い聞かせたが、これは家臣の振舞、贈答などの倹約、時折取立てた家中役銀などを念頭においたものであった。

大名の政治・倫理観念 高次は、万治元年（一六五八）に一万一五〇〇両余も投じて染井別荘《そめいべっそう》（東京都豊島区駒込）を造り、また深川《ふかがわ》（江東区）にも別邸を持って、庭園を贅沢に営んだという。また藤堂焼、大学柄《がら》と呼ばれるような陶器、金工細工を大名や家来に与え、古物商から骨董品を値段をかまわず買い上げるなど、おおいに浪費したという。これは当時の世相をみて考えるところがあり、公儀にたわけ者であると思わせるためであったという（『津市史』一）。このような御家安泰のための韜晦《とうかい》がどれほど必要だったのか、また江戸藩邸の予算や藩主用予算がどれくらいのものだったのかは明確にできないが、五八歳の高次が染井別荘を建てた頃は、すでに藩財政に町人からの借金が組込まれ始めた時期である。やがて家臣の禄米差出しを命じるようにもなり、領民の飢渇を防ぐための御救政治が展開される。高次が、こうした事情を知らなかったはずはない。

しかし一つには、大名が藩機構の中の機関的存在になりつつあるとはいえ、藩支配の人格的な象徴であった限り個人的な嗜好、我儘《わがまま》が大手を振りやすいという事情がこうした傾向の要因になったと思われる。近世政治の特徴の一つは、将軍・大名人格に依存する比重が高いことで、いったん大名個人が好みを主張すると周囲から押さえにくい、人格的影響力の強い仕組みだったが、ここでもそれが現れたと言えよう。高次は、支藩主にした高通《たかみち》を可愛がって最も愛着の強い収集物は本藩を継ぐ高久でなく高通にすべてを与えたという逸話が残っている。これもいったん偏愛に走ると、それが御家の安危にかかわるほどの重症なら隠居強制のような対抗措置がありえても、我儘程度では防げないことを物語る。また一つには、近世大名家の多くは郷中から出て立身をしたため洗練された文化趣味が不十分で、高虎も高次に対して囲碁・茶湯・歌舞・能楽などを嗜むことを遺訓で奨めたが、それらを身につけようとする望みが古道具への欲求を増幅させたと考えられる。そして、そうした収集癖をたんに好事家《こうずか》的な性行と言いきれないのは、この頃の江戸藩邸が御成《おなり》・上使《じょうし》・諸家来訪などを想定して整えられ、下賜献上・贈答が儀礼の内容として頻繁に行われたからである。抱えられた芸能方御用の専門家たちの、体面を名分にした購入勧奨もあったであろう。これらの傾向は初期大名には現れやすいところがあり、一八世紀の諸大名のように、きびしく衣食住を律していくという考え方はまだ染み込んでいなかった。

しかし同時に高次は、後継者の高久や支藩の初代久居《ひさい》藩主になる高通に身の処し方について多くの教戒を与え、さらに上級の家臣にも訓戒を与えている。それを見ることで、一七世紀後半の大名の考え方や倫理観を知ることができる。

「なくさみ書之覚」一九か条（年欠七月吉日、「遺書録」）は「大学助《だいがくのすけ》（高久）・学助（高通）」宛だから高久らの叙任以前のものかもしれない。

一、御奉公道が大事であることは言うまでもない。

一、かりそめの事でも約束事は守る。

一、家臣との関係に留意する。

一、新規な仕置《しおき》はしない、悪しき事は自然に良くなるのがよく珍奇なやり方は騒ぎの基。

一、我が身を正路にして人を恨みだてしない。

一、臣下の言を聞かないのは「不器用」。聞き過ぎるのも悪しき物。その分別が肝要。
一、臣下には慈悲の心が肝要。それが過ぎるのは悪。
一、陣普請以外は、万事控え目にする。
一、吝《しわ》き事をしない。
一、傍輩も臣下も気に入りの者はよく見え、逆なら悪く見える、分別ある見分けが肝要。
一、芸の道は若い時に覚えるのがよい。数寄《すき》上手の名を取ることは無用。
一、気随《きずい》は不可。朝夕我が身を振りかえれば合点できる。
一、勝負事をしない。主人が好めば下が行う。
一、「くせ事」(処罰)を申付ける場合は、三日、四日と延ばして分別しなおすこと。
一、後悔しないように、臣下の忠不忠を見分けるのが肝要。
一、世間で良い人だという評判を取っている人々が褒める者に自分を似せようと努める。
一、褒められたがらず、ふだんから悪しく言われないように心がけるのが肝要。
一、親だからと気づかって「我等」(高次)に自分を似せようとしない。
一、依怙《えこ》は諸人の恨みを受け「はつと(法度)」も力を失う、このことが一番肝要。
以上のように訓戒して、高次は、無筆で文言が悪く人がみたら可笑《おか》しく思うだろうが思うところを書き遣わすと付記している。高久・高通に大名としての心得を諭した内容で、新規な仕置でなく少しずつ改善していくのが良いとか、処罰を命じる際には熟考の時間を十分取るとか、あるいは依怙贔屓すれば法度の威力はなくなるとかの見解は、高次が平時の法度支配の時代の大名であり、その要諦をのみこんでいることを示している。

「条々」一六か条（年欠一月一八日）も「藤堂和泉守《いづみのかみ》（高久）・同佐渡守《さどのかみ》（高通）」に与えたもので、六条目までの、日に身を三度省みる、軍事・業務を勤める者も三省、喧嘩《けんか》手柄の者は抱えない、人の死ぬことを朝夕思えば欲心がなくなる、人の身上を羨んだり誹《そし》ったりしない、一つの道に心を取られると身を滅ぼす、などの訓戒に続いて、七条目で、ひたすら主君のために「物を取」（年貢諸役徴収）て来るのは「民百性（姓）の痛みを不知なり」と近世政治の核心を教えようとしている。以下にも、気遣っている様子を見せる者に心をゆるさない、嘘をつくのは侍とは言えない、用に立つのは義理を知り道を正しく行う者、良い事でも分に過ぎたるは悪い、一芸に優れると他が欠けることが多い、金銀を集めるのは欲心ではなく不要な事に走り回るのが欲心、油断すれば何事も成就しない、妻にも心を許さない、天地一体の心持ちでいれば悪しき事は起こらない、と大小の教訓を与え、最後に「やけは（焼けば）炭　うつめは（埋めば）土と成ゆけと　残る心はまよふ成けり」と心の管理についての道歌をつけているが、「民百姓の痛み」を優先する家臣、争いに強い者を家臣にすることへの戒めなど、無事の世の近世大名らしい思考を示している。

「可召仕者心得」十か条（年欠一月二一日）は家臣との関係の持ち方に関する心得で、高久だけに宛てられた教訓である。一は慈悲の心第一。二は依怙偽《えこいつわり》のない遠慮。三は欲をはなれ不変の心。四は気に入る者でも近づけ過ぎず談合厳禁。五は仕置に背く者は惜しい人材でも罪科。六は忠不忠の見分けが大事。七は心映えを見抜く。八は饒舌は大悪。九は遠き者の善悪を知ることが肝要。十は、自分を有能とみて人を嘲《あざけ》らず忠を忘れ忠を忘れるなの古諺を心得る。高次がここで教えようとしているのは、家臣と昵懇《じっこん》になりすぎず、気に入った家臣でも法度を犯せば処罰しなければならないという、大名ゆえの孤独と決断であったろう。

高次は、重臣にも訓戒した。「覚」三か条（年欠一月二〇日、「遺書録」）は、藤堂仁右衛門・藤堂釆女《うねめ》・西島八兵衛らに宛てたものである。ここでは、「ゑこ（依怙）」なる支配をしないためには、自分に気に入らないものは「御為《おため》」に良い、自分に気に入ることは「御為」に悪い、縁者親類は関与しない、という心がけで行うことを教訓している。「覚」一一か条（年欠五月一四日）は藤堂監物《けんもつ》らに与えたもので、「遠慮」（深慮・思慮）を核において教戒したものである。

一、「遠慮」のある者が「上」の人。
一、「遠慮」のない者は「下」の人。
一、「遠慮」がないと依怙をする。
一、「遠慮」がないため根拠のない恨みを言う。
一、「遠慮」がないため人の陰口をして災いを招く。

一、「遠慮」がないため「主人」へ不足を言う。「身の分限」を知らないためである。
一、「遠慮」のない者は口数が多く臆病である。
一、「遠慮」のない者は物事にさしでがましく後先考えずに恥をかく。
一、「遠慮」のない者は争いをし嘘をつく。
一、「遠慮」のない者は理屈が強く言い募る。
一、「遠慮」が不要なのは「主人へ奉公」する時「ひくましき所にてひかさる」こと。

このように、「遠慮」の態度をさまざまな角度から取り上げ、

りはつ（利発）なるもの〻遠慮なきと、うつけなるもの〻遠慮ふかきとくらへ候へハ、うつけたるもの〻遠慮ふかきがはるかましに候。

とまで言い切る。年欠一〇月二一日の「覚」も藤堂釆女らに与えたものだが、

一、がまん・おごり。一、よく。一、えこ。一、ゆたん。一、ひいきのさた。

と五か条をあげ、それが「我等身のおこない」と述べ、家臣にも嗜みとすることを説いたものである。

これら高次の教訓を通してみると、節倹を強調することは少ないが、政治の公平さ、信頼感と節度のある主従関係、領民の痛みを理解する仕置などを繰り返して後継者や家臣に教え込もうとしており、そこに当年の政治文化の質をうかがうことができる。

高久の相承と地方知行廃止　寛文九年（一六六九）九月二一九日に高次が隠居し、三二歳の高久（大助、承

応三年従四位下和泉守、寛文九年侍従、元禄八年少将）が襲封《しゅうほう》した。津藩世界の歴史で、高虎は太祖《たいそ》としてほとんど神格化に近い存在だったが、江戸時代に生まれて明君《めいくん》・英主の評判を得たのは、一七世紀後半の三代高久と一九世紀前半の十代高兌《たかさわ》である。二人ともに、眼前の難儀の打開に取り組んだ。高久は、高次時代の藩政を否定したのではなく、そこで育ちつつあった支配の論理を活かし、また生まれつつあった矛盾の克服を続けて、解決できたのではないが法制を拡充させていき、さらに法令であるとしても教令性のつよい政治言説で領民をとらえようとした。

藩政の仁政的論理は上下の歴史的合意となってきていたが、藩財政の圧迫はそうした合意によってどうなるものでもなく、かえって下行・貸与などの藩支出を増やした。藩主を継いだ高久は自分の課題を認識していたのであろう、津城代家老《じょうだいがろう》藤堂高広《たかひろ》、伊賀城代家老藤堂采女、伊賀の執政藤堂監物ら七名の重臣に対し、藩政協力を誓わせた。協力とは上の命に唯々諾々と従うのではなく、「御為第一」（『津市史』二）を旨として、「御為」に良いと思えばたとえ「御機嫌損じ候共」、幾度でも異見を繰り返して言上する態度である。そして、「御為」によいことを「下にて滞らせ」て後で言い出すようなら処罰を受けるという「誓

図８　藤堂高久像（三重　寒松院旧蔵）

紙」（誓詞）を求めるほどの覚悟を示した。「御為」とは、高久一個をこえた御家あるいは民百姓・家中を容れた藩世界という、より普遍化されたもののためという意である。藩主人格の支配力は決定的であるとしても、それゆえにこそ、その人格を超えた所に無事の世の忠義を貫くこと、藩主に対し異見者として振る舞うこと、こうした主従関係もまた津藩の政治文化としてこの頃現実味を帯びて浮上してきた。東アジアにおける主従関係の一般的教養としてはあったが、それは先代高次の奢侈《しゃし》の我儘、領民飢渇、家中減俸の現実を、克服の立場から直視する中で、津藩の政治文化として表現されえたのである。

寛文九年（一六六九）に加判《かはん》奉行の三浦新左衛門・西島八兵衛が江戸に向かい、藩主と相談して地方知《じかた》行《ぎょう》を蔵納《くらおさめ》にすることを決め、家臣の了承を求めた。寛文一〇年九月二一日に家老五人が奉じた「御意之覚」（『宗国史』）が出されたが、これは高久初政の宣言であった。二九日の高次隠居より八日早いが、それは公儀が認識する致仕の日付であって、津藩政としては代替わりはすでに済んでいた。この「御意之覚」に、「殿様御家督初め、御家中之者共何とそ御懇なる儀被仰付度思召」とあるのがその証拠である。

高久は、「御手前ひしと御手つかへ」で借銀が膨張して利足を払う手立てもなく、知行米の給与にも不足が生じるという藩財政認識を共有することで、藩政を立直すことを求めたのである。もちろん藩財政だけでなく家士財政も、収入に限界があるなかで消費水準が上がり奉公人の給金も上がり、さらに藩へ禄米差出しが始まったとなれば、余裕の生まれようがない。こうした現状認識で決行され、「伊賀伊勢共、悉《ことごと》く御蔵納」となった。そして毎年「御蔵・給知共、一致之御帳尻《ちょうじり》」で年貢米を遣わすことになった。藩は、地方知行取りの家臣が取っていた「夫米、口込・目払米」も藩の蔵へ召上げると触れた。

しかし、高久は「御手前ひしと御手つかへ」という事実だけを力にしたのではなく、もう一つ、公儀の威力あるいは公儀要路者の権威を活用した。高久は、公儀の実力者である大老《たいろう》酒井《さかい》雅楽頭《うたのかみ》忠清《ただきよ》に藩財政の窮境（「過分之御借銀」）を相談したうえ、西島八兵衛らも江戸に呼寄せて「今般の御仕置」を決定した。酒井忠清は、高久にとって正妻の父である。ちょうど高虎が生駒《いこま》家に外祖父の立場で関与したのと同じ関係である。しかし、津藩は高虎以来、公儀の意向を常に重視することを政治方針のようにしてきている。「雅楽様（忠清）・少将様（高久――この時は侍従）御相談成され、御差図《さしず》則ち両殿様御判形《ごはんぎょう》」と家中に明示することは、この決定が公儀との合意の上であると告知するのと同じ効果をもったろう。ちょうど土地所持を安定させるために百姓らに対して公儀田畑論で臨んだように、家中の知行地支配権を取りあげるうえでも公儀意思を背景に臨んだのである。

家中の救済　地方知行の藩への吸収で藩財政が解決されたのではない。高久は、襲封の翌年から五か年の間、禄米十分の一の分掛《ぶがか》りを命じている。津藩における藩士は、いわば百姓とは別な意味での「年貢上納者」になった観がある。延宝六年（一六七八）には、家中が藩から拝借金を願い出ることを禁じ、自力で「相続」するよう命じた。延宝八年（一六八〇）には江戸《えど》詰士《づめし》に衣料をもっぱら木綿《もめん》にすることを強いている。さらに藩財政を立直すための六分の一の分掛りが命じられた。

すでに藩借財が始まった明暦三年（一六五七）には、家中の子供を減らすことを指示したり、下人を減らすことを指示していた。また小身者には馬を手放すことや郷中に居住することに許可を与えた。江戸詰藩士は江戸の消費経済にまきこまれ、また別居生活を強いられるので、家族はいっそう苦しい家計となった。そのため藩は江戸勤番の家臣に特別の手当を出さなければならなかった。その財源をつくるため、延宝三年に、これまでは臨時に取立てていた役銀を制度化した。これは、知行高《ちぎょうだか》一〇〇石に銀一五〇匁前後を徴収し、江戸詰などで経費のかかる家中に融通する制度であった。参勤交代《さんきんこうたい》が藩と家臣の上に財政面で重くのしかかるようになったのである。

延宝五年には、百姓への御救貸付けのように、家中に対しても、家計を高利貸から守るために本格的な貸付けを開始した。これを催合銀《もやいぎん》と言った（催合銀制度）。貸付けの資金となる催合銀は藩からの出費と町方（富豪）から借上げた七〇〇〇両を使った。家中には集めた資金を無利息で貸付け、町方への利息支払いは藩が負担し、家中を高利貸しの重圧から守る救済策である。催合（最合）うとは、共同で物事を行う意味だが、要するに家士経済の維持を民間の資力に頼る方策である。この催合銀制度は無利息ではあったが、それでも一年間が返済期限であるため対応できない家中が出るのを防げなかった。

このほかに延宝八年（一六八〇）からは「御用金制度」を始めた。この前年に家中の一〇分一上納制度を中止した。そして知行一〇〇石につき銀三〇〇匁を藩から下行金として与えることとし、これに家臣団からの上金三〇両を合わせて資金とし、四年間積み立てる。これを千石以下の小身藩士の入用に当てるという救済策である。小身家臣の維持が大きな課題になってきたのである。

しかし、催合銀制度以降のこうした施策も家中の困窮を根本的には解決できなかった。

天和三年（一六八三）から五年間、三〇〇石以上の家臣が従者・中間《ちゅうげん》の数を減らすことを許し馬の所持も義務から外した。金銭なしにはやりくりできない家計になった藩士は、当座の必要のために高利の借金に頼ることが増えた。そこで藩は、他領商人に質物を入れて借金することを禁じるとともに、利足一割二分という当時としては低利で一〇〇石に一〇両までを貸付けることを始めた。その効果は、良好とは言えなかった。

そこでさらに藩は、貞享《じょうきょう》三年（一六八六）頃から「袖判《そではん》拝借制度」を始めた。これは、加判奉行の証印で借金を許し、利息だけを年々返却させて、元金は延借りできるようにしたのである。貞享五年にはその元金を五年賦償還とし、できない者だけに借換えを許した。このように津藩は、一〇〇〇石以下の家中の奉公を滞らせないために種々の手を打った。

延宝五年の「百姓成立」仕置令　「はごくみ」の政治観念は共有されていったが、藩政はその実が上がらない現実との絶えることのないたたかいであった。寛文一〇年（一六七〇）には「定」七か条で、

「人之売買」を厳禁しつつ、「手負・走者《はくりもの》」などの「悪党人」、また「出所知れざる者」に宿を貸すことを禁じた。延宝三年（一六七五）には、郷中が草臥《くたびれ》ているのに「衣類いつとなく結構」になったとがめ、庄屋や勝手宜《よろ》しき者も木綿か紬《つむぎ》、小百姓は木綿のみと触れている。

草臥れてはいるが、じつは生活は結構になってきているのである。逆に言えば、生活が結構になってきているので草臥れが現れ、離村者も出るのである。こうした生活水準の上昇は、生活者の倹約では抑えられない。しかし藩政は、常に生活水準の上昇を抑えようとする一方で、経営持続の大小の策を案出する。津藩では、農家への貸付け策が考案された。

延宝三年、津藩は裏判金《うらはんきん》政策を始め、百姓経営の持続を図った。裏判金とは、奉行が裏判（承認判）をし、低利で百姓へ貸付ける経営融資策である。ところが、この保証があるために、裏判金を借入れ過ぎて返済できない農家が増えた。そこで藩は、延宝四年（一六七六）に百姓を呼寄せ、藩主の「仰出之趣」（『宗国史』）のかたちで、奉行裏判のある百姓借金の返済残金は藩が立替えると赦免《しやめん》を告げると同時に、大庄屋・庄屋が裏判金のことなどで小百姓を掠《かす》めれば処罰すると警告した。これは、百姓の名で庄屋らが低利で裏判金を借入れて高利貸しの元手にし、利を得る者が現れてきたからである。この事態が、翌五年の「百姓成立《なりたち》」令を引き出す。当時、延宝三年より五か年返済という条件で、松坂の三井家から「在借《ざい》」を受けた村が一七もあり、その総額は二三八〇両に上った。返済年に、元利合わせて三五七三両二分を返さなければならない村もあった。三井家からは、津藩は延宝七年に二〇〇〇石を一〇年賦で借米した。さらに一〇〇〇石を五年償還で借米した。藩の財政状態では、一〇〇〇石の借米さえ五年の償還条件が必要であった。

高久は、高次在世中にも藩主としての心構えを公示していたが、高次が没して百日忌が過ぎると、あらためて代替わりの藩政刷新に着手した。延宝五年、服部織部《はっとりおりべ》・玉置《たまき》甚三郎《じんざぶろう》の両人が高久の命を受けて国許に帰り、津・上野の城代に質地の制禁を主とする立直しの心構えを伝えた。津藩も他藩と同様、百姓の土地所持の流動化にぶつかり、以後長くこの問題が解決できなかった。そうした経済行為は民間社会の活力の面でもあったが、眼前においては没落者や離村者を生み出し、藩政にとっても村政にとっても課題をつきつけた。しかし、いわば自儘に膨張する民間社会が生み出す問題と格闘する中で、近世政治の諸観念は研ぎ澄まされた。

延宝五年の「百姓成立」仕置令は、藩主高久だけでなく藩政執行の面々の協議という手順を経て意思統一がはかられた。その推移の中に藩政治の進み方を知ることができ、またそこに反映される形での民間社会の圧力の強まりを見ることができる。二月二三日付の「覚」(『津市史』一)は、玉置甚三郎と服部織部がまとめて、それを高久が「一々得心《とくしん》」して裏判したものである。

一、藩役人が「国民」(百姓)と利を争い高免にすれば「国民」は分散し侍中も迷惑。

一、年貢を抑えれば「百姓、志を得」て出精するから「国民豊に侍中も手前よく」なる。

一、「奉行は国民の父母」であり利足三割を一割半にすれば一万両の御救が一〇〇〇両で済む。

一、困窮すると高利で借りて潰れるから、田畑の質入れを禁じなければ憐愍《れんびん》も無になる。
一、「治国の大本は土民」であり、「物成《ものなり》」が減っては土民も分散し、侍中も困窮する。
一、「御国の仕置」で貯えができれば「侍・土民共志を得」て人数も増え威勢が増す。

このように、「覚」では百姓に「志」を得させる政治の必要が強調されている。百姓の自主性を引き出すことは近世支配に通有のものであるが、百姓に「志」を持たせる方途を探っているところに新鮮さがあると言えよう。

玉置甚三郎と服部織部は、津に着いて藩主の意思を伝え、「覚」の外に、藤堂仁右衛門・釆女の両城代に対しては、高久の「御自筆御書《ごしょ》」(『津市史』一)を披露した。それには、藩の借財のため家臣に憐愍を加えることができないが「勝手(財政)も直」ればそうしたいので両人もその心得でいること、「在々百姓共もいたみ申」と聞くが先代の仕置を受け継いで百姓を安堵させ「国家ゆたかに」するもくろみなので然るべきよう相談すること、自分は「公儀の勤」もようようだから「国の事」は両人がはからうべきこと、と書かれていた。国の治めは任せるというのは両城代の意欲と責任を引き出すためであったろう。

さらに、年寄・奉行・郡奉行らへも「御書」(『津市史』一)が用意されていた。高虎・高次・高久三代の仕置を吟味し善は用い悪は改めよ。所存を残らず言い、相談のうえ決めよ。自分の考えは三か条の下書で示すから、「評議の上」で「然るべしと存候はゝ書加え申すべく候」。ここには藩主親政のようでいながら、郡奉行《こおりぶぎょう》の者らにも存分に意見を言わせ、藩政に活かしていこうとする姿勢が示されている。

三か条の藩主判物の「下書」（『津市史』一）の表題は「領下在々」と記され、月日は特定されていない。西嶋八兵衛・小川五郎兵衛・三浦新左衛門・中小路五郎左衛門・加納藤左衛門に与えた直書の形を取っている。これは、罰則をともなっている点で法令性をもつが、内面的倫理的な反省をせまる主旨からすれば教令（教諭）である。この三か条は、一条目で「褒美」の対象を決め、二条目で「罪科」の対象を決め、三条目で罪科の根拠を述べている。これは、津藩世界だけでなく、幕藩体制の政治・法思想を代表するものの一つである。

「褒美」の対象は、「すくれて父母に孝行成者」「すくれて耕作精に入、年貢皆済《かいさい》心に入者」「郷中へ物をかし高利を思ハす百姓之助に成者」「新開新林なともくろみよく仕候者」の四者である。「孝行」は、小家族経営の継承によって藩世界が持続することを構想する時、もっとも現実味のある倫理項目であった。次に勤労出精と皆済入念を結びつけて、藩が百姓に最も期待するあり方を求める。三つ目の融通による百姓助成は高次晩年に出た考えであるが、借金が経営を破壊する危険な要素であることを知りながらも、経営成立にとっても不可欠な要素であることを藩が認識していることを示す。四つ目の新開新林は、切添えの開墾や空地や枯れ地への植樹であろうが、樹種には桑・漆など加工と換金が見込める徳用樹木がふくまれよう。これら四条件の適格者は、周囲が「言上」することで認定され

「褒美は其品に依るべし」と触れたのである。
「罪科」の対象は、「すくれて父母ニ不幸成者」「耕作不精ニ仕、年貢令難渋者」「博奕《ばくち》大酒につのり郷中風俗あしく仕なす者」「郷中へ物を借し候者、高利に倍々を加へ公儀の百姓を取倒し申候者」である。褒美授与者と対応しているが、新開新林が博奕大酒に変わっている。明暦三年（一六五七）の公儀田畠論は、ここでは「公儀の百姓」（「公儀百姓」、『宗国史』）となり、いっそう百姓認識が深まっている。「公儀の百姓」とは、将軍家の物の意味ではなく、公的な存在あるいは公法的存在として百姓を見ることを求めているのである。

処罰の根拠としては、高次時代の当分国主論・公儀田畠論が活かされ、「我等は当分之国主」であり「田畑は公儀之物」「公田」と言う。明暦三年令では「殿様」を家臣がそのように認識したが延宝五年令では「我等」（藩主）の自己認識として示される。明暦段階では、「水帳をかすめかくし田畑混乱」させるという、村社会の抵抗もふくむ難しさがあったが、延宝段階では「当分之借物」のための田畑の売却や質入れが増加しており、それを「曲事」と警告したのである。

だが、そうした状況を許せないことと否定しきれないのが高久の時代であった。「貧窮之百姓」には拠《よ》ん所《どころ》ない子細があるだろうから借金は是非もないという認識に立たざるをえない。そこで矛先は金主《きんしゅ》の方へ向けられ、奉行・代官の許可を得ずに買取ったり質物に取ったりし、そのうえ高利で百姓を取倒すのは、「公儀を軽しめ国民の魔害」であり「盗賊より甚だしき大罪」であると決めつける。

しかし、借金は不可避とする以上、金主の百姓らの存在は認めざるをえないから、妥協も要る。「下々」は貪欲なもので道理を弁えない者もいるから、いったんは罪を許し吟味の上で申付ける、と配慮するのである。

奉行評定と誓詞　この藩主判物の中身を評定するために、三月二一日、服部織部と玉置甚三郎は津に伊勢・伊賀・大和・山城の奉行らを招集した。この時、城代以下、服部・玉置らもふくめて誓詞を取ったが、その「一札《いっさつ》」(『津市史』一)では、仕置の件で「内談」が露見しないうちは「他言」しない、評定の過程で道理に合わないことを誰かが発言しても後でとやかく評判にしない、「御為第一」に遠慮なく発言し、誰の意見であろうと道理にあわなければ検討して、かつわだかまりをもたない、個々の役儀に追われてはいても「御為」と「国民」によいことは目論見を立てる、と誓いあった。

評議を経た結果の三か条は、ほとんど江戸の高久の意思が尊重されたものになった。『宗国史』に収録されたものは六月六日付で、『津市史』一に収録されたものは四月一五日付「伊勢御領下郷中」宛であるが、両方とも「下書」末尾の「郷中へ可申渡也」が落ちているのがやや気になるほかは、誤写か脱漏程度の違いである。

この三か条の判物に添えて、「伊賀伊勢城和御領下郷中」に対し、柳田猪之助・山中兵助・玉置甚三郎・三浦新左衛門・小川五郎兵衛・服部織部・藤堂釆女・藤堂仁右衛門の名で「覚」が出された(『津市史』一は伊勢御領下宛「郷中へ御判物に添申渡評定之覚書」六か条を収録するが、『宗国史』は「右御判物ニ相添申渡覚」と題して冒頭二か条を収録)。そこでは、郷中困窮ゆえ「三ヶ条之御書付」を下して、「小百姓已下《いか》迄相続」し「御国豊ニ」なるようにとの「御内意」であるから、条目を守って「小百姓已下迄、志をはけまし」て出精するよう、と百姓の自主性を引き出そうとしている。

「百姓成立《なりたち》申候様ニ」(「小百姓成立候様に」『津市史』二)は二条目で言われている。庄屋の正邪が大事で「百姓之助」になる庄屋には「褒美」を与えるが、上田を買取ったり質取りしたりして百姓を倒す庄屋は追放して、その所持田畑は村中へ分割すると表彰・処罰の内容を繰り返す。このことは、百姓の借金がしばしば村役人の村人に対する融通に起因することを物語るが、百姓(小百姓)にその種の庄屋を代官に訴えさせると強調して教諭の効果を高めようとするところに、当年の百姓成立策の狙いがあった。こうした治政の他極で、被治者の世界に百姓成立を当然とする「御百姓意識」が染み渡っていく。

しかし、村社会の自力を引出そうともしたが、津藩の百姓成立策は藩の監視を強めるものでもあり、神事・嫁入り・衣類・食物などの「過分の奢」を抑えるために「かくし目附《めつけ》」が設置された。これを「覚」の三条目で明示し、「郷中頼母子《たのもし》」を停止させている。頼母子は弱者を助けることもできるが結局は自己資金をこえる大額を仲間からの借金で一時的に入手するのだから、返済不能に陥ることも起こりえる。また大庄屋以下小百姓までが、「公用」で奉行所に出かけた時の食事代を村々が分担することや、庄屋が年貢や村入用の帳面を百姓が写し納得できなければ代官へ訴えるべきことも触れ、これらの指示が「御意評定の趣」であることをあらためて確認している。村々百姓らに対し、藩主の意向であると同時に家中要路者らの相談の結果でもあることを明らかにして効果を高めようとしたのである。藩主の権威だけでなく藩政担当者らの協議のうえの合意であることを、領民への説得力にしようとしていることに、さらに一歩を進めた支配の論理が現れたと言えよう。

銅山投資と族滅的処罰　ところがこの時期、百姓成立仕置の着実な推進によってではなく、遠隔地の銅山開発事業に投資することによって大きな利益を領内に呼び込もうとする目論見が、伊賀上野城方・町方の協同で立てられていた。この計画については、江戸の高久も津城庁の面々も知らされなかった。これは、自主財政を求められる藩世界の経済構想が、一方で領内開発による徹底的な藩収増大を追及し、他方で自領を超える流通・開発参加によって藩収(国益)を増やそうとするものになることの表れであった。またこの場合は外に、城代を頂点とする上野城庁の面々に、伊賀の惣国一揆の伝統を引く、「伊賀藩」に近い自立意識が潜められていたことの表れでもあったろう。

しかし、独断の計画が失敗したことによって、年貢米の組織的な大量不正流用の発覚という事件になり、城方・町方双方におよぶ、前後に見ない厳刑が執行された。この厳刑には、上野城庁を藩主・津城庁の監督に服させるという狙いもあったろう。ほとんど反逆罪を裁くに等しい処罰が行われた。高久としては、藩政刷新を領内の百姓成立策を重点に展開しようとしていたところに、領外からの収益をめざす異質な目論見を知って怒りを覚えたということもあったろう。また訴訟制度が進んでいく他方で、なお血縁者への連座が適用される一七世紀段階の処罰の特徴をあらわすものでもあった。

この計画には、藩主高久が刷新直書の宛先の一人にした上野の加判奉行加納藤左衛門も深く関与した。小波田《おばた》新田の開発に貢献した藤左衛門が、どのような契機で銅山開発計画に加わったかはわからないが、自身としては藩収に潤いをもたらす方途の一つと考えたのであろうし、城庁の上下が関わるものであった以上、加判奉行として避けることができなかったのであろう。

『永保記事略』の延宝九年（一六八一）十月二二日の項には、「加納藤左衛門・石田清兵衛、切腹被仰付之。」とある。石田清兵衛も同役の加判奉行である。そして「子共いつれも同罪」（斬罪）となり、藤左衛門弟の加納弥五右衛門、清兵衛弟の石田新五兵衛は「御暇《おいとま》」となった。このことは当然、家臣としての加納家・石田家の存続の可能性が断ち切られたことを意味し、政治的には族滅の処分と同じであった。ただし藤左衛門については、後に郷民が用水路開削の功を謝して神に祀った（加納神社）。

同日、普請奉行の佐藤治部右衛門と服部少左衛門も「追払」、治部右衛門の兄佐藤安兵衛は「御暇」となった。そのほか「町郷之者」らが「追払者」になった。

この事件は、上野城庁の要路者が備中《びっちゅう》国石塔山（岡山県川上郡）の銅山請負《うけおい》開発に藩米一万二五〇〇俵余を投資したが事業の見込みが立たず、返済もできずに損失を与えたために罪に問われたものであった（久保文武『伊賀史叢考』）。城代家老の記録『永保記事略』が「未申（延宝七・八年）両年之勘定、未だ相立たず候之由、被遊御聞、急度《きっと》相立候様仰付らる」（延宝九年二月一三日）、「藤左衛門・清兵衛不届之仕形、沙汰之限」(同前)と記しているのを見れば、城代は事件と無関係であるかのように思えてしまうが、この城代記録は一九世紀になって整理されたものである。銅山投資は先任の加判奉行の時からの目論見であったことをうかがわせる処罰が行われており、これだけの動きを上野城代藤堂釆女が知らない筈はなかった。しかし当時の藤堂(保田)釆女には公儀筋に有力な縁故者がおり、高久も「釆女、怠慢不察」(『宗国史』)ということで処罰しなかった(前出久保『伊賀史叢考』)。

この事件には上野の町人が関係していた。伝えられるところでは、上野本町の日吉屋兵助の弟又兵衛は奈良の町家松木兵太夫の養子になった。商用で大坂に逗留している時遊女に散在して大金を使い果たし、大坂を放浪していた。そして上野出身で伊賀国を追放になった奈良屋清左衛門に出会った。二人は親しい関係にあり、公儀から請負って採掘が頓挫している銅山のことを知り、その請負開発を考え、現地代官の許可を取って採掘を開始した。しかし出費が多いため、資金づくりに上野の町人である松木甚右衛門・板屋平四郎・日吉屋兵助・檜物屋《ひものや》茂右衛門を巻き込んだ。紅粉屋《べにや》四郎兵衛も幼少とされたが罪に問われたところをみると、死去した先代がかかわったのかもしれない。また町人松木甚右衛門は加判奉行石田清兵衛の手代《てだい》でもあったので、ここから郷代官らを巻き込み、藩米を売却させて銅山採掘に投入した。また伊賀の町郷の者にも出資させたという。

銅山の開発は、長崎貿易での金銀支払いを銅払いに変えたい公儀の政策に見合うもので、投資を刺激するものになっていた。どちらが先であったかは判明しないが、近世の民間社会には大規模な請負事業を構想する力があり、町人から着想したとしても不思議ではない。また種々の開発に取組む領主政治の側にも、そうした計画を先導したり受け入れたりする意欲があり、銅山採掘に関与することは十分にありえることであった。西島八兵衛の讃岐高松藩での開発活動も、用水と鉱山の大きな違いを無視すれば遠隔の他領での経済活動に藩士が関わる事績として着想の広がりに刺激を与えたかもしれない。

藤左衛門らは、切腹に先だって、勘定《かんじょう》未済を責められ知行没収・逼塞《ひっそく》、親類預けになり、郡奉行や郷代官も処罰された。郷代官上村源右衛門は三筋町引廻しのうえ久米川原《くめがわら》（上野市久米町）で「打首獄《うちくびごく》門《もん》」となり、郷代官西村金左衛門は牢死したので「死骸塩詰」とし「打首獄門」の扱いとなった。松木甚右衛門らの町人も引廻しのうえ「はりつけ」になり、上記六人の男子一六人はすべて「籠《ろう》内ニ而打首」になった。六歳五歳という幼児もいた。この外にも処罰された者がいた。藩は、この処罰について、「御家中并町郷惣躰《そうたい》へ仰出らる筋之有」（『記事略』）と領内へ特別の説明を行っている。『永保記事略』はこの事件について、「右を世俗ニ曰謂《いわゆる》銅山《カナヤマ》事とハ是ナリ」と記し、朱書で「備中国石塔山也」と注記している。

ともあれ、高次時代以来、しだいに重圧になってきた領主財政を好転させようとした焦りが上野城庁に独走を生み、有能な民政臣僚をも犠牲にする結果になったのである。しかし、こうした広域の経済運営を構想しえるのもまた、藩世界の能力であったことは理解しなければならない。

公議法と藩法の合体　延宝五年の「百姓成立」仕置の路線にそい、津藩は天和《てんな》・貞享《じょうきょう》期（一六八一〜八八）へ向けて、さらに法制整備を進めていった。それを執行する藩役人の吏僚的能力も上がり、法制的支配の近世的成熟期を津藩はむかえたと言える。しかし、法制の整備とそれを執行する藩機構の官僚制化の進行は、藩世界における民間社会の肥大化と、その肥大化をうながす要素である貨幣関係の社会への浸透に対する対処の苦心がつくりだす政治の仕組みであった。したがって、それが、民間社会の生み出す矛盾の数々を解決できたわけではない。難題を抱え込みながら政治の仕組みがその方向に変容していったのである。藩世界における百姓成立を基幹の観念とする政治文化の醸成は、まちがいなく勤倹の労働文化を在郷の生活倫理として染み通らせていった。しかし、そうした労働の文化と能力が獲得されていくと同時に、眼前の難儀を乗り切れない小家族別の事情も多く発生した。藩政はそれに対して、法制的な措置でのぞむことを積み重ねたのである。

延宝九年（一六八一）一月二五日にも、大庄屋へ宛てて、「組下之村々庄や組頭《くみがしら》小百姓ニ至迄《いたるまで》、具《つぶさ》ニ申聞、常々得心《とくしん》仕候様ニ致すべし」と三六か条にも及ぶ大きな「定」（「盟附録」）が出された。ここでも最初の四か条に津藩政治にしばしば見られる公儀の権威を、「御公儀御札」を列挙することで借り、それ以下の藩法の権威を高めようとしている。公儀の禁令とは、「人売買一円停止《ちょうじ》」、男女とも十年以上の長年季奉公禁止、他領へ越し家族をつくった者の呼返し禁止、手負い者の隠匿禁止の四つである。それに続いて津藩の独自の触《ふれ》が三二か条ある。要点のみ摘記すると、以下のようになる。

一、百姓たる者は「小百姓」まで耕作第一。年貢米を滞らせないように。
一、キリシタンを訴人すれば「公儀」と「殿様」から褒美。疑わしい者を隠さぬこと。
一、「ばくち打」はいうまでもなく、勝負事禁止。「ばくちの宿」をすれば越度《おちど》。
一、「徒党をむすひ神水《じんずい》をのみ候」ことを禁止。背けば曲事。
一、庄屋・組頭・五人組で村の「悪党人」取締り。
一、殺傷・盗みなどの徒《いたずら》者・立退者を届出る。
一、田畑の売買質入は代官・給人に断り大庄屋・庄屋・五人組に相談し売券借状に裏判。
一、出作地の負担は先規通りにし、本郷から掛けないこと。
一、新開新林による境目の混乱禁止。
一、他領者が野山出入《でいり》で「刃傷《にんじょう》」に及んでも「仕返し」をせず、「道理」によって抗議。
一、他領との出入は当領へ訴え、他領奉行に「目安を上ケ訴訟」に及ぶことは禁止。
一、庄屋組頭の村出入での依怙贔屓を禁止。「百姓中面々印判所持」のこと。
一、公事《くじ》対決は一人ずつ、野山出入は二人ずつ出頭。公事銭は一貫文。
一、延宝八年（一六八〇）一二月以前に完済の「公事出入」の再審請求は禁止。
一、山林竹木のみだりな伐採禁止。
一、井手《いで》・川除・池堤の小破の修理はその村負担。大破させれば庄屋・組頭の越度。

一、大道小道、土橋架け橋、水遣《みずや》りなどの修繕。道を田畑に切添えて狭めること禁止。
一、田畑を持たない者でも他領奉公は禁止。
一、百姓・無足人の他所からの「隠し扶持《ふち》」は五人組で吟味。
一、武士牢人への宿を禁止。
一、商人職人は身分を確認して宿をかし、勧進《かんじん》者の宿は禁止。
一、旅人は一夜の宿だけ、一人旅なら一夜でも禁止。
一、火事の時は手桶《ておけ》・熊手《くまで》を持ち火元へ駆け付ける。
一、質取りは盗品・失《う》せ物に注意。
一、鷹を据える者には牛馬を避ける。
一、武士への乗打や慮外《りょがい》は禁止。
一、百姓たる者は「刀」「大脇差《おおわきざし》」を帯びないこと。
一、先規の通り、頼母子《たのもし》禁止。
一、相撲《すもう》禁止。
一、衣服は木綿。
一、藩の触《ふれ》は滞らせずに、「時付《ときづけ》」をして回覧。
一、「祝言不祝《ぶ》言仏事」は分限より軽く行う。

以上の長い触れを見ると、他領百姓と出入が起こった場合の訴訟の規定が細かくなってきていることや、百姓の印判所持の確認など、村方の意向を藩政につなげる工夫を進めようとしていることがわかる。

こうした支配を進めるためには、藩士の官僚化だけではなく、評議の行い方も規定される必要があった。天和三年（一六八三）二月一日には、「御用寄合《よりあい》日」（『宗国史』）を決め、六・十二・一七・二一・二七日と一か月に五度の寄合を担当役人が開いて「御用之分」を相談する仕組みを決めた。しかし、寄合の場所は集合しやすい場所が用いられ、「御風呂場・揚屋《あがりや》」などで「朝四より九ツ」まで、すなわち正午までの午前二時間と決められた。ちなみに津藩の支配職制を見ると、城代は津城に一人、上野城に一人で、家老が政務を統括した。加判奉行も二人で、初めは家老の仕事に参画して署判する役目だったが、しだいに町奉行・寺社奉行を合わせた機能を持つようになった。そして、郡奉行・郷代官を率いて年貢諸役の徴収を監督し、郷町・寺社方の訴訟を処理した。犯罪の取締りと犯人処罰、米倉の管理なども管轄し、常に家老の次に連名連判した。郡奉行は、伊勢・伊賀に二人ずつ、城和に一人おかれた。その下に郡（郷）代官、手代を置いた。ついでに藩世界が外部と接触する江戸屋敷に触れると、江戸には三人の留守居をおいて事務を統括し、藩主が帰国中は公儀や諸大名家との交渉を担当した。津藩は京都屋敷も持ち、そこにも留守居《るすい》を置いたが、この留守居は自藩の交渉を行うだけでなく、京都を通過する大名の動静を探ったと言われる。大坂屋敷にも留守居が置かれ、京都屋敷と同様の目的で活動した。

高久は、天和三年二月二三日に玉置甚三郎之長を、七月二九日に吉武次郎右衛門由長を、加判奉行に任命した。二人の加判奉行のもとに、年来の藩政の展開をめざしたが、それは終わることのない農村支配の改善の営みにほかならなかった。藩政はますます、津城代を頂点にして加判奉行、伊勢伊賀城和の奉行等が協議する合議制の決定と実行の体制になっていった。この年には、玉置の政策として新田開発も進められ、一志《いちし》郡曾原《そはら》村（三雲村曾原）に矢田丈庵新田が開かれ、九八六石余りが開かれるなど、各地に開発が行われた。これらの成果を掌握するために、津藩は元禄《げんろく》二年（一六八九）に新田検地《しんでんけんち》条目《じょうもく》を定めて新田の検地を行い、あちこちの村で改めの帳面が作成された。当時こうした開発に、篤農意欲の強い領内の人士が取り組み、成果をあげれば能吏の評価を得た。

鷹森藤太夫　伊賀国阿拝《あへ》郡田中村の無足人家の出身である鷹森藤太夫も、その一人であった。藤太夫は、寛文一一年（一六七一）取立てられて小頭役《こがしらやく》となった。採用の契機についてははっきりしないが土地での篤農家的活動あるいは言説に注目され、推薦者もいたものと思われる。その地位での働きが認められたのであろう、藤太夫は南勢奉行に属する郷代官に任じられた。代官としての活動の中で、雲《くも》出川《ずがわ》の北岸に洲《す》ができて地層が隆起しているのを見て、そこを干拓すれば良田にできる可能性があると考え、建言した。高久はこれを認め、工事を藤太夫に命じた。藤太夫は、地形を踏査して計画案を作り、関係の一志郡伊倉津《いぐらづ》村（雲出村内の私称）の百姓の協力を求めた。村民も発奮を誓った。鍬入《くわい》れは、元禄五年（一六九二）の五月一九日で藤太夫自ら鋤《すき》を握ったという。翌元禄六年に寄洲《よりす》の開墾が完成した。総経費一三九五両余、一一四町歩余の新田が得られ、年収一四二九石三斗二升三合に及んだ。これを長浜新田《ながはましんでん》と呼んだ。藤太夫は、支配地を廻り、岩田川・塔世《とうせ》川《がわ》の出水の時には夜中でも現場に駆けつけ堤の修復に励むというような勤務ぶりであった。藤太夫は、宝永《ほうえい》三年（一七〇六）五九歳で郡奉行に昇格し、家禄も二〇〇石に増給された。享保《きょうほう》二年（一七一七）、七二歳で没した。津藩の高久時代には、このような地方巧者型の能吏が登場してきた。

郷方法度一七か条　そうした能吏群に支えられながら、天和・貞享期の支配が一つの画期性を持つのは、玉置《たまき》甚三郎《じんざぶろう》らによって、天和三年（一六八三）に郷中一七か条、貞享三年（一六八六）に町方二一か条・寺社方七か条が整備され、その後改変されることなく幕末まで領内の基本法典の位置を占めるようになったからである。それらの各条項は、解きほぐしてみれば、ある条項は寛永年間から言われ、ある条項は慶安年間から言われているというように繰り返されてきたものが多い。また津藩法らしく、公儀法の威信を借りている条項も冒頭から現れる。しかしそうした法の上下関係、長期間の繰り返しにこそ近世政治の特徴があり、またそこに解決しきれない時代的な問題が浮かび上がっているのである。近世政治文化の凝縮としての民百姓支配の考え方がそこに現れ、内容が新しくない条項でも、伝達・普及のさせ方に新しさが見られることもある。

天和三年二月に加判奉行になった玉置甚三郎は、三月には大庄屋・庄屋に宛て、小百姓の印形をことわりなく乱用することを禁止するなど村役人の私曲を抑えようとした。必ずしも私腹を肥やすためではなくても、村借のために勝手に使ったり村入用の割当を勝手に行うことが起こりえたからである。村役人の他極には、たんに経営難で苦しむ小百姓ではなく、正当と不当に敏感となり村役人を告発することを躊躇《ちゅうちょ》しなくなった小百姓がおり、村役人私曲が紛争を引き起こしかねないからであった。藩はまた、公儀の制法を借りながら倹約令や博奕禁令をだした。七月二五日には大庄屋給《きゅう》の規則を手直しした。在国中の藩主賄《まかな》いの各種上納物も代銀で買上げるものを増やし、村送り人足や小者触夫《こものふれふ》の給銀も改訂した。

八月一四日に郷方法度一七か条と呼ばれることになる「可相守条々」が触れられたが、これは吉武次郎右衛門・玉置甚三郎から大庄屋・小庄屋・年寄・百姓に宛てられたものである（『累世記事』）。どの条項も長文であるが、要点は次の通りである。

一、「御公儀御高札」厳守。「切支丹宗門」吟味。伝馬《てんま》人足精勤。往来道橋は念入りに。
一、公儀の仰せの通り村人の帯刀《たいとう》は禁止。衣服は木綿。式事は軽くし、金銀箔は禁止。
一、公儀大法《たいほう》の通り年貢皆済前の新米販売禁止。五人組で未進米を弁済し異見しあう。
一、田畑を荒らさずに耕作を助け合う。
一、田畑山野の境・井水で他領・公領の非分を言い立てず、訴訟するなら藩に届け出る。
一、「田畑永代売買」は「御公儀御法度」。田畑山林の年季売買も郷代官・大庄屋が裏判。

一、公儀では「高拾石より内」の分地《ぶんち》禁止。「御公儀之田畠」を荒らさない家督を選ぶ。
一、博奕・頼母子制禁。
一、徒党《と》神水《とうじんずい》連判の企てを知れば届け出る。公事争論の加担者や「横道《おうどう》」の主張は重罪。
一、手負人・欠落人《かけおちにん》・遊女野郎・浪人・道心者《どうしん》、請人《うけにん》なき親類、家職《かしょく》不明者の宿は禁止。
一、悪事をなす他所者は村中で押止め注進《ちゅうしん》。「下《しも》として裁判」は禁止。「行倒者《いきだおれもの》」は届出。
一、新規の寺社建立は禁止。不たしかな行脚僧《あんぎゃそう》・道心の寺庵逗留は禁止。
一、火事は村中で「御蔵第一」に消火。盗賊も村中で出会って打ちとめる。
一、百姓の勝手な他村引越しを隠せば曲事。
一、年貢割付は庄屋宅で小百姓立会で行う。
一、年貢・村小入用の割付には百姓が吟味して押印する。帳面を二月に提出する。
一、奉行以下への音信礼物馳走は禁止。役人・下代《げだい》・家来の非儀は書類で評定所へ届出。

郷中一七か条も、公儀令の遵守から始まって津藩独自の規制に及んでいく。末尾に「違背《いはい》之輩有之に於てハ可所罪科。」とあり、内容から見ても教令ではなく法令であった。各条項は長文化しており、『宗国史』が、いくつも「郷中十七ヶ条之内六ヶ条抜書《ぬきがき》」のようにして収録しているところを見ると、事に応じてその一部を組み合わせては活用したものであろう。『津市史』二に収録された同年の「右十七ヶ条奥書《おくがき》幷一札之事」には、一七か条を月に一度ずつ読み聞かせて「水のミ百姓・やもめ」にまで得心させること、村々から庄屋年寄百姓連判の一札を取ることなど、三か条の取扱いの心得が指示されている。村によっては、この三か条も合わせて「二十ケ条共読聞せ、判形させ申候」（『芸濃町史』）と命じられたところもあった。中期藩政の民心掌握の意欲を示すものと言えよう。

町方法度二一か条・寺社方法度七か条　町方法度二一か条は「当領中可相守条々」という表題で貞享三年（一六八六）に、「町老《ちょうろう》・町々之名主・町人中」へ宛てて出された。郷中一七か条と同じように吉武次郎右衛門と玉置甚三郎の名で出されたが、郷中宛てよりも三年後になった理由ははっきりしない。また『津市史』一に収録されたものは実際には条数が二四あるが、末尾に「右二十一ケ条の趣末々まで一々得心仕」とあるから、あるいは「附《つけたり》」が条文として独立していたとも推察される。じつは津藩は寛永一一年（一六三四）にすでに津町年寄と伊予町年寄に宛ててそれまでの町方法度を集成するかたちで二一か条を触れだしていた。その形式を踏まえて、新しい内容を盛り込んだものにしたのが、天和三年の条々である。郷方宛てのものと同じような条項もあるが、村と町の機能の相違があるため内容も独自のものとなっている。また岩田川・塔世川によって城下が海へ直結しているためか、浦方への触れが町方法度に現れる。公儀法から始まるのは郷方法度と同じである。

一、「御公儀御高札之趣」を遵守《じゅんしゅ》。浦方の高札と「海上船の法式御公儀之御掟」を遵守。
一、男女衣服は公儀御法度を守り、刀・長脇差《ながわきざし》を帯びること禁止。法事祝言は軽く行う。
一、手負・欠落、遊女・野郎、浪人・道心・勧進者などの宿禁止。借家者の宿替は届出。

一、博奕・博奕宿《やど》禁止。博奕道具を持つ者や売る商人は曲事《くせごと》。頼母子は禁止。
一、侍への「不礼の作法」を禁止。
一、火の用心。出火時は「定式」どおりに参集する。
一、付火《つけび》（放火）は大罪。「火之札」も金銀目的で張る者もあるとか、付火に準じ厳科。
一、町の自身番《じしんばん》・辻番所《つじばんしょ》は「火用心専要」。怪しい者の往来などを見落とせば曲事。
一、敵討喧嘩盗賊狼藉《ろうぜき》の刃傷殺害は奉行所へ届出ると同時に、町民が棒・釘貫《くぎぬき》で捕える。
一、旅籠屋《はたごや》は「御公儀道中万端《ばんたん》御法式」遵守。煩《わずら》う旅人は医者に診せ、死去なら届出。
一、神仏を尊ぶ恒例の祭礼は良いが、「新義の宗門妖怪の邪説《じゃせつ》」は禁止。宗派出入禁止。
一、裁許の時に争論双方の証人と当事者の親子兄弟を除いては奉行所へ来ることを禁止。
一、不孝者は訴えなくても分かれば詮議。不孝者は公事で道理が立っても虚妄《きよもう》とみなす。
一、売買は「所の繁昌、国の要用」。神文《しんもん》を交わし密会し、「徒党」するのは商いでない。
一、公儀大法の通り質屋が証人なき質物を取ることを禁止。盗物失物《うせもの》と露見すれば罪科。
一、養子・婿への跡式《あとしき》譲渡や実子・親族への遺物の分配は元気な時に証文を書いておく。
一、家売買は古法通り二〇分の一を町方へ取り修補費にあてる。家の購入者は礼金用意。
一、「買懸《かいかけ》・引負《ひきおい》・借物」を弁償させるために家財屋敷を没収するのは曲事。
一、他所との公事で他所へ出かけ訴状を出したり他所者との連判に加わることを禁止。

一、他所者の訴えに当領の者が荷担したり内通《ないつう》したり他所者に訴えさせたりすれば曲事。
一、断らずに他所者に売買させるのは「国法之基」を軽視するもので宿主は罪科。
一、他所の人請《ひとうけ》・金銀請に立つことは禁止。五人組や名主に相談して指図を受ける。
一、「狂気無紛輩《まぎれなき》」は押籠《おしこめ》にし乱心者や町人らしくない男伊達《だて》を放置すれば名主《なぬし》等曲事。
一、公事争論、家売買で町老・名主が正路に扱わず、依怙贔屓の荷担《かたん》をすれば処罰。

これらの条項を寛永一一年の二一か条とくらべると、金銭の公事沙汰が増え、しかも他領の者との紛争に関わることが増えていることに気づかされる。藩世界は生活からみれば藩領におさまらなくなってきており、それが多くの紛争にかかわってきているのである。

寺社方法度七か条は「当領寺社方可被相守条々」（「祠寺条諸法度」）という表題で貞享三年に、吉武・玉置の両奉行から「当領寺社中」へ宛てて触れられ、それぞれの塔頭《たっちゅう》・末寺《まつじ》への徹底が命じられた。内容は、次の通りである。

一、「公儀御制法」の遵守。
二、火の用心、常々専要。
三、先例なき本尊開帳、鎮守祭礼など参詣人群集の行事を「自由」に行うことは禁止。
四、手負・欠落人、浪人、請人のない他所者、胡乱《うろん》な者、旅僧・道心《どうしん》の境内滞留は禁止。
五、遊女・野郎を境内へ入れることを禁止。門前など寺社支配地に隠すことも禁止。

六、博奕は「百悪之源」であり、境内の末々の下人まで禁止。博奕宿をすれば厳科。
七、寺支配の町屋《まちや》は「国法」を守ること。

これらの条項によって、津藩は、掌握しきれない面を持ち始めた領内の寺社を「国法」の下につかみなおそうとしたのである。これも、幕末までの基本法となった。

玉置甚三郎 天和の藩政には、玉置甚三郎が大きな働きをし、民政に優れた者としての評判を得た。甚三郎は、高虎の家来の孫の世代で、高次の晩年に大納戸役《おおなんどやく》になり、三代高久にも登用された。延宝五年の「百姓成立」仕置では、藩主の内意を持って江戸から帰国し、藤堂仁右衛門や藤堂釆女らと藩政の刷新を協議した。この年に、西島八兵衛を継いで城和奉行を六年間勤めた。天和三年に三浦新右衛門に代わって加判奉行に任じられたが、城和奉行の民政経験が生きて、津藩史で一つの画期となる村方町方支配の法制をととのえることができた。元禄元年（一六八八）には一〇〇〇石に加増された。

玉置甚三郎の民政は、法制に基づいて民間に対して峻厳に臨むという点に特徴がある。逸話の一つもそのことを示している。藩主高久が伊予町の舞踊《ぶよう》がたいへん上手であるという評判を聞き、町民を呼んで舞わせ、自ら観覧した。加判奉行であった甚三郎は、これを知って一町全戸に閉門《へいもん》を命じた。その理由を藩主が聞いたところ、藩主の命がない先に町民が舞踊をしていたからであると答えた。藩主はこの回答に納得したという。ここには法制的支配が、民間社会の活力の高まりへの処断の方法として進展していくことが示されている。

甚三郎の民政は、民間の反発を引き出し、その批判が張札《はりふだ》で示されることもあり、家中の批判も招いた。しかし甚三郎は、村役人を呼んで民情を自ら聴く姿勢を失わず、藩主高久もその剛直さを評価した。つまり法に則って公平に行い厳しく対処したということであるが、そのために怨嗟《えんさ》の声もでたし信頼の声も聞かれたという。

玉置甚三郎の政治的功績は天和三年の郷中一七か条・町方二一か条の起草と普及である。この法令が幕末まで変更されずに用いられたのは、藩世界の現実に対処するうえで、当時の支配の論理からすれば普遍性を帯びていたからであろう。甚三郎は、元禄六年に致仕《ちし》を許されたが、引退後も藩政への参画を求められた。それは、峻厳な法制観念をもって現実に対処できる藩吏僚の存在が求められていたからであろう。

甚三郎の政治思想は、一つは太祖高虎の業績を重んじるところを拠点にしており、引退後も藩命により、高虎の遺事を集めた『開国遺事』をまとめた。「開国」とは、伊賀伊勢での藤堂家支配の始まりを国政開始とみなしての表現である。また儒学を学ぶことで民政の視点を鍛えようとした。また滝森流書道に堪能であったが、これは一七世紀の武士の教養文化の一端を物語っている。

第四　藩世界を支えた人々

家の世界と無足人家の女性　本書は藩世界の政治文化を軸にして叙述する立場を取っているため、家の世界での政治（家政）と秩序（主従）の中で生きた女性が登場しにくい。近世社会が家職家業を基盤に持続するものであったかぎり、その観点から女性も藩法の対象になったが、主要には、藩政は家中・町人・百姓に対する禁制・規定を中心に展開した。そこから窺えるのは政治的身分を持つ、家業を代表する男性当主―少数の後家当主はどの時期にも存在したが―だが、彼らの日記などがあれば、それぞれが属する家の世界の女性を窺う手だてにできるであろう。

津藩領の大和《やまと》国添上《そえかみ》郡田原郷大野村（奈良県奈良市大野町）に住む無足人《むそくにん》（郷士《ごうし》呼称）であった山本平左衛門政興（貞享三年忠辰と改名）は一七世紀後半から四〇年間以上も日記「山本平左衛門日並記《ひなみき》」（『大和国無足人日記』）を書き続けたが、この日記のある部分だけを取り出してどのように女性が登場するかを見てみよう。元禄《げんろく》一六年（一七〇三）の最初の三か月を抜き出してみる。

元旦。例年のように「寅《とら》時祝儀」のために着座したのは、予・辰行（嫡男）・妻（無足人長女）・御町《まち》女、下人の左助・善右衛門・長四郎・喜多《きた》女・春《はる》女である。辰行は風邪気味で午後まで寝ていた。町は平左衛門の長女で、まだ未婚であったが、宝永《ほうえい》二年（一七〇五）に河内国小川村《かわち》（大阪府松原市小川町）の山形主水《もんど》の妻になった。この縁談の進みゆきも逐一日記に記録されている。元禄一六年の平左衛門はすでに六三歳であるが、まだ当主であった。妻の雪はこれより一二年前の元禄四年（一六九一）に病没している。

家内の祝儀の後、日の出以前に「家来男女不残幷《ならびに》常念長蔵夫婦幷女子・次郎助」の四人が「年玉」持参で年賀の挨拶に来た。「巳《み》時」には一門中の男女が年賀挨拶で往来している。この時に「御石《いし》・御町」は吉田家（辰行妻の実家）に向かった。石は平左衛門の姉で、無足人（推定―『日記』解説）の妻である。こうして、この日の中貫社の「坐衆」の集会は男だけだが、女性も上下の身分がすべて顔を見せて挨拶している。一月六日には上洛して「予伯母清心《せいしん》」に会いに行った。

多分この伯母であろうと思われるが、宝永二年（一七〇五）には、九〇歳になったことを祝って親族で「賀宴」を設け「連歌興行《れんがこうぎょう》」を催した。その時の連歌が自作もふくめすべて日記に収録されている。一三日には「当家日待《ひまち》弁心経読誦《どくじゅ》」を行ったが、ここには「同（吉田）妹」が「日待之衆」に入っている。一六日は「辰行夫婦・御町女」が一日中、吉田家に出かけて饗応された。平左衛門は亡母の忌日だったので遅れて夕食に出座した。一七日には、「茜屋夫婦幷姉御倉《くら》女」に「年玉」を送った。茜屋は油屋を営む町人で親戚である（『日記』解説）。姉の倉は無足人の妻である。二四日、男女の下人を午後休息させた。

二月二三日、「勝右衛門次娘、於名留《おなる》」が吉武氏の「子婦」(嫁)となる内談が整う。二四日、嫁の実家の吉田家に出向いて「辰行妻」が懐妊したことを「賀」した。晦日、「菅生村之女」を害した者に縁坐して入獄していた深川村才蔵出獄。三月五日、吉田氏の妻と娘が盛りの塩釜桜の花見をし、「晩炊饗応」した。八日、「御石女」が産前養生のため「御町女」を伴って他出、「下女春女・清五郎娘由利《ゆり》女召連」て土筆《つくし》をたくさん摘んだ。一七日、下人善右衛門の「母病気危急」の知らせが来たので対面させるため故郷に帰した。「横田貞七妹、御佐与《さよ》女」が来遊する。

二一日、「御町女」が親戚の正真院家に「慰」に行く。二二日、病母を見舞った下人善右衛門が戻った。二四日、「家来又七妻、昨夜女子産」。二六日、吉田氏の妻が「辰行妻」の「産前」を見舞いに入来した。晦日、南都《なんと》(奈良)で浪人が借金を談じ入れて断られて亭主の妻と父を殺害した事件を知る。

これを記録した無足人はけっして郷里にのみ視野を向ける人間ではなく、赤穂《あこう》事件などの全国的な出来事や公儀・朝廷の動向、藩政の方向にも敏感に応じて記録し、かつ家の世界の生産と家事にも注意深い目を向けている。その視野に女性がふんだんに現れ、そこでは女性が積極的に世事に関与しているのである。

重臣家の女性藤堂嵐子　享保《きょうほう》一七年(一七三二)に津藩上級家臣の妻が娘の輿《こし》入れに際して密かに与えた長い教訓の文は、一〇〇年後に女訓書《じょくんしょ》『藻汐草《もしおぐさ》』として出版されたが、これを読むと、この頃の武家女性の内面をうかがうことができる。藤堂嵐子《らんこ》は伊賀上野で一〇〇〇石の家臣藤堂靭負家に生まれ、五〇〇〇石の藤堂新七郎良族の妻となった。新七郎は正徳《しょうとく》五年（一七一五）に江戸に出府中に疱瘡《ほうそう》のために客死した。嵐子はその後、男子・女子を養育し、次女の須磨《すま》が名張藤堂家の分家である三〇〇〇石藤堂隼人《はやと》長勅の妻となるに当たって、諭《さと》しの文を与えた。ちなみに新七郎家の四代新七郎良精に料理人として仕え、その嫡子良忠と俳諧の交わりを持ったのが松尾芭蕉《まつおばしょう》である。良忠は家督を受けなかったがその子の良長が五代新七郎となったので、良族の祖父は良忠である。

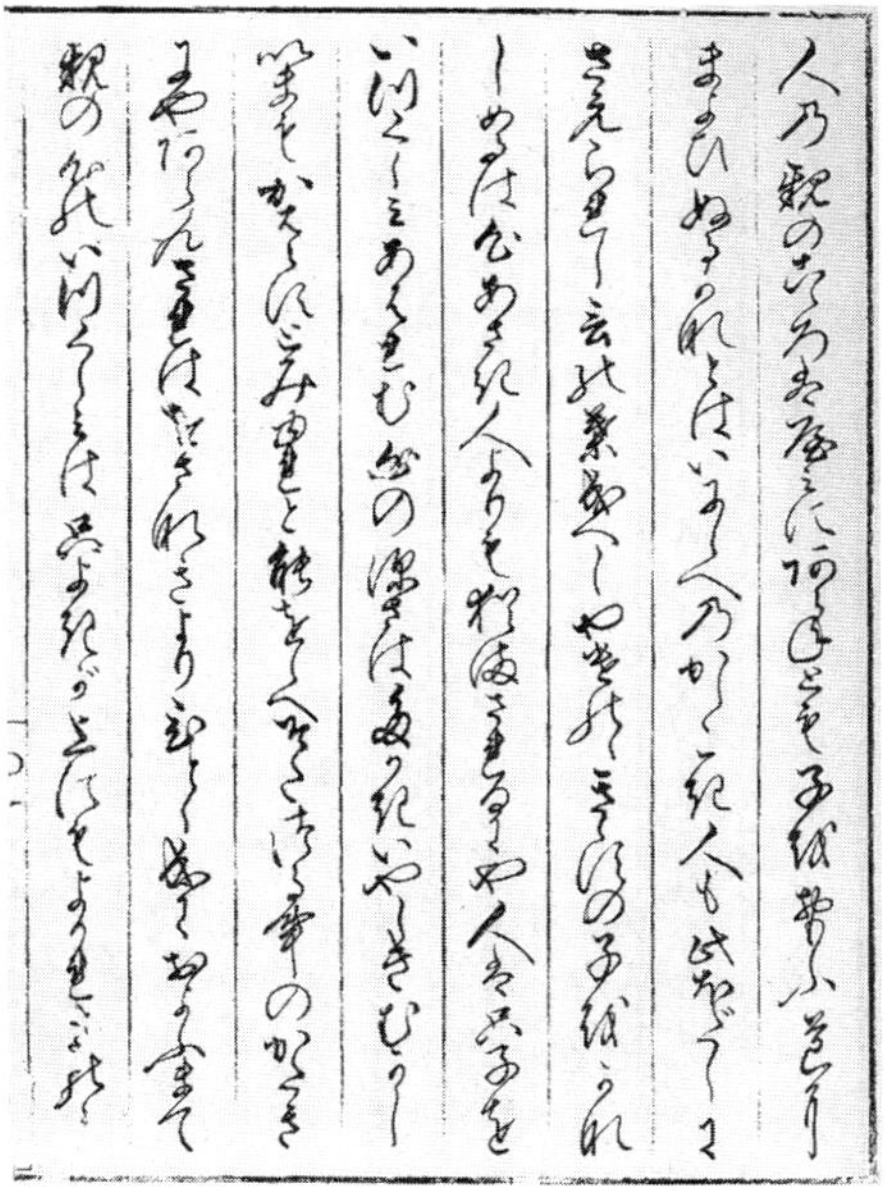

図９　藻汐草（冒頭）

『藻汐草』という書題は本人のものではないが、

思ふことを筆に残して、我かなき世までも、かげにそふこゝ路とせんの、もし保くさなり。

から取って、後人が付けたものである。『藻汐草』に書かれたことは、要するに封建時代の女性道徳であるが、見方を変えればこの時代らしい女性の自恃《じじ》のあり方である。すなわち従う生き方の強靭《きょうじん》で主体的な倫理化人格化である。

嵐子は、序文で「人乃親」の心情を伝える。「子をいつくしみ、あはれむ心の深さ」は身分の上下なく、古今で変わることはないが、子を育てることは難しく、「我身さへ、つたなきあけくれ」なので、教えたり諭したりすることが不完全であるという。しかし、年を経たしるしで思いあたることも多くあるので、それらを筆に残すという。「子を思ふ　心のやみはくらけれと　みかゝ（磨か）は玉の光をやみん」という歌もふくめて、子に対して親の絶対性を振りかざさない、謙虚な臨み方であると言えよう。それはもちろん、やがて親になるであろうと想定している娘への諭しでもある。嵐子は、以下に箇条書の形で思うことを並列していく。四五箇条あるが、そのうちの初めの二箇条を紹介しよう。

一条目は、人は万物の長で天地に導かれて「直《すぐ》なる道」を行うもの。「賢《かしこき》をとこ（男）のすなる学問」は「女のすへき道」でもあるのに、いろはさえ拙《つたな》い「我か朝の風俗」が嘆かわしい。「唐《から》のふみ」（漢文）は理解できなくても、やまと文字である「かなふみ」で読みやすい「烈女伝・女四書」などを読み、「世の能《よき》女中のためし（事例）」を知るよう心がけるのがよい。烈女とは、夫とともに討死するため鎧《よろい》兜《かぶと》手槍《てやり》で奮戦した富田《とみた》信高《のぶたか》夫人（宇喜多《うきた》安信《やすのぶ》娘）などがそれに当たるであろう。

「女四書」とは、中国清《しん》朝時代に注釈編纂された『女誡《じょかい》』（後漢《ごかん》）・『女孝経《こうきょう》』（唐《とう》）・『女論語』（唐）・『女範』（清）で、そのうち二つは女性の手になる。しかし、ここでは「かなふみ」でと勧めているのだから、当時、仮名草子《かなぞうし》の形で提供されていた、明暦二年（一六五六）刊行（辻原元甫作、七巻四冊）の『女四書』を指すであろう。内容は、『女誡』『女孝経』『女論語』『内訓』を翻訳要約し、「烈女伝」などの説話を加えた日本版の女訓書である。

二条目は、男は「外をつかさとる」もので四民おのおのが家業を持つ。女は、「たかきもいやしきも」、「内をつかさとる」立場であるから、「夫の家法」に従って、よく「内を治め」る。夫婦の内外分業論であることは言うまでもないが、そのために「いさき（潔）よき心はせ（馳せ）、誠」が強調されるとすれば、心気の高さは夫と同列にあると理解すべきだろう。

嵐子の娘に与えた諭しの文を、須磨は自分一己の心得として秘していたが、延享三年（一七四六）に死んだ時、形見の箱から見いだされた。そのため周囲に知られることになったが、秘書の扱いを長年受けていた。それを天保七年（一八三六）に、平松楽斎が、

女の子、もたらん人のたから、これにしくへからす。いかて不朽（普及）をはかり、公にせすはや

と、強いて請うて『藻汐草』の書題で出版した。これはたんなる秘書の出版ではなく、女子の手習い手本にすることを目的にした。そのため、能書家《のうしよか》の山崎義故《よしふる》が清書して印刷した。

このほかに津藩で女子教育について仕事を残したのは、藩校設立を建議した津坂東陽《つさかとうよう》で、『武家女鑑《ぶけおんなかがみ》』『童女庭訓《ていきん》』などを著した。彼らは、藩世界の土台に家の世界があり、家の緩みを抑え—実際に

は村町の共同体の緩みにつれて個々の小家族への依存は強まっていたが—、その持続をはかるうえで女訓の比重が大きいことをよく知っていたのである。

近世政治文化が浮上させた農家の女性登勢

藤堂嵐子は、その主観においては、世に知られることのない服従の主体性を娘に説いたのだが、その名を世間に引き出したのは、家の世界の秩序を重視する近世政治文化の力であった。百姓の娘として生きた登勢《とせ》を知られる存在にしたのも同じ力である。近世だけでなく、近代の社会も「孝女登勢」として碑文や書物、「安濃小唄《あのうこうた》」「安濃音頭」「小学校校歌」などの形で記憶し続けようとした。

伝によれば、登勢（登世）は伊勢国員弁《いなべ》郡阿下喜《あげき》村（桑名藩領、員弁郡北勢町）の富裕な農家の娘あるいは妾腹の子として、天明八年（一七八八）に生まれた。生後数か月で奄芸《あんげ》郡山田井《やまだい》村（和歌山藩領、津市大里睦合町）の百姓吉兵衛に引き取られたが、吉兵衛に実子が増えて養育に難儀した。その頃、安濃《あの》郡連部《つらべ》村の百姓で十石余の田畑を所持する伝蔵・このという夫婦がいた。六歳の登勢がこの夫婦に引き取られた。養父伝蔵は悪疾に冒され、養母も病弱で、実子は生まれなかった。そのため借金が増え、衣類道具から種籾《たねもみ》まで質入れするほどになった（『安濃町史』）。享和《きょうわ》元年（一八〇一）、登勢一三歳の時には家財はすべて売り、その代銀で年貢の未進分を済ませた。三人は竹小屋で雨露をしのぐ暮らしに落ち、養父はますます渡世《とせい》なりがたい体になったため近辺で乞食稼ぎを行い、養母も療養しつつ苧積《おうみ》でわずかに稼いだ。登勢は病弱の両親をおいて年季奉公にもでられず、通いの奉公の給銀を飯米の足しにしたが追いつかなかった。そこで近隣の半季奉公に出て、村の仕事休みの日や平日の寸暇《すんか》に親元に帰り、看病・夜業をして朝には奉公先へ戻った。

こうした登勢に余裕のある生家へ戻ることを勧めたり、嫁入・入婿を勧める者が現れたが、登勢は断った。享和二年に両親は快癒祈願の西国巡礼の決心をし、登勢に告げず出立した。奉公先でか、それを知った登勢は後を追い、二人をすがらせつつ熊野《くまの》湯治の道を同行した。無事帰郷できたが、病いは治らず、ふたたび両親は死出の覚悟で善光寺《ぜんこうじ》参りに出かけた。それを知った登勢はまたもや後を追い、木曾《きそじ》路越えを助け、無事帰郷した。登勢はもっぱら賃苧稼ぎをしながら両親の世話を続けた。登勢の孝行はすでに近隣には注目されており、村役人の行状報告にもとづき、文化五年（一八〇八）には藩主高兌《たかさわ》が奇特者として褒美の米二〇俵を与えた（第六章）。

高兌は、篤行者を訪ねては「御野廻りの節、御手より若干金を下され候」（碑文、『津市史』一）と励まし、孝子を流離の状態にしておくのは農政役人の「咎《とが》」とまで述べた。生身の孝子への対処を通して、家の世界の立て直しと藩役人・村役人のあり方について教戒の効果をあげようとしたのである。そして、孝養・貞節などの生活道徳を土台にした政治文化は、治者の側だけでなく、すでに民間社会にも分け持たれていた。文化六年（一八〇九）には、杉本正水が書いた『孝女登勢伝』に心学者が序文を書き、津の書林である山形屋伝右衛門が版行している。

文化九年（一八一二）に養父が死に、文化一一年、二八歳の登勢は尾張《おわり》（愛知県）から久米吉《くめきち》を婿に迎えた。やがて母と夫が不仲となり、夫は外へ稼ぎに出た。文政元年（一八一八）に養母が死んだ。藩の褒美や有志者の贈り物は生活の好転にはつながらず、困窮は続いた。高兌を継いだ高猷《たかゆき》は、他領に聞こえた孝子であるからと屋敷二畝二四歩、上々田七畝二九歩、上田一畝二歩を永代除地（無年貢地）として与えた。登勢は、夫との間に一男二女ができていたが、天保一一年（一八四〇）に五三歳で死んだ。

孝女登勢は、藩政刷新の論理の一環に組み込まれて名を挙げた。孝子は女性に限られないが、津藩世界をこえてその名が人口《じんこう》に膾炙《かいしゃ》するようになった阿漕《あこぎ》平次の孝子伝の場合は、孝子表彰政策とは無関係に、民間の御霊《ごりょう》信仰を土台にして、それに都市文化が作為をほどこして生みだしたものであった。禁制海域の密猟者の処刑が霊異邪気の祟りを引き出したという土地の口碑《こうひ》を、大坂の浄瑠璃作者淺田一鳥が取材して戯曲「勢州阿漕浦」に仕上げた（『津市史』三）。一鳥は、口碑を、平次が病母のために妙薬となる「矢柄《やがら》」（魚種）を得ようとして殺生禁断の海から密漁した一話に作りかえ、殺生そのものの罪悪性を問うた古浄瑠璃阿漕平次をもとに、悪を正す作品に仕上げた。初演は、一八世紀中葉の宝暦年間（一七五一～六三）で、のち改作されたが、複雑な筋書の戯曲から平次孝子伝が独立したように広がった。領主の教戒を経なくても、孝行は家の世界の上にある近世民間社会の共有の価値になっていたからである。

無足人という由緒集団　四〇年間以上も日記を書き続けた大和国添上郡田原郷大野村の山本平左衛門政興（のち忠辰）は、無足人の身分であった。日記の元禄五年（一六九二）一二月一四日のところに「無

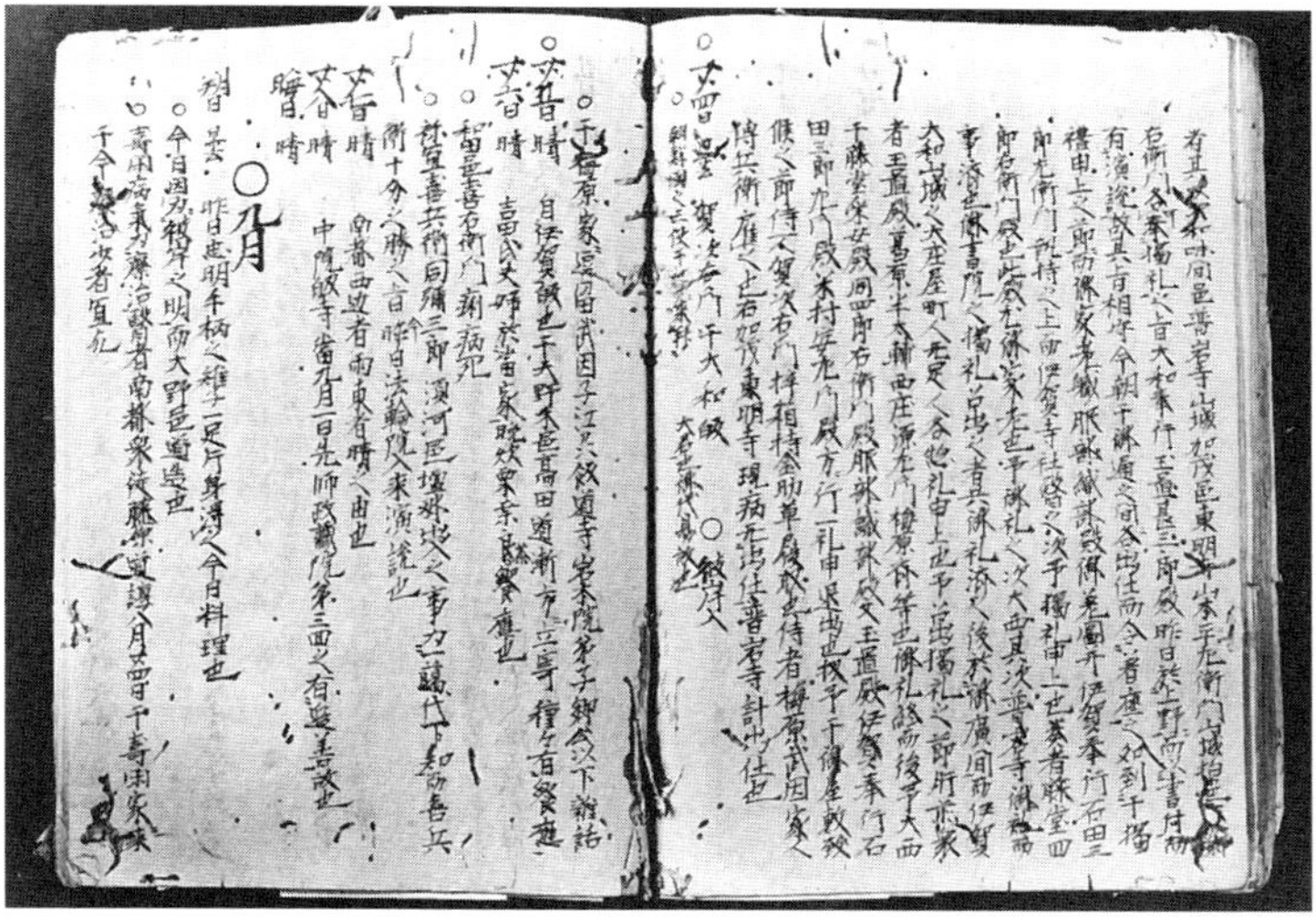

図10　山本平左衛門日並記
（『大和国無足人日記』上，清文堂，1988年より転載）

足人帳」に判を据えた文面が写されている。

和州御領下大野村無足人ニ御坐候。先年御改之節□□面に附候時分、身上相応ニ仕、自然之時御供可相勤旨申上候。先年之通ニテ相違無御坐候。

一、具足《ぐそく》一領。
一、鑓《やり》一筋。
一、馬一疋。
一、家来十人。
一、鉄砲、上野親類共方へ預置申候。
　一挺。
右之通ニテ御用相勤可申候。
一、城和御領下国中山中へ他ヨリ数十人欠落者有之所之御吟味候節、急之儀者下人五人召連罷出、御用相勤可申候。依之以書付奉願置候。

というのが本文で、玉置七左衛門ら奉行に進上する形式を取っている。平左衛門は「家来十人」について奉行に質問し、馬の口取り、具足持ち、鑓持ち、若党らを入れ全部で十人であることを確認している。この書付に見られるように、無足人は、具足・鑓・鉄砲・馬・家来を持って出陣出張に備えている在郷の下士であった。「無足」とは「無禄」の意味である。

山本家は、持高《もちだか》六六石八斗余であり、藩主が上野に越国《えっこく》してくる時は出向して独礼《どくれい》（単独拝謁）を許された。それは無足人の中でも多くは許されていない特権であった。しかし、現実には、山本家の経営はこの頃衰退に向かっており、窮迫して親族宅に家族が分散して寄寓《きぐう》するというような状態であった。

無足人には「国土まさかの御用」（伊賀阿拝郡壬生野郷春日神社無足人座「掟書」）にたつべきとする自己認識もあったが、大和の上級の無足人である山本家が鉄砲を伊賀の親類宅へ預けているように、身上相応に家の構えをつくるほかなかった。また彼らは、たしかに百姓役ではなく軍役《ぐんやく》を勤める点で「武士」（吉田ゆり子『兵農分離と地域社会』）と言えたが、土地経営を家業として存続していたから、年貢も納め、延宝九年「定《さだめ》」二三条のように藩は五人組に百姓とかかわりなく監視することを命じていた。

むしろ山本家の特徴は、武技や警務よりも、風雅と情報と由緒の村を越えた身分集団を形成し、郷方の文化・知識を高い水準に押し上げる社会的機能をはたしていたところにあった。平左衛門は、何かにつけて俳句や和歌を詠み、また連歌の会を催し、囲碁を行い、儒学の講釈を聞くというように多彩な文化行動を見せている。日記の年頭には、かならずその年の天皇・関白・将軍・老中・藩主・奉行・代官の氏名を記録し、元禄一六年（一七〇三）一月一二日には、

去年極月十四日、於江戸浅野《あさの》内匠頭《たくみのかみ》殿播州《ばんしゅう》赤穂城主五万石、去々年於殿中吉良《きら》上野《こうづけ》殿呟（喧）嘩、宿意を遂《とげ》ず切腹、領地没収、家士四十七人彼館に押入《おしいり》、上野殿を討つ、揚一天名誉之事、諸人感涙を催す也。彼義士之大将大石内蔵助《おおいしくらのすけ》也。各四十七人共智仁勇之三徳令兼備《けんびせしむ》云々《とうんぬん》。

と赤穂事件を記している。このような全国的な出来事の情報の入手と記録は、山本家にとどまるはずはなく、間もなく近隣へ溢れ出していくであろう。

無足人の制度化

『宗国史』によれば、「越前《えちぜん》戒厳之日、高山公《こうざんこう》（高虎《たかとら》）、封内《ふうない》ニ農兵《のうへい》五十名ヲ募ラ」せたことを画期にして無足人の制度化が始まったという。「越前戒厳」とは、将軍秀忠《ひでただ》が元和《げんな》九年（一六二三）二月、越前福井六七万石松平忠直《ただなお》を豊後《ぶんご》（大分県）に流したが、その時、忠直が兵を起こすのを警戒して、秀忠の内意を受けた大名が出陣の用意をしたことをいう。高虎は先鋒役《せんぽうやく》を受け持ち、高次を帰国させて兵備を整えた。この兵備は、藤堂式部《しきぶ》を鉄砲大将として鉄砲・騎馬・弓の一六〇〇を超える諸隊を編成したもので、その一環に「農兵五十人」があった。

高虎は伊勢・伊賀入国後、大坂の陣に六〇〇〇を超える軍容で出陣して戦功をあげた。また「越前戒厳」でも一六〇〇を超える備えである。したがって対外的な戦力として「農兵五十人」が不可欠であったとは考えられない。無足人は、伊賀の城代の指揮下に入る農兵で、伊勢・伊賀・山城・大和を

通じて無足人家は置かれたが、軍事的観点から組織化されたのは伊賀のみであった（久保文武『伊賀国無足人の研究』）。それは多分に高虎の対内的な配慮から工夫されたもので、一〇年も経っていない大坂の陣の際に、伊賀の村民が敵方と通じて上野城へ乱入しようとした事件などは、農兵徴募の動機になったであろう。

上野城代《じょうだい》が、高虎の異母弟藤堂高清《たかきよ》から伊賀の土豪出身の藤堂采女《うねめ》（本名保田《やすだ》元則《もとのり》）に替えられたのが寛永一七年（一六四〇）で、以後世襲となる。すでに高虎は死去しているが、この交代は、島原天草《しまばらあまくさ》一揆に「御出陣御用意」（『累世記事』）の勢いを見せた高次の時勢認識と不可分であったろう。その時勢認識はなお一揆構造的な性格を残す伊賀の在地勢力の掌握の工夫を促し、その頂点にある者を城代に抜擢して伊賀一国を支配させるという、これ以上ない懐柔策で逆に安定させる策を思いつかせたのであろう。それよりも二〇年近くさかのぼった時期には、津藩はもっと軍団的発想が強く、出陣中の領内安定の手だては軍事的にも重要な課題であり、それが高虎に無足人の制度化を促したのであろう。

筒井《つつい》氏時代に土着化を強いられた村の侍の家筋は伊賀の各所に存続し、神社を中心に宮座《みやざ》をつくり平百姓《ひらびゃくしょう》に対する優位性を保っていた。高虎は、由緒を誇る土豪・地侍を百姓と区別し、甲冑長槍《かっちゅうながやり》の常備と帯刀《たいとう》を公認して兵賦役に応じる無足人という藩の在郷下士《ざいごうかし》（郷士）身分に編成したのである。それは、旧土豪・地侍層の士分化願望に応えて、藤堂家に向けられかねない牙《きば》を抜き、「国土まさかの御用」のために藩命に応える奉公人であるという気持ちを満足させる政治的効果があった。

無足人という呼称を用いたのは、すでに筒井氏時代に使われていたからで、知行地を持たない準士分の意味である。三代高久は、無足人を選抜して銃隊を編成した。伊賀では小波田《おばた》新田が開発されたが、そこに入植した没落無足人や入百姓《いりびゃくしょう》から新たに無足人を採用し、小波田新田鉄砲組一〇〇人を編成した。鉄砲組には、毎年玉薬を与えて鉄砲の調練をさせた。

いったん無足人が身分化されると、家格上昇や分家の欲求が強まり、藩の規制とせめぎあいながら、内部の差違化、固定化が進んだ。伊賀では、元禄年間に御目見《おめみえ》無足人と平無足人の身分序列が規定された。御目見無足人は御供《おとも》無足人とも言われたが、それは藩主に供奉《ぐぶ》できることが特権と意識されたからである。御目見得無足人の中には、世襲できる無足人頭が十人ほどおり、その指揮下に平無足人から選ばれる藪廻《やぶまわ》り無足人が二十数人ずつの単位となって五組に編成された。これは無足人鉄砲隊が藪廻無足人と改称されたもので、鉄砲の実弾調練を行って、城代の査閲を受けた。外に、山廻り無足人が三十数人いた。しかし伊勢や城和では、山本平左衛門のように鉄砲は所持しても、軍事性は弱かった。

軍事的出動の機会はなくても、藩政の中で領内治安の役目を広い意味で担っていたことは確かであり、山藪の巡回警備や郷中監視（寛政七年常廻目付《じょうまわりめつけ》）のほか、庄屋・大庄屋に任じられて日常の藩政を下支えする無足人家も少なくなかった。また個人としても藩政機構の中に抜擢されていく者がいた。鷹森藤太夫は伊賀国阿拝《あへ》郡田中村（阿山郡阿山町田中）の無足人家から寛文一一年（一六七一）に藩の小頭《こがしら》役に取立てられ、郷代官《ごうだいかん》、郡奉行《こおりぶぎょう》と立身して農政の分野で働いた。伊賀では、天明三年（一七八三）には、無足人は一二〇〇人以上に増えていたが、庄屋は九六人、大庄屋は八人であった。

山城相楽郡《やましろそうらく》北村（京都府相楽郡加茂町）の梶田家は高一〇石四斗九升五合の無足人であるが、由緒書《ゆいしょがき》では、もとは美濃《みの》（岐阜県）加茂《かも》郡に住み、一六世紀初頭に山城の当地に移った。由緒を持つ家筋として存続してきたが、津藩無足人に取立てられたのは、元和五年（一六一九）に城和に領地が与えられ元和九年に無足人制度ができて以後のことである。梶田家の八代忠敏は「謡《うたい》・太鼓《たいこ》」（「梶田家系図之内書抜」）をよくしてたびたび囃子《はやし》を勤めたので高久の知るところとなって「次(児)小姓」に召し出された。九代俊良は普請《ふしん》目付役《めつけやく》を命じられていたが、寛保《かんぽう》元年（一七四一）から大名助役《すけやく》の関東鬼怒川《きぬがわ》普請のために発足、一八年間勤めて帰郷、加茂組大庄屋役に任じられている。

このように無足人は無事の時代にあっては、村社会と藩機構に両属するような形で藩政を補塡《ほてん》していた。したがって当初は由緒を基礎として取立てられたが、一九世紀に入る頃には、村役精勤、さらに下ると軍資金穀調達の功で無足人に取立てられることが始まった。この間に山本平左衛門のような無足人家の衰微や没落もあり、一八世紀末の伊勢の百姓一揆では、牢死した頭取にも獄門になった頭取にも無足人がいた。しかし、広く見れば上層百姓の無足人身分取得の意欲は衰えず、慶応《けいおう》三年（一八六七）には伊勢側でも六四二人に増えた。村に常住して経営を持ち、周囲の村社会に権威を誇示できる郷士という地位は、ひそかに士分化願望を抱き続ける上層百姓と、支配の手の者を郷方《ごうかた》に深く配置したい藩とが、折り合いをつけやすい合理的な存在形態だったのである。

伊賀では、もう一つ戦国以来の系譜を引く、諜報技能者がいたが、その者らに藩の隠密《おんみつ》御用を勤めさせた。伊賀者は、江戸の将軍家でも、本能寺《ほんのうじ》の変の際に家康《いえやす》の三河《みかわ》（愛知県）退避行を警護・案内したのを功績として江戸に召しだし、間諜《かんちょう》や江戸城警備の軽輩として使ったが、津藩も高虎以来、隠密御用に用いた。

高虎は、伊賀者《いがもの》数十家を元和二年（一六一六）に取立て、上野の忍町《しのびちょう》（上野市忍町）に住まわせた。それ以後、参勤交代の行路では藩主身辺の警護を負い、のちの百姓一揆の時には頭取割出しの隠密捜査にも当たっている。家数は、大坂の陣以後は半数に減らされ、寛永一三年（一六三六）には二〇人であった。彼らは「伊賀者」「忍之衆《しのびのしゅう》」「しのひノ者」などと藩令では呼ばれているが、一〇人ずつ江戸詰《えどづめ》となり、在村の者は耕作に従事した。

公儀と藩—将軍・要路者への接近—

元禄一六年（一七〇三）に死去するまで藩主だった高久も、「我等遺言」（「遺書録」）を残し、「御当家」は厚恩のある家だから無二の「忠意」を思うこと、家中の侍共を「愛し賞罰正しく」、百姓を憐れみ、「国家を保ち候事、忠孝之基」と書いて、これを四代藩主になる高睦《たかちか》（高次五男で兄高久嗣。大学、貞享二年従四位下・大学頭《だいがくのかみ》、元禄一六年侍従、宝永二年和泉守《いづみのかみ》）に与えた。「御当家」は徳川将軍家であると解せるから、それへの忠節は高久にあっては公儀尊重の立場となる。

高久は公儀尊重を言うだけではなく、実際に江戸参勤の際には幕閣要路者への接近に心がけた。正妻は老中・大老を勤めた酒井《さかい》忠清《ただきよ》の娘であり、もう一人忠清の娘を養女にしている。二代高次の妻も酒井忠世《ただよ》（嫡孫が忠清）の娘であり、藤堂家は、公儀尊重という観点で現実には公儀執政者である酒井家と重縁の間柄をつくり、家運の安泰をはかった。

ところが下馬将軍《げばしょうぐん》と言われた忠清が五代将軍綱吉《つなよし》に解任された。これは公儀の政変とも言える事件だったが、高久はすぐに次の大老堀田正俊《ほったまさとし》に接近した。ただし高久は、酒井忠清の失意の死去が切腹《せっぷく》によるとの風聞が流れた際には、将軍上使に対し敢然と病死を主張して死骸を見せなかった（『甲子夜《かっしや》話《わ》』）。酒井家はこれを恩義とし、藤堂家よりも遅れて門松を飾ることを定例にしたという（『津市史』一）。

堀田正俊《ほったまさとし》が貞享《じょうきょう》元年（一六八四）に江戸城で刺殺されると、老中阿部正武《あべまさたけ》（忍《おし》藩主）、綱吉側用人《そばようにん》牧野成《まきのなり》貞《さだ》（関宿《せきやど》藩主）に懇意の関係を求めた。こうして高久は、綱吉が何かを観たり宴を張ったりする時に、陪観・侍宴を許されるようになり、綱吉が講書《こうしょ》を行う時は陪席できるようになった。また綱吉の親筆や揮毫《きごう》の絵などの下賜品をもらい、自らも献進に勤めた。さらに、綱吉に信用されている林大学頭や日光門主にもよしみを通じた。

綱吉の側近で、公儀の実力者柳沢吉保《やなぎさわよしやす》には、言うまでもなく接近の機会を探った。綱吉の講話に陪席して近づき、たちまち贈答の関係になり、吉保が別邸を造った時には、自邸の染井園《そめいえん》の樹木を大量に贈り、柳沢個人にも家族や家来にも進物をして歓心を買うことに努めた。当時、藤堂高久は池田《いけだ》綱政《つなまさ》、細川綱利《ほそかわつなとし》、松平頼常《まつだいらよりつね》などとともに、「柳沢家の玄関番」と渾名《あだな》されていたという逸話がある（中瀬勝太郎『徳川時代の賄賂秘史』）。

四代藩主高睦も柳沢吉保に近づき、そのために吉保に申込まれて、吉保次男を養子に迎える動きになったという逸話が残っている（『津市史』一）。高睦は、これを断れずほぼ承諾したが、重臣藤堂仁右衛門が面前で切腹の決意を見せて家中一統の反対を藩主に談じ込んだ。高睦はその勢いに驚き、家中の意向を承引して、柳沢家へ断りを入れたという。津藩は高睦の跡を久居《ひさい》支藩から入った高敏《たかとし》が相続するが、もし吉保の希望通りに進んでいれば五代藩主は吉保の次男（長暢か）になった可能性さえある。

高睦は公儀の意向にきわめて従順で、元禄一六年（一七〇三）に兄の遺領を継いだ際、江戸から国元に使者を派遣し、

一、生類哀《しょうるいあわれ》みの事 並《ならびにせっしょう》殺生の儀、御公儀向御法度の儀、被仰候通奉畏候。弥《いよいよ》念入可申付候。

と家老らに命じた（『津市史』一）。生類憐み令は綱吉一個から出るもので公儀政策としては異例だったが、公儀御法度として触出された以上、理非にかかわらず禁令の力を発揮した。高久と高睦はこれに順応したのである。高久は鷹狩《たかがり》をやめ、鷹匠《たかじょう》・餌差《えさし》・犬牽《いぬひき》など動物を捕獲する職を廃した。また上野城下の犬牽町は南町に、鷹匠町は中町に、津の鷹野橋は半田橋に改めた。高睦は高札で生類憐みを徹底させ、犬猫鼠の死骸を見捨てておくことを許さず届出るように命じた。このため城下の士民は犬の

飼育を敬遠し、野犬が増えた。

『土芥寇讎記《どかいこうしゅうき》』は元禄三年（一六九〇）段階の大名の調査・評価の記録で、多くの大名が辛口の批評にさらされている。この中で、当時五三歳だった高久は、地方知行から俸禄制への移行が例示されて、「百姓手ヲ合セ、偏《ひとえ》ニ仏之思ヒヲ成スト聞ク。誠ニ醇直《じゅんちょく》ニ慈悲ナル仕置《しおき》也。」とその支配ぶりも好評を得ている。また人物としても、

才智発明ニ、寛然トシテ、奸曲佞謀《かんきょくねいぼう》之意地無シニ、自カラ儒書ヲ読マザレドモ、常ニ儒医且ツ学者等傍ニ徘徊シテ、道ヲ聞、理ヲ極ル事ヲ訪ネ問フ。（中略）士民ヲ哀憐シ、勇有リテ而《しか》モ猛カラズ、柔和ニシテ威備ハル。誠ニ良将ト云フベシ。第一、人之難シトシテ用ヒ難キ男色女色ニ淫セズ、当時之名将トモ謂ツベシ。

と記されている。

この記録は公儀の隠密活動によるものという推定があるが、誰が記述したにせよ、情報提供者は津藩の者であろうから、身辺あるいは領内に高久を評価する空気があったことはまちがいないだろう。そういう高久にしても、将軍や幕閣要路者への接近の熱意は、異様なほどである。このことは、法制化官僚制化の進行は疑いないものでありながら、人格的依存の比重がたいへん大きい近世の政治文化の特徴を示すものと言えるであろう。公儀と公方《くぼう》をどのように言い分けるかはどの大名も知っており、公儀百姓という時には綱吉の百姓の意味ではなく、より普遍性のある天下のものという意味であるこ

とも知っていたであろう。それでも日常的には、将軍や側用人、大老、老中にいかに昵懇《じっこん》になるかに腐心して、その儀礼贈答の頻度の中で自家の安泰をはかるのが、大名が選びえた行動であった。そのことが、百姓成立の「御意」などに現れる高久像との、大きな印象の落差になるのである。

宗家を支えた分家―久居藩と出雲藤堂家―

嗣子《しし》のなかった高睦は、宝永二年（一七〇五）に支藩の久居藩主家から養嗣子（藤堂高通嫡男）を迎え、高睦が宝永五年（一七〇八）に死ぬと同時に、まだ一五歳の養嗣子高敏（正助、宝永四年従四位下大学頭、同五年和泉守、同年侍従）が相続して五代藩主になった。柳沢吉保の申入れが実際にあったとしても、それを拒むことができたのは、家中一統の反対だけでなく、当時の武士社会で説得力のある血脈的な養嗣子が存在したからであった。また家中も、分家から相続者を求めるという選択肢があるので強硬に反対できたのであろう。高敏は三六歳の若さで死んだが、藩主の期間は二一年間の長さに及ぶ。これ以降、久居藩は津藩にたびたび相続者を提供し、しかも支藩主を勤めた後に本藩主に移るという相続者を何人も出したことで、多くある支藩の中でも特筆される存在になった。

二代藩主高次は、寛文九年（一六六九）に致仕したが、その際に高久を相続させると同時に、公儀の許可を得て二男の高通《たかみち》（学助、万治二年従五位下佐渡守《さどのかみ》）に五万石、三男高堅（正次郎、図書《ずしょ》、元禄十年従五位下備前守《びぜんのかみ》）に三〇〇〇石を分封した。一万石以上の分家を出して支藩を設けることは、この時期珍しいことではなかったが、高次が津藩藤堂家の宗主権を堅め、その相続を安定させようと苦心する個人的な体験があった。

高次は、監国役を勤めた生駒《いこま》家の権力闘争を見ており、また父の高虎は高次の弟高重《たかしげ》にいったんは五万石を分封しようとして公儀の許可を得ていた（寛永八年高重死去により本家復領。『津市史』二）。さらに高次相続時には、高虎の義子で高次の義兄に当たる高吉《たかよし》が伊予《いよ》今治《いまばり》に藤堂家として二万石を支配しており、独立の気風を形成していた。こうした体験を踏まえて高次が取ったのは、自分の次子以下に分封しておいて、本家を支えさせるというものであった。

高虎にしてみれば、高吉を別家に扱い、高次に相続させて、その弟の高重に分封したのは、津藩の安泰を図ってのことであったろうが、高次にしてみれば自分の子らによって自藩を安泰にしなければ充足できない。弟高重とは不和であったと言われる（同前）。血脈の論理は、つねに可能ならば最も直近の関係を追求しようとし、親子でなければ親子に擬そうとするのである。

藤堂家の分家という観点で見ると、高虎は、先に自分の弟二人を家臣に直していた。一人は高清で、大坂の陣の時に名張の留守を命じられたのに勝手に大坂に出陣して「高虎が勘気をうけ、五年ののちゆるされて家臣となる」（『寛政重修諸家譜《かんせいちょうしゅうしょかふ》』）とあるから、元和五年（一六一九）に家臣になった。これが七〇〇〇石の藤堂出雲家である。軍律上の勘気は受けたが、高虎の信頼は崩れず、初代の上野城代になった。この家からは公儀への証人が出たり、久居藩や津藩の藩主が複数出ている。もう一人は正高《まさたか》で、関ヶ原の戦いの前年に「人質」として江戸に差し出され、家康から下総《しもうさ》（千葉県）に三〇〇〇石を与えられ、秀忠に近侍した。高虎は慶長《けいちょう》一〇年（一六〇五）に正夫人と世子《せいし》高次を江戸に移らせて二心なきことを示したので、翌年正高はゆるされて国元に戻った。しかし、下総の三〇〇〇石は藤堂家の知行に組み込まれた。そして正高も、大坂の陣の時上野の留守を命じられたが、高清と同じ事由によって「勘気をうけ、後ゆるされて家臣」（同前）になったのである。

高次から五万石を分封された高通は、江戸での部屋住の時に一万石格の扶持を受け、随身《ずいしん》する者が八〇人ほどいたらしい。寛文九年（一六六九）に五万石分知の許可を公儀から得ると、高久は高通に、伊勢で四万石（一志《いちし》・安濃《あの》・奄芸《あんげ》・鈴鹿《すずか》・河曲《かわわ》・三重《みえ》郡の内）、大和で七〇〇〇石（添上《そえがみ》・山辺《やまのべ》・式上《しきじょう》・広瀬《ひろせ》・十市《といち》郡の内）、山城で三〇〇〇石（相楽《そうらく》郡）を分け与えた。ただし公儀に対しては「領内分家」であった。翌寛文一〇年、最も領地の多い一志郡の内に城地を設けることを公儀に許され、野辺村に入る野邊野高台が選ばれた。そこは出作《でさく》の田畑が散在する広い野原で、「安濃津ノ別府」（『勢陽五鈴遺響』）として「永久ニ鎮居スル」という意味をこめて久居と命名された。まったくの原野にいきなり五万石を支配する拠点になる城下町が人工的に造出された点で、久居は近世の開発事業のあり方を象徴している。

その年の内に、新規召抱の兵学者植木由右衛門の主導で殿舎《でんしゃ》・馬場・射場・侍屋敷・町屋の縄張《なわばり》に着手して地均し普請が開始された。膨大な人力を投入して、寛文一一年には殿舎のほか、侍屋敷二〇〇戸、町屋約五〇〇戸もできあがり、七月には新藩主高通が入部して家中謁見《えっけん》、大小庄屋・町年寄引見も行われた。計画では軍事的な機能も持つ城郭を計画したようであるが、それは実現しなかった。

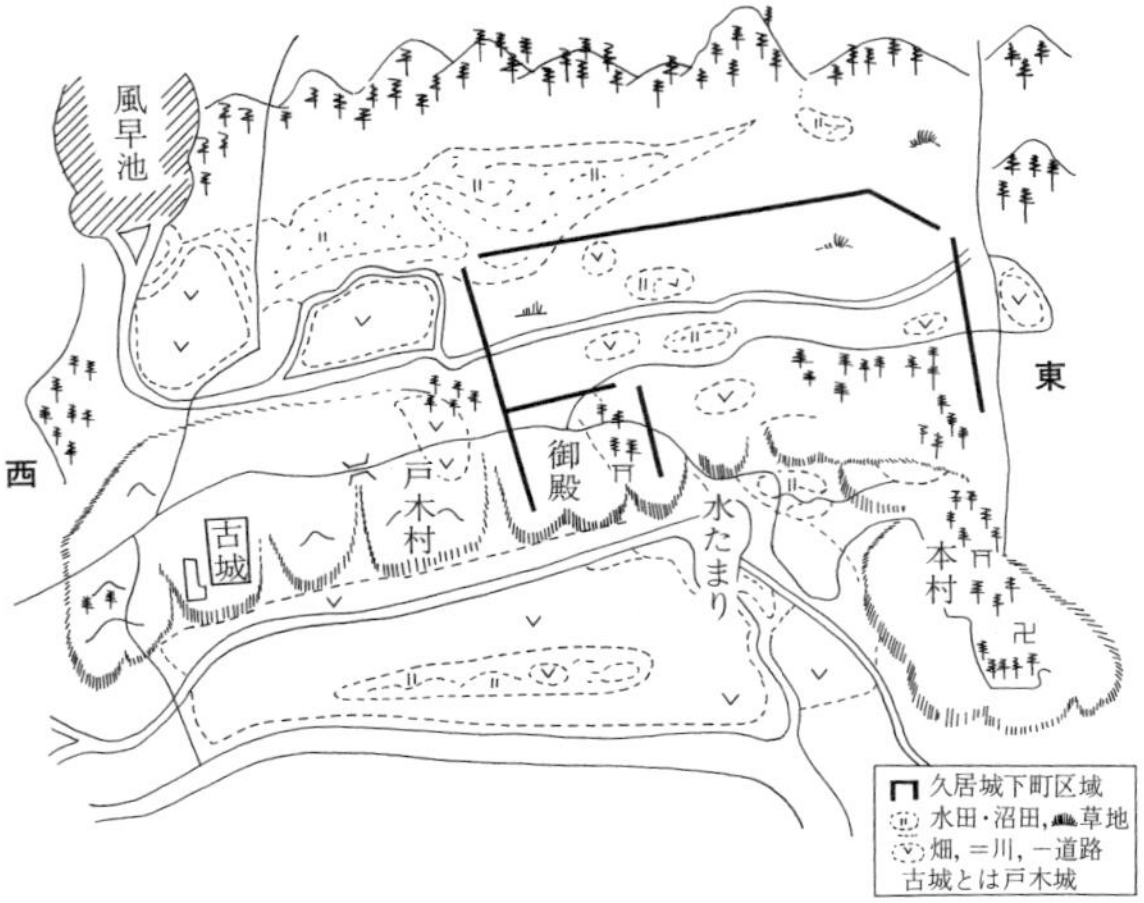

図11　久居城下縄張図（『久居市史』上）

殿舎（久居館、御殿）の構造からは陣屋町であったが、大手町・本町・寺町などの町割《まちわり》からみれば、城下町の規模を持っていた。そして藩主は城主格大名として認知され、江戸では向柳原《むこうやなぎわら》に上屋敷・中屋敷、本《ほん》所《じょ》に下屋敷を構え、久居藩は小藤堂と呼ばれるようになった。

久居藩政は、領地も明確に本藩から区別され、別個の家臣機構によって久居を城地として進められたが、公儀との関係で本藩の陰に隠れているだけでなく、付家《つけが》老《ろう》が入ったから本藩の意向が政治面でも影響した。大庄屋をはじめとする村支配や無足人制度、年貢諸役の掛け方など、藩体制は本藩と同じであった。しかし外部からは一個の藩として見られたから、『土芥寇讎記』も津藩とは別個に観察している。そして、元禄三年段階の久居藩を「家士《かし》富《とみ》、民間豊《ゆたか》也。国家の仕置、順ニシテ大様《おおよう》也」と褒め、高通も「行跡不義ナク、家民哀憐スル故ニ家民共ニ豊ニ富《とめ》リ」と高く評価している。

久居藩は、早くも二代藩主の襲封に当たって津藩の事情が波及し、人事を変更した。五代藩主になった高敏は、久居藩主高通の嫡子で、将来の久居藩主襲封が予定されていた。しかし五歳の時に高通が死んだため、一五歳になるまで、高次から三〇〇〇石を分封された高堅が「摂封《せっぽう》」（「累世年譜略」）した。ところが子のない宗家の高睦が宝永二年（一七〇五）に高敏を養嗣子に迎え、そのまま相続することになったので、高堅はこれまでの「食邑《しょくゆう》参千石を併領」（同前）して正式に久居藩主になった。このため久居藩は五万三〇〇〇石となった。久居藩の三代藩主高陳《たかのぶ》（主水、正徳五年従五位下主水正、享保三年佐渡守、同一七年備前守）は、この高堅の子である。

高虎の直系藩主は、じつは本支藩ともここで血脈が絶える。これ以後、藤堂家に藩主の人材を送り込んだのは、高虎の弟高清から始まる出雲家である。久居藩の四代藩主高治《たかはる》（幸之進、大膳《だいぜん》、享保八年従五位下大膳亮《すけ》、同一三年従四位下大学頭、同一五年侍従）は、享保八年（一七二三）に出雲家から一四歳で養嗣子に入って襲封した藤堂高明《たかあき》の第三子である。ところが高治は享保一三年に一七歳で六代津藩主を継いだ。高治は、久居藩主が五年間、津藩主が八年間である。

ところで出雲藤堂家もまた、藩主家を継げば自家の相続に影響が出る。出雲家の当主になった高豊（出雲、享保一三年従五位下大膳亮、享保二〇年従四位下和泉守、元文《げんぶん》元年侍従、延享四年左少将、明和六年中務大輔《なかつかさたいゆう》）は、叔父に当たる高治が宗家藩主になったため空位になった五代久居藩主になった。そして出雲家のほうは『宗国史』を編述した高文に譲った。ところが享保二〇年に宗家の高治が死去した時、その子の孝次郎が九歳の幼さだったので、高豊（高朗）が宗家の七代藩主になった。そして孝次郎のほうが入れ替りに分家を継いで、六代久居藩主高雅（元文三年従五位下佐渡守）となった。高豊は、久居藩主が七年間、津藩主が三五年間である。高敦（佐渡守、大膳亮、和泉守、従五位下、従四位下、侍従、左少将）も七代久居藩主として八年間、高嶷《たかさと》に名を変えて九代津藩主の座にあったのが三七年間である。高兌（左近、寛政七年従五位下左近将監《さこんのしょうげん》、文化三年従四位下和泉守、侍従）も、一二代久居藩主として一六年間、十代津藩主として一九年間である。五代高敏は久居藩主は継がなかったが、もともと高通の子で久居藩主を予定されていた。高敏を入れれば、明治以前の津藩主一一人のうち五人が久居藩から入ったことになる。その藩主在位の総年数は一二〇年間に及ぶ。

津藩の場合は、本藩の大名相続にはたした支藩の役割の大きさは歴然たるものがあるが、ここで気づくのは高虎の弟として七〇〇〇石の家臣に下がった藤堂出雲家の役割である。津藩主にならない久居藩主も出雲家から出ており、高文の弟の高周《たかちか》の長子高衡《たかひら》は久居十代藩主、高文の長子高璞の長子高矗は久居十一代藩主になっている。一万石以上の支藩が本藩存続の大きな条件になったという説明が津藩には当たらず、久居藤堂家と出雲藤堂家という二つの分家が本家相続を支える有効な役割をはたしたのである。

独立を求めた別家―名張藤堂家―　出雲藤堂家と久居藤堂家が藤堂宗家を当主相続のうえで支えたとすれば、宗家を脅かしたのが名張《なばり》藤堂家（宮内《くない》藤堂家）であった。津藩では、天下に聞こえるような御家騒動は起こらなかったが、それは紛争の芽を迅速に摘み取ったからであった。

享保二〇年（一七三五）、津藩で「享保事変」（「享保騒動」「名張騒動」）と呼ばれる事件が起こった。これは、名張藤堂家の大名独立運動を指す。それを「藤堂宮内、江戸《えど》表《おもて》へ参勤《さんきん》企《くわだて》一件」（『永保記事略《えいほきじりやく》』享保二〇年五月二五日条）と知った津藩は、上野城代が名張藤堂家（宮内家）五代当主長熙および家老・奉行らの上野出頭を急飛脚《いそぎびきやく》で申し入れた。将軍在城の江戸への参勤は、直接に将軍と主従関係になることであり、言いかえれば大名になることである。上野への当主出頭命令に対し、宮内家では抗戦を主張する者から謝罪を主張する者まで硬軟両論が飛び交った（『名張市史』上）。名張へは足軽兵が派遣されて緊張が高まるなか、この年帰国した藩主高治が、藤堂長熙（一万五〇〇〇石）に隠居を命じ、家老三人には切腹を命じた。名張藤堂家は、大名の証としての江戸参勤ができるよう幕閣に働きかけ、それが本藩に知られて処罰を受けたのである。二〇年ほど後に、事件の顚末《てんまつ》を伝える『享保騒動記』が書かれた（『名張市史料集』二）。

宮内家は上野城代の監視下にあったが、これ以降、津藩はさらに名張に横目付《よこめつけ》を常駐させて監視した。しかし、名張の士民の独立の意識は消えず、そのことが宮内家の当主を「殿様」と呼ぶ風習となって現れた。「殿様」は津藩では、「殿様は当分之御国主」というように、藩法で藩主を指す公式の用語であった。そこで文化一五年（一八一八）四月二二日、「宮内家来幷名張近辺ニ而、宮内義を殿様と相唱候者在之旨、心得違これなき様、近郷ぇ申達之事」（『庁事類編』）と禁止した。名張では文面でも大名に紛らわしい呼称が用いられたらしく、この禁制の付記には、「右、宮内方えは心得として書付を以申達候義、ならびに宮内え老中より文法相改候様沙汰に及び候は、同廿五日也。」(同前)とある。

名張藤堂家との緊張関係は、すでに高虎の時代から始まっていた。高虎は、豊臣秀吉とその弟羽柴《はしば》秀長《ひでなが》への接近を心がけ、丹羽《には》長秀《ながひで》の子の仙丸(高吉)が秀長の養子になっていたのを、秀吉の命で自分の養嗣子に貰い受けた。高吉は、朝鮮へも従軍し、関ヶ原の戦いでも力戦して、高虎の後継者であることを実力で内外に証しつつあった。しかし、関ヶ原合戦の翌慶長六年(一六〇一)、四四歳の高齢に達した高虎に実子高次が生まれ、あらためて家督の義が浮上した。

高虎は、以後高吉を別家として扱い、参勤交代や将軍目見《めみえ》などの機会を与えなかった。

高虎が伊賀伊勢に入国した時、高吉は伊予国越智《おち》郡の内に二万石を預かって今治城(愛媛県今治市通町)に残った。高虎の側では城代として残したという認識であったが、高吉の側では将軍から二万石を宛《あてが》われて大名として独立したと認識した。この認識の差が以後も長く残り、「享保事変」のような形で噴き出したり、「殿様」呼称で日常化したりした。「公儀御尋」に答えた提出書ではあるが、家来が撰した『藤堂高吉公一代記』にもたんなる家臣ではないとの意識が潜められている。

高虎世子《せいし》の高次は、高吉の動きを警戒し、高虎死去の際にも、葬儀列席のために今治から出てきた高吉を近江《おうみ》水口《みなぐち》(滋賀県甲賀郡)で止めて帰国させた。高次はすでに世子として江戸の屋敷にいたが、公儀との関係では家督が正式に決定していなかったため、高吉に圧力をかけたのである(前出藤田『地域構造』)。

しかし、政治的には、伊予の二万石分が、寛永一二年（一六三五）に伊勢の多気《たき》・飯野《いいの》郡の内の二万石余と交換されたことによって、高吉の高次に対する臣従化は決定的になった。高次は、四国を引払った高吉に伊賀名張郡簗瀬《やなせ》（名張市丸の内）の塞《とりで》を守らせ、二万石を給した。ちなみに、津藩の領地は高吉の移動でほぼ固まったが、承応二年（一六五三）に山城の一九〇〇石が大和の式上・山辺郡内に替地、明暦元年（一六五五）に山城の一四〇〇石が大和式上郡に替地という微動を経て最終的に確定する。新井《あらい》白石《はくせき》は、元禄一四年（一七〇一）に脱稿した『藩翰譜《はんかんふ》』で、「高吉は終《つい》に家臣の如くになり果て、其子孫今に藤堂の家にあり」と記録した。

こうして高吉は、名張藤堂家二万石の祖となり、領地の規模では大名の資格を満たしていたが藤堂家重臣になった。二代長正《ながまさ》の時、宗家《そうけ》の命で二万石のうち五〇〇〇石を三人の弟に分知して、宮内家は一万五〇〇〇石になった。長直（隼人《はやと》）三〇〇〇石、長之（織部《おりべ》）五〇〇〇石、長則《ながのり》（九兵衛）一五〇〇石で、三人は宗家の家臣となり、上野に居住した。上野居住は、宮内家が上野城代のもとにより強く繋がれるということであり、名張ではこの分知によって、さらに家格が下げられたという認識が残った。一五〇〇石を分知された長則は、家運挽回を策したが効果なく、沙汰止《さたや》みになった（『名張市史』上）。「享保事変」の長熙は、当主家に入った長則の孫であった。

こうして名張の宮内藤堂家は津藩の火種ではあったが、出雲藤堂家と支藩の久居藤堂家に支えられて、本藩の相続は大過を引起こすことがなかった。また名張には上下共に不遇と独立の感情が形成されたが、全藩的に見ると、名張家を敵視する感情は強くなかった。津藩が生んだ女訓書として家中子女の手習い手本にまでなった『藻汐草』は、名張藤堂家の分家の隼人家に嫁ぐ娘に母が与えた文であり、久居藩一六代藩主高邦《たかくに》（文久三年～明治四年）は、藤堂宮内家の出身であった。津藩は広く比較して見れば、藩主相続という、いわば「王家の再生産」の領域においては、仕損じることの最も少なかった大名家の一つであった。

第五　社会の変容と改革・一揆

都市と農村—民間社会の活力と変容—　城下町津は領国経済の中心地として活力を呈し、元禄《げんろく》一四年（一七〇一）には津の家数が一七〇一戸に増えた。津や上野《うえの》では、加判《かはん》奉行の下に町奉行がおかれ、その下に町人社会の最高位の町年寄《まちどしより》がいた。津では、有力町人の伊藤・加藤・岡の三家が代々町年寄を勤めた。各町には藩任免の名主《なぬし》が置かれ、その補助役として年預《ねんよ》（年行事）がおかれた。町年寄は合議制で町政を運営し、大目《おおめ》付《つけ》の指示を受けて町目《まちめ》付《つけ》を勤めた。津は宿場《しゅくば》町でもあったので、町目《まちめ》付《つけ》は宿目付でもあった。町年寄には給米が与えられ、はじめは自宅を役所にしたが、町政の私物化を防ぐために中町《なかまち》に町会所が設けられた。津城下町では町入用《いりよう》が毎月晦日《みそか》に集められ、これを「晦日銭」と呼んだ。割当て方は家持層《いえもちそう》の間《ま》口《ぐち》を基準にし、軒《のき》役（五間前後が一軒役、それ以上は一軒半役、三軒までは半役）で集金した。そして町家の売買には、何軒役であるかが必ず併記された。

米問屋《こめどいや》の株仲間《かぶなかま》は、一七世紀末にととのえられた。貞享《じょうきょう》三年（一六八六）には、米問屋に対して、他所者が米買いにくければ「金子《きんす》切《ぎり》」で売り、預かった金子で米商いをせぬことを命じ、翌年には「米屋共へ両度申付事」（『宗国史』）として「無実之商」や「身上不相応之商売・質物取《しちもっとり》」を禁じ、米問屋列名の誓詞《せいし》を徴した。しかし米商いは、活発になれば空商《からあきな》いを生んだ。元禄六年（一六九三）には「米売買之定」（同前）が決められ、問屋《といや》が誓詞を上げた。藩は、津の米相場を、江戸と大坂の平《なら》し直段で決済することを公認した。津の米価は中央市場に連動することになり、藩の年貢米経済は全国市場に直結した。しかし百姓が津で自由に米売買を行うことは禁じられ、仲買・問屋の手を経なければならなかった。それは領内商業を城下町商人が独占することであり、津の繁栄がこの特権によって保証された。米の売買では、江戸よりも大坂との関係が深かった。大坂での米相場は、生駒《いこま》山から伊賀の山々、津近郊の長谷山《はせやま》まで、峰々で旗を振って伝達したので、その日のうちに津に届いて夜の取引には活かされたという。

この頃、多くの業種の問屋機構が生まれたが、伸張する民間社会は内部が複雑になり、新種の紛争を生みだしつづけた。魚問屋は元は九人で仲買が四〇人であったが、元禄五年の争論で、藩は仲買《なかがい》を四分割し、脇問屋《わきどいや》を許さないかわりに一〇〇分の一の冥加金《みょうがきん》を納めさせた。塩問屋も元禄一一年（一六九八）に認可された。

一八世紀前半の享保《きょうほう》年間、津の浜町には網頭《あみがしら》が七人おり、一志《いちし》郡《ぐん》矢野《やの》村（香良洲町）に六人いた。これらに組織されて漁労生活者が広がっていた。漁場争いも初期から幕末まで各所で発生した。製塩は、津の浜辺の領内では一志郡の曽《そ》原《はら》・雲津《くもず》村（津市）などで行われ、名物の焼塩も産出された。しかし領内の需要を満たせなかったので、遠隔地の阿波《あわ》（徳島県）の塩が持ち込まれた。取引は江戸・

大坂・鳥羽の相場に津の相場を加えた、四か所の平均直段で行われた。

津港は白子《しろこ》港に繁栄を奪われたが、下総《しもうさ》（千葉県）の飛地《とびち》だけでは江戸賄《まかな》いを支えきれないので、江戸購入のほかに、津からも藩船や城下の廻船業者が樽物《たるもの》や米を輸送した。しかし、江戸《えど》詰家中《づめかちゅう》の荷物も白子から船積みすることが増えた。

煙草《たばこ》は、寛永《かんえい》九年（一六三二）に八幡町《やわた》（津市）に煙草座《たばこざ》を認めて煙草の製造販売権を与えたが、しだいに外部に広がった。そのため八幡町から訴訟し、元禄元年に八幡町問屋の専売権があらためて認められた。煙草の原料生産は農家の余稼ぎの一つで、禁止令も出たが増え続け、元禄一四年の調査では、伊賀で一五八町余、伊勢領内で一四九町余、大和領内で七〇町余、山城領内で二一町余、合計三九九町余も作付されていた。藩は、これを認めず、翌年、穀物の作付面積を増やすために煙草の作付半減を命じた。この半減令は、『永保記事略』の元禄一五年一二月一二日条で、

前々よりたは粉、本田畑へ作る間敷旨《まじきむね》、度々御触有之候得共、連々大分作り出し候付、来年よりは是迄之半分作り候様、従公儀《こうぎより》之御書付来り候事。

と記録されている公儀の指示を後押しにして命じている。その後も煙草は減作が強いられ、作付けの村数が減り、一志郡八知《やち》村などいくつかの村に限られていった。

木綿の織屋・染屋や販売業者も、元禄頃に生まれて仲間がつくられた。元禄一一年（一六九八）、津の木綿問屋四軒、仲買五五人が藩に公認された。木綿はもともと農間《のうま》稼《かせ》ぎから展開した商品作物で、奄《あん》

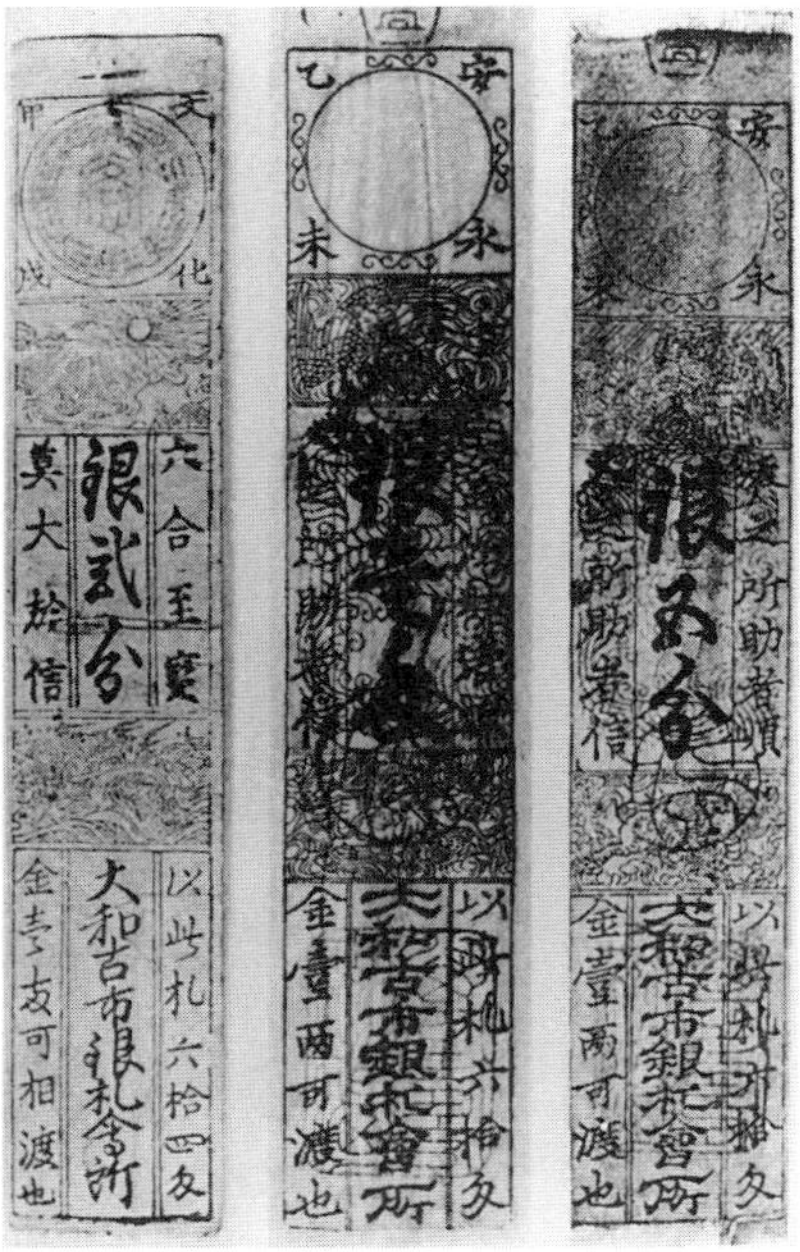
図12　津藩藩札

芸《げ》・安濃《あの》・一志郡の津・久居《ひさい》藩領の村々で栽培され、ことに津南方の津《つ》興《おき》から藤方《ふじかた》（津市）にかけては一面に草綿の栽培が行われた。綿栽培には干鰯《ほしか》の肥効が大きかったので、木綿とともに干鰯が村々へ浸透した。農家は木綿を余稼ぎとして木綿布に織り、一半は自家用にしたが、余剰は伊勢商人の手で集められ、伊勢木綿、松坂木綿、神戸《かんべ》木綿などの名で白子港などから積み出された。ただ伊賀領で栽培された草綿は、大和の商人が入って繰綿《くりわた》の形で買集めた。津近辺では、村々の余稼ぎとして綟子《もじ》織《おり》（搦織《からめおり》）を麻から織ったが、やがて津綟子《つもじ》の名の特産品になった。

油問屋も、津藩では元禄一一年に八人公認され、油商売の規則が定められた。油は、江戸・大坂の中央市場の相場で取引きされた。菜種《なたね》油は、灯火・食料用として、都市の生活水準の向上による需要に刺激を受けて産出が増えた。伊勢は、菜種油の特産地の一つとなり、江戸で「伊勢水」の名で上質品として売られた。

こうした商業・商人の活発化は、その融資力もふくめ藩経済を支えるものだったが、綿も油も塩も現物取引の範囲をこえて、投機的な空相場を生んだ。そのため藩は、元禄一二年に空相場停止令を出して抑えたが、逆にそれが商業の伸張を阻んだ。貨幣流通については、天和二年（一六八二）の「条々」（『宗国史』）で「似金《にせ》銀売買一切停止《ちょうじ》」、新銭の許可なき鋳造は罪科と触れて取り締まったが、領国経済を活発にするためには貨幣不足に手を打つ必要があった。津藩は、隣藩の銀札を研究したが、享保一五年（一七三〇）に公儀の許可が触れられてからも実行できず、ようやく安永四年（一七七五）に銀札会所《ぎんさつかいしょ》を設けた。

津は手工業でもいくつか特産的な分野が育ったが、そのうち鋳造は他国に聞こえた。早く津城下に辻越後守重種という鋳物師《いもじ》がおり、家康が豊臣家攻撃の口実にした「国家安康」の銘文のある京都方広寺の梵鐘を制作した。また岩田橋《いわたばし》（津市）の擬宝珠《ぎぼし》や江戸の上野東照宮《うえのとうしょうぐう》の灯籠《とうろう》や一身田専修寺《いしんでんせんじゅじ》の灯籠・釣鐘《つりがね》などを造った。津城下には鋳物師屋敷と呼ばれた釜屋（金屋）町という職人町ができ、その後も鍋釜・茶湯釜を拵《こしら》えて「伊勢釜」と総称された。

津藩領商人と江戸藩邸　伊勢の生産力の大きさを背景に、同時に町の市場の狭小さのゆえに、江戸京都大坂や小田原などに出店して成功した商人が多く出て、伊勢屋の暖簾《のれん》とともに広く知られた。その出身地は鳥羽・和歌山藩領の者が多かったが、津藩領の者としては田中治郎左衛門（田端屋《たばたや》）が出た。田端屋は寛永四年（一六二七）に早くも江戸の大伝馬町《おおてんまちょう》（中央区日本橋）に店を構え、木綿商を営み、木綿の紡《つむ》ぎ車を図案化した商標を用いた。新しい店も出し、一八世紀後半には両国《りょうごく》付近で米穀商を開いたが、後に木綿取引を専業とした。川喜多《かわきた》久太夫（伊勢屋）は藤堂家の客分であったが、寛永一三年（一六三六）に大伝馬町で木綿の仲買商伊勢屋を開き、両替商も営んだ。そして貞享三年（一六八六）から、木綿問屋を営み、「店定目《たなじょうもく》」を決めて伊勢店を持続させた。

江戸で活動する津藩領商人は、このような大店《おおだな》の者だけではなかった。村方から出て江戸に入り、商業活動をする者がおり、彼らが起こす揉め事が江戸藩邸の迷惑になった。貞享四年の「郷中町人改」（『宗国史』）では、津藩領商人との取引のことで藩邸へ江戸町人が来て「御留守居衆《おるすいしゅう》」へ訴えたり、「御公儀御役所」へ訴訟したりする者さえいるという。そこで藩は、他国に居る商人で村帳面に記載のある者は、今明年中に帰り村役人へ「つら（面）みせ」をすることを命じ、以後、他国出の商職人は五年目に帰郷して郡奉行所へ出頭させることとした。そして、奉公でも商売でもない他国行きは全面的に禁止した。翌貞享五年には、「於江戸人請《ひとうけ》停止町郷中江申付覚」（同前）を出し、江戸にいる津藩領民が自他領共に請人《うけにん》になることを禁じた。伊勢から江戸の商家になるものが多く、その奉公人として江戸生活者になる者も多くなり、さらに身元引請人に立つことが多くなったからだと思われる。

このように江戸の藩邸は、幕藩関係の交渉機関だけでなく、他領の民が藩領の民との争いを持ち込む機関でもあった。貞享五年の人改め再令では、久居支藩領もふくめ、江戸で他所稼ぎをする領民は五〇〇〇〜六〇〇〇人もおり、その中の誰かが悪事をすると、関係者が江戸津藩邸の留守居役へ訴えてきて「上《かみ》（藩主）之ご苦身（心）」になると警告している。そのため、絶対的な帰郷令ではないが、他出者を領民として掌握する法制が布かれた。

他領の町へ稼ぎに出る者が増えれば、津の町へも稼ぎに来る者が増えるのは当然で、その中には稼ぎ口を得られず不満を募らせる者も増える。貞享三年には、宿泊規制とともに、「火之札《ひのふだ》・捨目安《すてめやす》・落文・張札《はりふだ》」を禁止する触《ふれ》を町郷の両方へ出した。続けて同年に出した「火之札落文張札之事」では、火札を貼る者がおり今夏も厳重に申付けたが止まない、火札ばかりでなく捨目安、落文、張札をするのは「大悪人」だから訴人をするようにと命じている。

平常な状態では津に住むほうが村よりも活力のある日々をおくれたが、凶作が続けば町も村もなかった。むしろ食料の供給次第で動揺が大きくなるのは都市であった。一七一〇年代の正徳年間は連年の凶作となり、正徳四年（一七一四）に町年寄が行った困窮者調査では、津町方四三町の総戸数二四七三戸のうち一九〇四戸に困窮人が出て、免れたのは三〇〇戸（一六％）だけであった。伊賀上野では享保六年（一七二一）に三筋町《みすじまち》が難渋した。このような場合、藩は藩有米の貸与、富商からの借金と貸付け、津留《つどめ》で応じた。

矛盾を内包しつつも膨張する民間社会、法制化官僚制化が進む藩機構と藩政、上下共の生活水準の向上が見られるのに、藩も家中も領民も、生活様式の変化そのものが新たな重荷となって個々の経済状態は安定にほど遠かった。もっとも惨めな様相を呈したのは藩財政であった。江戸藩邸賄《まかな》いなどの支出の増加は言うまでもなかったが、そのうえに臨時の出費で打撃を受けた。藩邸復興のために、貞享元年（一六八四）には家中からの借米だけでは足らず、民間資金の融資を求めた。元禄期には、伊勢屋新兵衛・新右衛門、菱屋《ひしや》忠左衛門から借金した。元禄一六年（一七〇三）の江戸大火で、藩邸がまた焼失した。大名家の威信の象徴である藩邸を、燃え落ちたままにはできなかった。藩は、津の富商の柴原家や鈴木家からも借金した。正徳三年にも享保五年にも江戸屋敷が類焼し、失費を重ねた。

公儀要路者への接近を怠らなくても、大名助役《すけやく》は津藩を素通りしなかった。心構えは普段にしていても、課された時は災害と同様の臨時出費にほかならなかった。宝永四年（一七〇七）、畿内・東海ほかの地震で伊勢も大きな被害を被ったが、この年、富士山の爆発と、それに続く砂降りのために広範囲にわたる大被害が出た。宝永六年、津藩は駿河《するが》（静岡県）・相模《さがみ》（神奈川県）の川筋普請《かわすじふしん》の手伝いを命じられた。普請は短期で終えたが、経費は五一九五両を使った。この時も町方郷方の民間から借上げ、一〇年間で元金を返済、利息は半分だけ支払うと一方的に申渡した。寛保三年（一七四三）には、武蔵《むさし》（東京都・埼玉県）・下総《しもうさ》（千葉県）・下野《しもつけ》（栃木県）三か国で疎水《そすい》手伝普請を命じられ、経費捻出のため家中に一〇年間三分の一の禄米《ろくまい》供出を命じ、かわりに家中の役を軽減した。宝暦《ほうれき》一三年（一七六三）、津藩は日光廟《びょう》本殿の造営を御手伝普請として命じられ、金銀漆や工事の費用で二四万両を使った。明和《めいわ》七年（一七七〇）には仙洞御所《せんとうごしょ》の普請手伝いを命じられ、津の豪商田中治郎左衛門から一万両の上金《あげきん》を得て公儀への責任を果たした。こうした出費のため、五代高敏《たかとし》・六代高治《たかはる》・七代高朗《たかあき》の時代には緊縮財政が最優先にされた。

家中の在郷許可　藩は家中の家計不如意《ふにょい》も看過できなかった。領民にはまだ貧富の相違があり、活力のある町や町浦もあった。しかし、「侍中不勝手」（『宗国史』）は身分を問わず蔓延《まんえん》した。それは藩財政の不如意と連動するもので、風紀規制では防げなかった。津藩の貞享二年の蔵米収納は約一〇万石だったが、借銀はその七万石に相当し、利子を加えればさらに多大になった。そのため藩士からの禄米借上げが進み、六分の一を差出す分掛りになった。また収納年貢の四〇分の一を一〇年間天引きして藩の用金として蓄えたが、二万両に達しなかった。

一方、行詰まった藩士を救済するため、その家族を城下町から切り離して在郷に移し、出費を抑える「在宅《ざいたく》の式法《しきほう》」（同前）が始まった。兵農分離制の逆の解決法であったが、土着の点では似ていても、藩農の営みとは無縁の囲い込まれた緊縮生活であった。貞享三年、伊賀伊勢と江戸詰の家中に対し、藩も苦しいので「過分之御救《おすくい》」はむつかしく拝借《はいしゃく》は不可能と触れ、宥免《ゆうめん》や下行《げぎょう》は行うが「相続成かね」る者は村方居住を許すと触れた。これは、知行を差出し召仕も減らし、本人も家族も居村から他出できないという厳しい節約法であった。在宅の家中に対しては、詳細な生活規則が提示され、次の年には「侍之本位」を立てられるようになることを求めつつ、奉公の簡略化と拝借の返済緩和を指示した。藩士の中には古河《ふるかわ》、神戸《かんべ》辺りに移住する者があった。

俸禄を差出せば、家臣は高利貸に頼って一時しのぎを重ねる。元禄二年（一六八九）には、全家中に対し、禄高別に役負担を軽減し、拝借金の指示を行い（知行高《ちぎょうだか》一〇〇〇石に一〇〇両の借金を許可、一〇年賦返済）、物成《ものなり》の他領質入れを禁止した。その翌年には、知行地の年貢を質にした借金を禁じ、知行取《ちぎょう》り・切米《きりまい》取りともに高一〇〇石に一〇両の割での借金を許した。宝永三年（一七〇六）には、藩財政の窮境を理由として俸禄削減令を出すとともに、夜中通交の際の高桃灯《たかじょうちん》は無用、寄合《よりあい》に蠟燭《ろうそく》は自粛と徹底した倹約令を触れた。こうした極度の倹約令はそれ以降も続く。士風是正として享楽が敵視され、妾、茶湯、夜会、浄瑠璃などが取締りの対象になった。

家臣数の増加も、藩と家臣の経済を圧迫する理由になった。享保二年（一七一七）の高禄者は六七四人で初期よりも少し減ったが、小禄者《しょうろくしゃ》が増えたため、全体で三五八五人になり、一七世紀半ばと比較すると七二四人も増加した。分家願いを抑えきれないからであった。津藩は、寛文一〇年（一六七〇）に地方知行制度を廃止していたが、正徳二年（一七一二）に地方知行を復活し、蔵米渡しを希望者だけにした。そのため蔵入地《くらいりち》は一三万八〇〇〇石、地方知行高は一〇万六〇〇〇石にもなった。ただし復活した知行取りが蔵米取りになる前の支配権を取戻したのではない。正徳年間の郷村ははるかに複雑な様相を呈しており、それを知行する能力は個々の家臣にはなかった。また藩の家臣統制の法制化は格段に強まっている。この地方知行化は、「在宅の式法」と同じで、家中の自助努力の強制にほかならなかったのである。

郷方は、商業的農業や金肥の浸透で生産や生活の様式の漸変、消費の増加は明らかであったが、藩政から見た村は、絶えず他出者を生みだし、御救を必要とする社会であった。人改めは、藩の権力的発想だけからでたものではなく、じつは村方からの出願によるものでもあり、藩は人改めの際にそのことを付記することもあった。

請免制と質地規制　津藩では長く定免制《じょうめんせい》であったが、一七世紀末貞享年間から請免制《うけめんせい》と呼ばれるようになり、五年、一〇年ごとに年貢率を藩と村で約束する方式になった。藩収増加の立場と出精意欲との折合い点を見いだそうとする策であったろう。貞享元年（一六八四）に触れた「田畑売買證文之事郷代官御書付渡覚」（『宗国史』）は「田畑売せ申候得ハ百姓成立、遅く候」という認識を基本にして、しかしよんどころなく田畑を売る者の承認手順を指示したものである。證文《しょうもん》の書式で土地所持を制約しないと百姓成立にさしつかえる時期がおとずれたと言えよう。

元禄五年（一六九二）には年季奉公人や他出農民の帰郷を命じて人口の確保に努め、他所稼ぎは村役人の保証を条件に認めた。同年、「小入用高懸《こにゅうようたかがかり》り之事」（『宗国史』）を触れて、村々に高懸りと家並懸《やなみがかり》りの二種があるので今後は家並懸りをやめ、すべて高懸りにすると命じたが、二条目で家並懸りでは「小高《こだか》之者迷わく」とはっきり指摘しているところからみれば、耕作者確保という藩の目的とも合わせた、小百姓らの要求に応じる政策転換である。もっとも、高懸り化が実際にはいっせいに強行されたとは言いがたく、よんどころない事情の村は理由によって指示すると、庄屋らの抵抗の跡を残している。

これより、享保一七年（一七三二）の飢饉を画期にいっきょに藩政が改革志向を強めるまでは、小作化と土地兼併《けんぺい》を併行させる田畠売買が漸進し（『伊勢片田村史』ほか）、藩もまた規制の繰り返しで応じたが、ここでも公儀の威光を活かそうとする藩政が見られる。「田畠質入之事」（『宗国史』）という享保七年の質入規制令は、前年の公儀の流地《ながれち》禁止令に応じたもので、「私ニ」質入して作徳の利分を金主に渡し、年数を切って元金が返せなければ流すのは公儀の「御制禁之永代売《えいたいうり》」同然とし、これを防ぐために質入れには庄屋年寄の加判証文をつくって耕作は地主が行い、流す場合は質地証文を年季売買証文に切り替えて奉行所が押印《おういん》することを命じた。そして「公儀之御書付」に従って、利分は一割五分以上取らないこと、五年以前に流れた分の請返しの訴は取上げないことを指示し、「地方請返《じかたうけかえ》し」のために藩が「助免《すけめん》」（引き―藤谷彰「津藩の伊勢国における年貢政策について」）を与えておいおい請返させることを指示した。百姓土地所持が津藩でも眼前の課題になり、経営保護の観点で地主も金主も無視されない方途を探ったのである。移動後の田畑は理由が分明でない売買が禁じられた。永代質入元金返しの約束で動いた田畑は二〇年間まで請戻せる規定をつくり、それでも請戻せない時はじめて手を放れることとした。手続きが正規でない田畑売買は、わかればただちに請戻すことを藩が命じた。久居藩では、享保二年（一七一七）に土地所持の混乱を正すため検地を行っている。

享保一一年には、郡奉行所から「郷中江借金之申渡」（『宗国史』）を出し、村の借金の増加を戒めた。村が大借《たいしゃく》で御救の貸与も返済が滞っている。無道《むどう》な借金をしないよう加判連判に気をつけ「不覚悟之族《やから》」には意見を加えること、「毎度教訓」しても聞き入れない者は「急度可申付《きっと》」というもので、法令的な処罰文言をともなうが、村の教諭力で解決をめざす申渡しは、教令の流れに入るものである。

享保一三年に六代高治が遺領を継いだが、藩政の課題は変わらず、農村問題の比重は大きくなってくるばかりであった。高治は貨幣の村社会への浸透を正面から防ごうとし、塩・綿かせ・油・荒布《あらめ》の村小売りだけを許可したが、酒、煙草は生活水準の上昇の象徴であり消費の増加を防げなかった。藩にできるのは田畠の売買・質入れへの規制令を出すことであった。百姓の階層変動が進み、村々浦々に土地売買・質入れ・借金の証文が増えてきた。享保一四年には、百姓が大庄屋に訴えるはずのところを庄屋・年寄が抑えてはかえって「村騒動費《ついえ》多く物入《ものいり》」になり困窮の種になるから、即刻取次ぐようにと指示し、同時に「筋《すじ》なき工事《たくみごと》」を申立てれば届けるよう命じている。困窮が経営だけでなく村運営によって助長されるという認識に藩は達したのである。享保一六年（一七三一）、藩は清水村庄屋理右衛門が「公儀を大切ニ」して、公事《くじ》訴訟も起こさない村政を行ったことを賞して刀衣服を免許した。

当時賤視された社会集団や藩境を自由に越える社会集団にも、こうした農業事情が連動しあって新たな問題を発生させた。享保一六年一月二六日付「覚」（『三重県部落史料集』）によれば、「御国」（伊賀）から牛馬を近江《おうみ》（滋賀県）へ連れ出すことは年来禁制になっているにもかかわらず、近年みだりになって仲買する「馬苦労共」がおり、そのため耕作牛馬が高くなって「弱百姓」が難儀に及んだ。おそらく一時的な収入を必要として牛馬を売り払う百姓が増えてきたためであろう。牛馬の値上りや連れだしは、百姓だけでなく、斃牛馬《へいぎゅうば》を処理する「穢多《えた》」集団の不利益にもなるので、そこからも取締りの訴願が行われた。そこで藩は、牛馬仲買の博労《ばくろう》を見つけたら引留めて庄屋に届けることを「穢多」の者に命じた。同時に藩は、耕作不精で外の稼ぎも見つけられないため博労になって牛馬の取引をし、他国へ連れだして長逗留して稼ごうとする者が現れていると警告した。これによれば、馬一頭に三人五人も出会う形態で口銭《こうせん》を取って稼ぐ者らが現れていることがわかる。

享保の飢饉と切印金制度の開始　こうした支配も津藩世界が獲得している預治と百姓成立《なりたち》の政治文化に沿って行われていたが、享保一七年（一七三二）から一九年まで、三年間にわたる凶作が続いて飢饉を招いたことを境に、藩政はもっと切迫した性格の、法式として新規な政策を押し出すようになった。「切印金《きりいんきん》」制度が開始されたのは享保一七年である。切印の語義は割印《わりいん》の意味で、低利三年賦で貸出す津藩領内だけに行われる融資制度であった。それは藩からの拝借金の形式を取ってはいるが、じつは藩が領民救済という社会政策を、広く民間社会から資金調達して実行する仕組みであった。大庄屋一〇人の連判、郷代官五人が裏判《うらはん》して民間から借入れ、郡奉行二名、加判奉行二名が証書と帳簿とにそれぞれ割印して貸出したところから切印の呼称が生まれた。出資者には預金利子をつけ、貸付けるときは無利息か低利とし、年賦で償還させたのである。

享保一七年一〇月二八日に「拝借金」（『宗国史』）の新制度を触れ、「立毛不熟《たちげ》」だから、藩の「御勝手御差支《おさしつかえ》」の現状ではあるが、高一〇〇石につき金三両の割りで切印金を拝借させると告げた。

「拝借金小割之覚《こわり》」を見ると、無利息元金だけを「来丑《うし》（享保一八）より卯《う》（享保二〇）暮迄三年賦」で返済のこと、他領からの出作者には貸さないが久居領の者には適用のこと、人別帳に記されている百姓が対象で「宛地小作之者《あてち》」には割当てないことなどを触れ、早速貸付けを実行している。またその資金確保のために、郷中へは無利息三年賦で貸付けるが、資金として借受ける際は期間一年利息一割で返済することを約束した。同時に、拝借金の便宜だけを触れたのではなく、百姓にせよ村にせよ借りないにこしたことはないので、そのことを「奇特之事」と勧め、実際に村借《むらがり》を辞退した伊勢の養《よう》田《だ》・丹川《にかわ》（多気郡明和町）、舞出《まいで》・津屋城《つやじょう》（一志郡嬉野町）、小津《おづ》（一志郡三雲村）村にそれぞれ褒美金として鳥目《ちょうもく》五貫文を与えている。

享保一八年（一七三三）一月には大庄屋へ宛て、飢饉対策として「郷中飢人《うえにん》取扱幷小割之書附」（『宗国史』）が出された。「小割書付」のほうでは、乞食にも出られない老人子供は五人組単位に喰わせること、乞食に出ても飢饉で飢えるだろうから乞食の稼ぎに加えて少々ずつ食い物を村から与えることなどが指示された。飢饉年には五人組が普段以上に重視され、五人組で飢人を吟味することや、五人組で飢人に「かり（借）遣し可申候」と命じている。同月および二月には、「凶年ニ付郷中町方江申渡覚」（『宗国史』）を触れ、「一村限り兄弟之思ひ」で飢労なきようにと触れ、高利や高直《こうじき》への対処について戒めた。

享保一八年七月には、夏の麦《むぎ》（麦）不熟の理由で三〇〇〇両（二〇〇〇両は正金《しょうきん》、一〇〇〇両は切印金）

が郷中に与えられた。しかし「去秋虫附《むしつき》不作、米俄《にわか》ニ高直《こうじき》」（『宗国史』）という状況の影響は大きく、町・郷・湊とも飢人がでた。窮民への施行《せぎょう》を行った町人百姓には奇特の褒美が与えられた。津では立《たち》会町《あいまち》（津市南中央）の天淵尼ほか四人の尼僧に白銀二枚ずつ、町人七九人に白銀二〇枚、郷方では三三か村へ金二〇両一分であった。享保一九年も米不作のため、三〇〇〇両が切印金で郷中拝借となった。この両年だけでも、年賦貸しなども加えると七〇〇〇両以上を村方へ貸出し、村高《むらだか》の四分五厘を助免《すけめん》にした。翌享保二〇年には三分の用捨免《ようしゃめん》を触れた。

元文二年（一七三七）には飢饉の時の「御救米」が用意され、伊勢で囲籾《かこいもみ》の蓄えが五〇〇〇俵ほどになった。こうした社会環境の中では流行りの病気が出がちであった。元文五年六月には、「時行《じこう》（候）病」（『宗国史』）に罹《かか》る者が多いというので「町郷中共一統之祈禱」を命じ、藩評定所では寒松院で「大般若執行《だいはんにゃしぎょう》」を行った。

寛保二年（一七四二）一月には、貸付けられている切印金三〇〇〇両を助免とし、利息だけを償わせることとした。切印金の棒引きは、すでに寛保年間に実行されているのである。翌二月には、干鰯《ほしか》が高直となって耕作の手配が難儀になっているとして切印金を高割りで村々へ配当した。配当に当たっては、人別の印形《いんぎょう》を取っている。

延享四年（一七四七）七月に出された「田地売買之事」では、公儀の永代売禁原則に立ちながらも、売買は否定せず、売買の田地の石高《こくだか》を偽ることを禁止した。延享五年には庄屋が年貢や村入用の本帳を百姓にも書写させることを命じ、百姓には「算用心ニ落不申候時ハ郷代官へ断可申候」（『宗国史』）と、直訴をむしろ奨めている。宝暦元年（一七五一）には、大庄屋・庄屋に対し、百姓の願いを滞らせず上申して、今度は越訴《おつそ》をなくせよと命じている。翌年には、百姓が年貢・小入用の調査の時に大庄屋・庄屋に対して圧力をかければ手錠の処罰にすると触れた。身分意識の面でも上下秩序への不服従が表面化してきたため、宝暦一一年には百姓が脇差を指すことを禁じている。

『宗国史』の編者藤堂高文《たかふみ》が告発した状況が近づいた（序章）。それらの中には、藩政当事者が藩と百姓の折り合い点を見つけようとしたと考えられる請免制を高文が強く非難しているように、「里居」の視線で見れば百姓の迷惑のみが実感される政策や措置が少なくなく、百姓成立の歴史的合意は動揺を始めた。「太平ノ化」（『宗国史』）のもとであるのに田地を元に暮らす者にかえって困難が増したという不満の広がりは、藩世界の危険の兆候であった。津藩世界では、百姓の家数人数の減少と「耕ヲ罷《やめ》テ商売ニカヽル者」（同前）が増え、無主の田地を預かると庄屋さえ身上が潰れるという事態が見られ始めたのである。

長谷場村の永谷家　こうしたなかでも行き詰まることのなかった上層百姓の推移を、安濃《あの》郡長谷場《はせば》村（津市）の永谷《ながたに》家でみておきたい（深谷克己『寛政期の藤堂藩』）。変化を知るために、幕末まで取りあげる。

永谷家は、自家の家譜に「寛文以前、名ヲ後世ニ伝エズ」（『家系脩徳録《しゆうとくろく》全』）と記している。誇大に飾る傾向のある家譜にこのように書いているほどだから、永谷家は、中世以来の土豪の系譜を引く農家でもなく、主家を失った武家の土着帰農でもない。永谷家は、寛文三年（一六六三）の内検《ないけん》の時に、田畑一町四反二畝七歩、屋敷地二畝五歩、山林一反四畝二四歩の本百姓としてはじめて姿を現してくる。それ以前は、平百姓《ひらびゃくしょう》の中の一軒であったと思われる。姿を現した時にはすでにこの村の上層である。ただ田畑の面積は、『宗国史《そうこくし》』の経営試算では「中百姓」とされる規模である（序章）。

永谷家は三代目権十郎が、延宝《えんぽう》・天和《てんな》（一六七三〜八四）の間に組頭《くみがしら》になった。四代目助左衛門も同様であった。そして五代目助左衛門が寛延《かんえん》四年（一七五一）に、「選挙」（前出家系録）によって組頭から年寄に進んだ。この時の持高《もちだか》は五四石になっていた。『宗国史』が「中百姓」とした経営は二二石五斗余だから、その水準をはるかに抜いている。安永二年（一七七三）には先任の庄屋が死去した跡を受けて庄屋に任じられ、以後世襲の庄屋家になった。さらに七代目助左衛門の時、文政元年（一八一八）に「郷中吟《ごうちゅうぎん》味役《みやく》」を兼ねることになり、四年後には「役中帯刀《たいとう》」を許可された。この役職は十代藩主高兌《たかさわ》時代のものであるが、永谷家が任命されたのは「三代ノ勲功」によってとあるから、安永年間以来、半世紀にわたる庄屋勤務を評価されたことになる。

永谷家は、のち長谷場村のほかに長谷《はせ》村・田中《たなか》村の兼帯《けんたい》庄屋となり、天保六年（一八三五）無足人に取り立てられ、「永世帯刀」を許される。安政《あんせい》年間（一八五四〜六〇）に前田《まえだ》村の兼帯庄屋も兼ね、藩有林の管理も命じられ、古河組《ふるかわぐみ》十五か村惣代《そうだい》を兼ねるようになる。幕末元治《がんじ》元年（一八六四）には津藩の農兵隊である「撤兵隊《さんぺいたい》」に編入され、幕長戦争には出陣した（第六章）。

こうして永谷家は、一七世紀前中期に平百姓として経済的優位に立ち、それをてこに一七世紀後半に村役人層の一人に進出し組頭（無給）になった。そして一八世紀中葉に村役人として一格上の年寄（有給）に昇進したが、これが本百姓《ほんびゃくしょう》の支持によるものであったことは、同家がこの時期には村内で信任を得られる上層農家であったことを示す。一九世紀前半に藩は、永谷家を藩政の機構に取り込み、他村庄屋を兼ねさせ、広域中間支配機構の惣代に引上げると同時に、身分の上でも帯刀、無足人というようにその士分化願望に応えていく。

永谷家の土地集積は、「買得」と「質地」によって行われ、三代権十郎・四代助左衛門の時、つまり一七世紀末から一八世紀前半にかけてが盛んであった。隣村の田中村へも進出する。百姓らが永谷家に質地を入れて借金する契機は、年貢未進や拠《よ》んどころない入用であり、経営困難が土地移動の要因であることがわかる。しかし、永谷家は拡大してくる耕地を養子や分家へ移譲し、本家は幕末まで三町歩台にとどまる。山林は分家に譲ることもあるが、本家のものとして増やしていく。分家は、永谷家持続のために嫡子が生まれるまで養子縁組をし、嫡子が育つと耕地を株分けのかたちで分与されたのである。分家の中には、自らも「買得」を行って一町歩以上の上層農家になる家族もあった。永谷家はこうした同族団形成によって自家の安定をはかったのである。

七代助左衛門が経営した天保期、永谷家は田畑二町三反八畝六歩余の作りであったが、そのうちの四反歩を手作りにし、二町歩余を小作に出していた。助左衛門が死んだ時、「我作人一同」(前出家系録)が「加地子《かじし》」(小作料)の減額を要求してそろって小作地を返還したため、当主の妻の豊子が奉公人を指図して自ら経営に当たった。永谷家もまた、小作層との対立を深めることから逃れることはできなかった。明治初期には、永谷家は手作りは行わず、小作米の収納に頼るようになる。

一九世紀前半の永谷家には、春雇い・秋雇いの日雇いや数人の住込み奉公人を使っていたから、その少し前の一八世紀末期の寛政期においても事情はほぼ同じであったろう。永谷家は、稲作の外には、裏作に大麦・小麦を作り、菜種・茶などの商品作物も作り、寛政期には妻と娘が木綿の機織《はたおり》稼ぎで家を富ませたという。永谷家は村役人家として年寄給・庄屋給などのほか、さまざまな地位の特権にもとづく役得があっただけでなく、金融による収入があった。永谷家は杉田家など多くの富家から貸付資金を借入れ、村内の農家に少額ずつ貸付け、利鞘《りざや》を得ていた。ただこの金融は敵対的な吸着というよりは身元宜《よろ》しき者からの融通という性格をこえるほどではなかったと考えられる。寛政期には、資金は三〇〇両余、米にして三〇〇石ほどである。村内の忠八の屋敷を明和六年(一七六九)に買取って自宅地に加え、安永三年(一七七四)には長谷場村ではじめての土蔵を建てた。しかし永谷家は、村年寄であった宝暦七年(一七五七)に、用水施設が不足であることを考え庄屋とはかって藩の許可を受けて用水池を築き、庄屋になってからは寛政四年(一七九二)に溜池《ためいけ》を増設するなど勧農《かんのう》に精を出した。天保期には小作人が小作地返還に及ぶという厳しい対立に進むが、一八世紀末では村の生産条件の整備に努め、個々の百姓成立《なりたち》に必要な金融を行う富裕な村役人家として位置づけられていたと理解してよい。というのは激しい打ちこわしをともなった寛政八年の百姓一揆の際には、飯を炊出すことによって自家への打ちこわしを免れているからである。

寛政の改革と高嶷　明和七年（一七〇）に津藩主は九代高嶷《たかさと》になった。久居七代藩主高敦《たかあつ》はじつは津八代藩主高悠《たかなが》の兄になる。それが弟の嗣子になって遺領を継ぎ、三七年もの長期間、藩主の座にあった。もし寛政の改革に反発した百姓一揆が起こらなければ、あるいは高嶷は「中興」の功によって同じ時期に出て改革を断行した米沢《よねざわ》藩主上杉鷹山《うえすぎようざん》のように後に「名君《めいくん》」と呼ばれたであろう。しかし寛政の改革は必須であり、そして挫折した。

高嶷が藩主になった年、支藩の一志郡日置《ひおき》村は大洪水の被害を受けた。しかし日置村は村借《むらがり》が一五七両余（明和四年）あって、損害を受けた耕地の復旧の資金が工面できなかった。土地兼併が進んで所持関係がはっきりしなくなったという事情が加わって、日置村ではあらためて名寄帳《なよせちょう》を作り直し、惣百姓が確かめあって連判した。個々の百姓経営だけでなく村借という共同負債が全村民の重荷になっているのは津藩領でも同じであったろう。翌明和八年には御蔭参《おかげまい》りの伊勢群参が起こり、津城下は通過者や宿泊者、施行小屋《せぎょうごや》などで雑踏した。この群参には、抜参《ぬけまい》りという下層民衆の社会的な意思表示がともなっていた。

天明飢饉《てんめいききん》の余波に見舞われる以前にも、こうした状況の打開をめざして種々の手が打たれた。安永六年(一七七七)には、三重郡高角村《たかつの》(四日市市)の出身で計数に才能のある川村嘉平次を郡方手代《こおりかたてだい》として任用した。不作凶作などで切印金の回収が困難になり、資金不足になって利率が上がったため、安永三年には年賦償還を五年賦に延長し、翌年津藩は公儀の許可を得て、これまで逡巡してきた藩札の発行に踏み切った。大和《やまと》の古市《ふるいち》(奈良県奈良市)に銀札会所《ぎんさつかいしょ》を設けて銀札(正銀札を二種類)を発行し、津にも引換出張所を置いて岩田の松本覚右衛門を任命した。しかしその流通量は、領国経済を活性化させるほどの規模ではなかった(『津市史』二)。

高嶷は襲封の時から危機の認識を持ってはいたが、改革と言える姿勢で藩政に取り組んだのは、十年以上を経てからである。津藩領は寛永・享保の飢饉にも影響されて御救《おすくい》政治を深めたが、天明の飢饉の余波もまた藩政に画期をもたらした。高嶷は、自作の漢詩に、米価が「沸騰」して「饑民の封内に盈《みつ》る」ことを知ったが、一民でも「飢且死《うえかつし》」ねば「父祖が仁恵」の名を失墜させるゆえ「仁政」に励精しなければならぬと詠んだ(『津市史』二)。そして、「農官を諭す書」(『津市史』二)を発して、自分は深窓に成長したため「稼穡《かしょく》の艱難《かんなん》」を知らないできたが、長じてその「愚」を歎き日夜の独学と侍臣への問いで「下情」に通じようとしたと率直に打ち明け、「凶歳民難殆んと飢餓」のために関東北国は大荒となり「人相食《ひとあいは》むに至る」様のなか、当今の務めは「有司(役人)相励みて、下情上達、民をして飢渇に逸れしむるに在るのみ」と勉励を求めた。

津藩領は餓死者累々の様ではなかったが、凶作の影響は確実に郷町に及んだ。藩は、緊急の救済として津城下に粥の施行所を設けるとともに、天明二年（一七八二）に続いて天明五・八年にも五〇〇〇両ずつ救済金を出した。また郷村には特別に三〇〇〇両を貸与し、利子収益を凶作手当と窮民救済の費用にまわすこととした。請免村に対しては不作下行を行った。

高嶷の諭告書には、近年は凶歳で自分は「毎朝麦粥を食」し、藩吏に命じて貧民を救い富農にも救済の補助をさせ、義倉《ぎそう》を拡充したとあり、「今春以来霖雨《りんう》濠々《ごうごう》」と言っているから、天明六、七年の飢饉状況の際に出されたものと思われる。この諭告書は、津藩における寛政の改革の宣言となった。

能吏の抜擢―茨木理兵衛と外山与三右衛門―　高嶷は、改革のために上下の能吏を用いようとした。寛政元年（一七八九）に岡本五郎左衛門を加判奉行に任命し、翌寛政二年には茨木理兵衛を郡奉行に抜擢した。岡本は村役人の子から出た儒学者津坂東陽《つさかとうよう》と親交があり、見識でも見聞でも民政担当者の素地があった。茨木理兵衛は、天明三年に家禄を継ぎ大小姓加役《かやく》になった。高嶷の江戸参勤に同行して藩主子弟の相手をしたが、寛政元年、勘定頭役《かんじょうがしらやく》に引き上げられた。翌年、郡奉行に進んだ。この時二四歳だから、理兵衛に関して言えば下級藩士の登用というより有能な若手の登用という英断である。

理兵衛は、民政に熱意のある人物で、安濃郡雲林院《うじい》村（安芸郡芸濃町）から出た井堰改築の訴えに応えて、実地踏査のうえ従来は禁じられていた工法を許可し大堰にした。この板堰工法をめぐって旱害の年に他村との争いが起こったのを理兵衛がまとめたので、運林院村民は後に井ノ宮神社を建て、延宝三年（一六七五）に郡奉行として井堰を築造した柳田猪之助と共に理兵衛を祀った。茨木の部下に、実務に長けた外山与三右衛門《とやまよさんえもん》が抜擢された。外山は奉行手代という下吏だったが、「菓木功者《かぼくこうしゃ》に付、抜擢せられ」（『阿漕雲雀《あこぎひばり》』）たのである。

高嶷は、郡奉行らに効果のある方法についての意見書を提出させた。藩内では、郡奉行の茨木理兵衛の発言が影響力をもっていた。理兵衛は、藩の借財の償却に関する目論見《もくろみ》を上申し、郡方手代の川村嘉平次とはかって、臨時支出を今後いっさい認めないことにした。

改革の計画はほとんど外山与三右衛門の意見書にもとづくものであり、この点では下士の力を用いた改革だったと言える。外山《とやま》は「御領下の模様四、五十年以来種々相替り候事共左に記す」、（『津市史』二）で現状認識を示したが、百姓の株絶え、牛馬減、荒地・惣作地増加、「御国産業の減、万穀の取劣」を指摘しているところは、序説で紹介した藤堂高文《とうどうたかふみ》の「封疆志附考《ふうきょうしふこう》」（『宗国史』）の観察と同じである。

しかし外山は、同時に民間社会の生活様式の変化に言及する。ことに消費水準の上昇に触れ、それが行き詰まりの原因になっていることを指摘する。そして、「困窮と奢侈《しゃし》の奢と廉直《れんちょく》（釣合《つりあい》）致さず」と、両面の現象を同時に認める。外山は、一八世紀前半の享保頃と一八世紀末の寛政頃を比較する。この半世紀間に、郷中に白壁の蔵、惣瓦《そうがわら》の家が増え、絹布《けんぷ》・呉服・酒・味噌をはじめ紙筆墨蠟燭など他国品が入るようになり、身仕舞《みじま》いのための細々した品、傘履物《はきもの》、家屋の造作《ぞうさく》、仏事のやり方などすべてが華美になったという。外山によれば、それだけ領内で金銀がよけいに必要になり、また金銀が領外へ流れ出ている。他方で、牛馬の減少が田畑の地力を落とし、干鰯《ほしか》や奉公人給金も値上がりして農夫の不足となっている。外山の観察は、特定の階層でなく、郷方の全体の変容を指摘しているのである。

農村は、没落者や離村者を出しながらも、そこに営まれている暮らしぶりだけを見れば、様々な局面で生活が向上し、そのために金銀を必要とし、かえって困窮、没落を生みだしていた。その結果としての借金の不返済からくる土地兼併の進行であった。暮らしが押し上げられながら暮らしが不安定になっていく不釣合いの中に百姓はおかれ、その不安と不満が治者への期待ともなり、また不信に転換しやすくなる。

このような認識から、一方では倹約政策を強め、寛政八年（一七九六）には二五か条の「覚」（『津市史』二）を出して、こまごまと倹約を命じた。処罰規定のない教諭的なものであれば、倹約令は郷町から期待されることとさえあろう。しかし現実の生活水準を無視した強制が行われるならば、不満と反感が生まれる。この倹約令はあまりにも生活への干渉が過剰であった。また違反者に対して、「金銀を出し其罪を償」わせる法令として通達したことも反感を強めたと思われる。

菓木による殖産　寛政の改革の特徴は、倹約令だけでなく、殖産政策と金融政策、さらに過激な土地政策をともなっていたことである。外山の認識は、藩領内で生み出された富が領外へ流出しているということであったから、藩経済と家中・領民の経済を立直らせるために富の領外からの取込み策を構想した。毎年「他所に散ずる金十七万両」(『阿漕雲雀』)、これに対し伊勢の物成《ものなり》収入が「十七万石余」、「一石一両にして十七万両」もが流出すれば、残りで「御家中の給分、諸民の飯料」を出すことは不可能となる。

そこで外山は、「菓木取立《かぼく》の仕法《しほう》」(『津市史』二)の目論見を提出した。すなわち、「御国益」と「窮家の助」のために空地・遊地に「菓木」(果樹・徳用樹木・徳用作物・扶食《ふじき》作物)を植え、山中では炭・茸・薬木草を取り、農産物の妨げになる樹木を伐る(蔭伐《かげきり》)。こうすれば、農家の余稼ぎのかたちで「一軒前に菓木雑穀によらず三十匁程の余慶《よけい》」を稼ぎ出せる。そうすれば藩領で「年々金一万両」の収益が見込めるし、村々の相続資金の準備にもなる。菓木は、外山の目論見では、柿・梨・桃・栗・梅・杏《あんず》・蜜柑《みかん》・金柑《きんかん》・棗《なつめ》・茅《かや》・楮《こうぞ》・臘木《ろうぼく》・桐・肉桂《にくけい》・漆などの樹木から、串柿、薩摩芋、薬草などの扶食《ふじき》作物、紅花《べにばな》・藍麻などの加工作物まで、換金性のある広範な樹木作物の生産が考えられていた。領内に産物を興して金銀を領内に取込もうとするのは、諸藩の殖産・専売政策と同じ考え方であった。津藩では、それを下級藩士である外山与三右衛門が代表した。

殖産事業を統括するために、寛政四年(一七九二)、菓木役所が設けられた。津藩は一七世紀半ばに漆や桑の栽培を勧めたことがあるが、中央に事業をまとめる役所を設けた点で大きな違いがあった。菓木役所には、郡奉行の下に係りの藩役人、菓木係りの大庄屋を置いた。下級藩吏と村落支配層によって運営されたが、事業費は藩財政から支出された。

菓木方の目標は、空地に果樹や有用木を植付けること、農作物の成長に障害となる木を伐《き》ることとの二つだったが、次第に事業が広がり、菓木・有用木でなくても、加太山《かぶとやま》（鈴鹿郡関町加太）などの藩有林に植林を行ったり、海岸や砂地の防風林を仕立てたりし、山林荒地の利用、苗床の新設なども継続事業になっていった。河川の堤、山間の適地に柏《かしわ》、榿《はんのき》、雷丸《らいがん》、漆、櫨《はぜ》、楮《こうぞ》などが植えられ、村々の屋敷地や空いた侍屋敷などに蜜柑、柿、栗、梨、葡萄《ぶどう》、林檎《りんご》などの果樹の苗木が植えられた。椎茸《しいたけ》を栽培させたり養蚕《ようさん》を奨励するなどの殖産事業も起案された。一志郡川上《かわかみ》村の平倉藩有林での椎茸栽培は、藩の指導で寛政六年から試作し、大坂に販路を開いて寛政八年から文化元年（一八〇四）までの八年間に、七六四両の利益があがった。

川村嘉平次と松本宗十郎　販路を開拓したのは、茨木理兵衛とともに働いた郡方手代の川村嘉平次であった。津城下に活気を呼ぶために岩田川河口の開発も行われた。川村嘉平次は、寛政四年（一七九二）に塔世川《とうせがわ》と部田川《へたがわ》の河口を分けて上流の氾濫を防ぐ普請を進めた。塔世川改修の工事や極楽橋の掛替えなどに働き、橋の維持資金の積立てにも尽力した。津藩が生んだ地方巧者の一人であった。

塔世川・部田川の河口低湿地は、松本宋十郎安親が開いた。安親は土木技術を江戸で学んで戻り、土地の庄屋を説得して開発計画を練り、寛政四年に藩の許可をえた。それから三年間で堤を築き、北《ほく》勢《せい》や尾張《おわり》から水呑《みずのみ》百姓を引入れて開墾を始めた。安親はこの開発のために莫大な私財を投入し、藩や富商にも多額の借金をして一〇年後に完成させた。田一四町歩に一八軒の入百姓《いりびゃくしょう》があり、土地を均等割りに与えた。この配分が、茨城理兵衛に山中の土地均分策を思いつかせたという見方もある。津藩は安親を賞して松本崎《まつぼざき》新田（津市島崎町）と命名し、田七反の私有を認めて新田の庄屋に任じ、無足人の身分を与えて帯刀を許可した。安親はまた、寛政五年には奄芸《あんげ》郡上津部田《こうづへた》村（津市一身田）の悪地を開き、田七町五反余を得て、北勢と尾張から入百姓《いりびやくしよう》八軒、四五人を移住させた。

切印金百年賦 茨木理兵衛は、藩の出費抑制に苦心したが、寛政四年には、切印金借入総額六万両を五年間据置《すえおき》とした。天明二年（一七八二）の旱害・水害で切印金の償還がうまく行われなくなり、金融は行き詰まった。中にはこの制度で借受けた資金を元手に土地や米穀を購入し、求める者に転貸して利益を手にする者が現れたり、運用にたずさわる庄屋年寄が悪用する事例も生まれた。その結果は少数者の土地兼併と多数の中下層の負債、質入れであった。

切印金の据置は、融通を受けた者に有利、預金している者に不利の政策だったが、理兵衛は眼前の生産者の立場を優先させた。しかし完全な据置ではなく、生産者から七分を取立て、その中から七分の三を金主《きんしゆ》に返済し、七分の四は郡方の貯蓄とし、津の藩御用達田中治郎左衛門、川喜多久太夫、河辺忠四郎に利息一割で預金した。この運用は続かず、据置期間中の寛政七年（一七九五）に、切印金への貸金の半額を返済打切りとした。

こうした政策は一時の苦痛緩和にはなるが、融資の逼迫をまねき生活を窮屈にする。しかし理兵衛は、さらに進めて寛政八年、切印金制度を百年賦償還とした。同時に未納金をはじめ、民間の相互契約の貸借の返済を無期延期とした。こうして津藩の金融政策は御救の究極とも言える棄捐令《きえんれい》（中世の徳政）となった。そのため分限者《ぶげんしゃ》を筆頭とする融資者を犠牲にし、上層の逼塞者《ひっそくしゃ》も生んで反発を買った。切印金制度は、利息を生む資金回転を望む者にとっては、斬新な貯金制度でもあったからである。出資者は上層ばかりではなく、やもめの女の養い金、先祖のための祠堂金《しどうきん》、宮社の修復金など零細出資者、集団出資者もおり、彼らの怨恨を誘う施策となった。こうした金主の不満が、これに続く一揆の原因の一つになった。しかし、高嶷は理兵衛の切印金処理を功績として、裃《かみしも》と白銀を与えた。

寛政六年から、田畠に日蔭をつくる樹木の伐採を強制した（蔭伐令）。これは、作物への日蔭と、収穫作物を乾燥させる物干場《ものほしば》への日蔭を除いて耕作の妨げを除き、そこに徳用樹木を植えることをねらったものであった。しかし、田畠の周囲の樹木には信仰にかかわるものもあって、由緒ある大樹や神社の神木《しんぼく》までも伐らせたり、防火防風林、稲架木《はざき》までも伐らせたりしたため反発が生まれた。成木に育つのを楽しみに待つ所有者もあった。村には藩士の別邸があって大樹もあったが、菓木役所がこれに手をつけられなかったことも郷中の不公平感をさそったであろう。

寛政七年（一七九五）には、理兵衛は、組合目付《くみあいめつけ》を廃止した。これは延享四年（一七四七）に大庄屋の下におかれて庄屋や百姓を監視させるものだったが、情実に左右されるため不正摘発の役割を果たせなくなっていた。そこで寛政七年、無足人から八人を常廻目付《じょうまわりめつけ》として選び、郷代官の直属とした。しかし百姓にすれば、目付の手加減がなくなるのは藩の監視の強化と同じであった。また目付の廻村は、村の暇を取りあげ世話のための物入りを強いることになった。そのほか堕胎《だたい》目付（流産目付）が新設され、民俗に頼って小家族を維持する郷方の違和感と反感を強めた。

地割令　殖産政策や金融政策は津藩史からみれば画期的な内容のものだったが、改革事項としては他藩にも見られるものであった。津藩の寛政の改革の独自な点は、百姓の上昇と下降の因でもあり果でもある土地兼併問題に正面から挑もうとしたことである。ただ茨木理兵衛の田畠山林地均《じなら》し（地平、地割《じわり》）政策は、現実の複雑さを無視しすぎていた。津藩領内には均田慣行のある場所もあり、一七世紀には山中為綱《やまなかためつな》が均田を主張していた。日本には地割慣行のある場所が少なくなく、それを復興策に用いる藩もあった。

茨木理兵衛は、全領ではなく選択的に地割を実行しようとした。一志郡西部の山中の極難渋とされる三八か村を指定し、その耕地と山林を平均して村方に均等に配分しようとしたのである。理兵衛の意図は、「兼併の患《わずらい》」（「慎上陳情《ちんじょう》書」）を克服して、没落・零細農を本百姓に復帰させることであった。しかし理兵衛は藩内にも強硬な反対派を抱えた。代官喜多野三太夫は反対して退役し、藤堂左膳のような上士《じょうし》も「始終不承知」であった（『勢州津領騒動見聞録』）。

地割令は、「平均」という百姓の根元的な欲求に根ざす政策だったが、「何れの村方にも差支多く、不承知の村方のみなり」（『岩立茨《がんたちばら》』、『編年百姓一揆史料集成』七）という抵抗に直面し、一揆の最も直接の要因となった。様々な刷新・改革の新法に対する村々の態度とは異質な「人気《じんき》騒立」（『百姓共強訴之節馬先取斗《はからい》一件」）の雰囲気になった。

対象になった地域には一志郡小倭郷《おやまとごう》（一志郡白山町）と呼ばれる村々もふくまれていた。小倭郷九か村は中世の地侍《じざむらい》一揆と百姓衆結合が重層的に存在し、郷内で在地徳政を実施した歴史を持つ土地で、白山神社（白山町南出）の氏子《うじこ》として結ばれていた。山中であったが和歌山藩領との入組みが多く、地割が難しい所であった。また他藩領と入組まない村でも、この頃には他村に売渡している田畑山林が多いため、地割の影響は多くの他村に及ぶ懸念がもたれた。

大庄屋池田佐助の赦免願い　村方からは早速に赦免《しやめん》願いが出された。しかし茨木理兵衛は、金融関係の大胆な改革に続いて、「富者ますます富み貧者ますます貧」（「譴上陳情書」）の状況を破るには均田しかないと信じた。そして、寛政八年（一七九六）一二月二〇日頃、地割役人を送り、承知なら一〇〇〇石に下行金三〇両三万束、地割は均等にせず遠近・広狭・働き手の多少などの事情に応じると懐柔した。「大百姓」は反対だったが「小百姓」は悦んだ（『御密用相勤候扣《ひかえ》』）。

強く反発したのは「中百姓」（『岩立茨』）で、小生産者らしく勤勉で耕地を家産視することが当たり前になってきていた。山林田畑を持ち伝えて、自分一代は倹約を守り、昼夜の別なく稼いで少しは田地を買い増し家督を継いだのに、地割令で家産を失えば暮らしの当てもなくなると途方にくれる者が現れた。彼らは、困窮百姓は美食を食い酒を飲み良い着物を着し遊芸を楽しみ、手慰《てなぐさ》みで夜更《ふ》かしをしてきた者であるとみなしていた。それが地割で田地を与えられ、「出精致し候者は田地御取上」（同前）という結果が見えることに反発した。

そうしたなかで、小百姓を有利にさせまいとする大百姓の邪魔が行われ、困窮百姓も田地を貰っても「農具等の貯《たくわえ》なく肥《こや》しの元手に差支《さしつかえ》」ることが予想されてきた。平高による高免の予感も嫌忌の条件になった。こうして大中小の百姓が地割りすることに抵抗した。最初に反対したのは一志郡小倭郷で、大庄屋が同じだったので、大庄屋から赦免を願い出た。藩は譲歩策を示しつつも、地割強行の姿勢を見せた。

津藩世界では、百姓成立の政治思想が浸透していたが、経済の変化に藩政はついていけず、他方で百姓経営保全の政治文化が浸潤していただけ、難儀な状況で仁政を求める藩への不満と批判は強いものとなった。この頃、騒動・一揆へつながるような不安定な動きが領内には見られた。『庁事類編』によれば、宝暦一二年（一七六二）には伊賀郡猪田村《いだ》（上野村）百姓七人が入牢《じゅろう》し、外にも足錠手錠で村預りになった。明和五年（一七六八）には山城国加茂郷《やましろのくにかも》（京都府相楽郡加茂町）七か村の小百姓らが願いの筋ありと笠置役所へ徒党して押寄せた。「村々困窮ニ而《て》作食《さくじき》幷肥仕込《こやししこみ》等成《なり》がたき由ニ而願出候」というのが理由であった。明和六年には伊勢の一志郡で百姓騒動が起こった（『美杉秘帳』）。天明四年、伊賀名《な》張《ばり》の黒田川河原に強訴《ごうそ》のために百姓が集まって頭取が処罰された（『永保記事略』）。寛政四年（一七九二）には伊賀で一揆の動きがあった（黒正巌『百姓一揆の研究』）。こうして津藩領でも、しだいに不穏の人気が高まってきて藩政への不満が表面化するようになってきていた（前出深谷『藤堂藩』）。

寛政八年の百姓一揆と口利佐太夫　訴願制度による願いを藩が受け入れず地割を強行すると見えた時、にわかに村々は泡立ち始めた。不穏な空気に藩は常廻目付を派遣した。一二月二六日の夜、小倭郷あたりから、蓑笠《みのがさ》を着した百姓らが奥榊原《さかきばら》（久居市）の高山、小倭郷の庄内・下り松の三か所に集合しはじめた。

頭取捜査のため郷中に送り込まれた伊賀者は、次のような事実を調べあげている（『御密用相勤候扣』）。一志郡山田《やまだ》野《の》村（白山町）の五人組頭一八人と百姓の佐太夫は「毎度参会」しては、

右之役人衆差扣《さしひかえ》居られ候而《て》、百姓共此儘罷在《このままかりあ》り候而は、村方当年貢上納ニ付差支之儀有之候得共、山田野村壱ケ村として右扣之一件願出候事も相成申間敷《まじく》奉存候ニ付、外村々ニは願出候存付《ぞんじつき》も無之哉。

と話し合った。「差扣」の役人は大村の大庄屋池田佐助で、後に牢死している。地割赦免願いに対する譴責《けんせき》処分だったと思われる。また「衆」とあるから庄屋年寄なども含まれるかもしれない。

一六人は、当年の年貢上納の処理に支障が出るからという理由で村役人の釈放運動を考え、隣村へ説得に赴いた。五人組頭の権吉は北隣の八対野《はったいの》村（一志郡白山町）へ、同忠助と百姓甚右衛門は大村の伝九郎方へ、百姓佐太夫は川口《かわぐち》村へ、利八は「商」の形で小倭郷の南出《みなみで》村・中ノ《なかの》村《むら》・佐田《さだ》村（白山町）などの「心安仕候者共」方へそれぞれ出かけた。そして、

外村々ニは差構《さしかまえ》もこれなく候哉。ケ様之趣願出候存立者《ぞんじたつもの》これなく哉。

と、結束して願出ることを促した。大村伝九郎は、材木購入にことよせて忠助方へ返答に来た。権吉は巧みな「口利《くちきき》」(調停者)であったが、百姓佐太夫はことに口利きで、常々五人組頭が判断できないことは佐太夫に相談する程だった。そして「此度之談も佐太夫罷出、専ら口を利候《きき》由」と伊賀者はつきとめた。一揆に至る過程では、こうした中百姓層の力が活発に働き、野田村百姓勘左衛門は「廻文《かいぶん》三度廻」(『勢州津領騒動見聞録』)した。

一揆百姓は、蓑笠だけでなく、『岩立茨』によれば、「竹鑓《たけやり》を持、斧を腰にさし」、「相図の狼烟《のろし》をあげ、鉄砲を打ちて」という有様であった。得物のすべてが本当だったどうかは検証できない。ただ、この一揆実録は「寛政より享和・文化・文政に移り」という箇所があるので一揆直後のものでない記述が入っているが、序文の日付から見れば一揆直後に本文の主要な部分は書かれたことになる。また誤認があるとしても近世人のものである。

一揆勢は、「篝火《かがりび》」(「百姓共強訴之節馬先取斗《とりはからい》一件」)を焚《た》き、「鯨波《げいは》(鬨《とき》の声)」(『岩立茨』)を山谷に響かせ、村々を誘い合わせて出ない村は「焼打《やきうつ》べし」と叫び、しだいに人数が増えていった。そして二手に分かれて、一手は小倭郷佐田村から先手として出発し、津南方の半田山《はんだやま》に陣取った。別の一手は、榊原村から遠回りし、津西方の安濃《あの》郡家所《いえどころ》村(安芸郡美里村家所)の常廻目付清水恵蔵宅、志袋《しぶくろ》村(津市片田志袋町)庄屋吉岡専蔵宅、野田村(津市)菓木係大庄屋河村重右衛門宅を打ちこわしながら、神《かん》戸《べ》村(津市神戸)の方へ進んだ。一揆勢は、「道々放火して夜通しに津の城さして押寄《おしよ》」せていった。

「道々放火」は「所々すすき、藁《わら》など二火を付」（前出「取斗一件」）けるのである。

村役人通報で知った藩は、郡奉行や代官・大庄屋を派遣し説得したが、一揆勢は強引に合流し、岩《いわ》田町《たちよう》（津市）方面へ進出した。村々から次々と百姓が加わった。藩は緊急に家中《かちゆう》を召集し、城と下馬先に警備態勢を布き、半田口・八丁《はつちよう》口・新町口・岩田口・塔世橋・京口門・伊賀口・中島口に手勢を配し、鎮撫《ちんぶ》方には加判奉行岡本五郎左衛門・長田三郎兵衛、郡奉行茨木理兵衛・神田又三郎、郷代官五人・大庄屋一〇人を命じた。上野城でも一揆の伊賀波及を防ぐために国境に厳重な手配りが行われ、津と上野の連絡、郷方の探索には伊賀者を動員した。

二七日、一揆勢は岩田町・伊予町《いよまち》（津市本町）で商家へ押入って飲み食いし、諸道具衣類を川へ投げ込み大道へ撒き散らした。岡本五郎左衛門は一揆内に足軽を潜入させて岩田町阿弥陀寺《あみだ》へ誘導し、願書の提出を求めた。一揆勢は、そこで願書を差し出し半田山に引き返した。一揆は安濃郡からも起こり、津西方の八丁口へ押寄せた。長田三郎兵衛と岩田町から来た岡本が説得したが、茨木理兵衛と遭遇したため憤激して木戸口を押破った。八丁の商家へ押入って飲み食いし、「着物・反物《たんもの》・銀銭」を奪い、茨木家仕送りの鍵屋庄右衛門宅を打ちこわした。岡本と長田は一揆勢を正覚寺と光沢寺へ引入れて説諭に努め、やや平穏になった。

別の一揆が河内谷・加太《かぶと》方面から起こって村役人宅を打ちこわし、津北方の塔世橋へ進入してきた。藩士と激しく衝突し、藩側が「空《から》鉄炮三十挺」を撃ったため一揆勢は奄芸《あんげ》郡大部田《おおべた》村（津市江戸橋ほか）まで後退した。再び引返して衝突し、真槍《しんそう》に追われてまた後退した。その間に藩側は砲台を築いて石火矢《いしびや》（大筒）を備えたため、一揆勢は塔世橋を越えることはできなかった。そこで大部田村地割役赤塚十郎兵衛・大庄屋伊勢屋彦左衛門、下部田《しもべた》中茶屋《なかちゃや》町《まち》米見役合羽《かっぱ》屋平六宅を打ちこわした。

この方面の一揆勢には、「百姓のみニ無之、盗賊・雲助《くもすけ》等の類《たぐい》も入込《いりこ》」（「岡本勤書」）んでいたため、岡本も「教諭」できず、周辺の民家に朝の炊出しを命じた。「所々方々の溢《あぶ》れ者・雲介・乞食・小盗人、皆蓑笠をかむりつゝ百姓に入交り」（『岩立茨』）という都市的貧民の記録もある。ほとんど城下を包囲した一揆勢の圧力に押され、二八日、八丁と塔世橋の一揆勢に対して加判奉行の名で、

願之趣聞届、諸事是迄の通、可申付之候也。

という書付《かきつけ》を提示した。一揆勢は、受取りを拒み半田山へ揃うことを望んだので、加判奉行は阿弥陀寺で渡すことを告げた。半田山の一揆勢は岩田橋を押渡り、極楽町《ごくらくじ》（津市寿町）の郷目付森川儀右衛門宅の打ちこわしの許可を郡奉行神田又三郎に求めた。神田は制止不可能と判断し、城代家老に伺いを立てたうえ許可した。そのほかにも地割役奥彦左衛門宅を打ちこわし、商家へ押入って「飯酒・草《ぞう》鞋《り》・紙・足袋《たび》等」（大宝院日記）を取り逃げした。一揆勢は二八日夜はまた半田山に引き取った。この間、岡本と長田は阿弥陀寺や光沢寺で百姓らを召集して説得を繰返した。

下として上を制す風俗　説諭の中で岡本は、「御上《おかみ》」に対して「御敵対」同前の行為であり、言語道断の「大罪」である、「御城下」へ「他領者」が来て同じ事を行えば「一統百姓共、其節ハ如何い

たし候哉」と詰問した。一揆百姓が反論すると、「下として上を制し候様」になり、「右之風俗」が外へ移れば「日本国中之騒動」になる恐れもあり、「天子様・将軍様」に対して藩が弁明できなくなるから、「武威」で打潰さなければならなくなる、と申達した（前出「取斗一件」）。また一揆勢は、郡奉行茨木理兵衛、倹約奉行杉立治平の両人に「農業ニ而渡世《とせい》致させ見申し度《たく》」（勢州津領騒動記）と身柄下渡しを申出たので、岡本は「御上《かみ》を恐れざる申分、言語道断、沙汰之限」と拒絶した。「下として上を制し候」という一八世紀末期的な状況が到来したことが理解されるが、なおこの掛合いには領主への恩頼感と仁政待望が底流に生きていた。

百姓らはさらに打ちこわしを計画していたが、降り出した雪が激しくなったため帰村した。この頃、一志郡雲出《くもず》郷の百姓も催促を受けて一揆行動を起こしていたが、郷代官との掛合いに手間取り、岩田町へ到着した時にはすでに先行の一揆勢が離散した後だったので帰村した。一志郡石名原《いしなばら》組百姓は二本木《ほんぎ》（一志郡白山町）まで出動してきたが、他組の一揆勢が引き取ると聞いて、途中の家城村役人宅を少々乱暴して帰村した。翌一二月二九日、また安濃郡から一揆が起こり、荒木《あらき》村（安芸郡）鳥見役荒木村右衛門・栗加《おうか》村（安芸郡）大庄屋菓木係平松八兵衛宅を打ちこわした。そして安濃川の荒木村川原へ集合して、津城下へ進出の動きを見せたので、藩はついに実弾の発砲を決したが、一揆勢はこれを知って散った。この間、南方の飯野《いいの》郡・飯高《いいたか》郡、北方の三重《みえ》郡・河曲《かわわ》郡の津藩領村々には一揆諸村から参加の催促があったが、起たなかった。津藩は、二九日、常廻目付、地割役人の廃止を発令した。

一揆の組織化について、伊賀者は五人組頭や百姓らの相談や働きかけについても報告したが、全体としては、棄捐令《きえんれい》や地割令という新規の仕法に「小百姓共」はいずれも悦んだ。しかし「大百姓共」はたいへん難儀になるので「小百姓共難儀仕り候事共」を目論んだ、そのため小百姓もいきづまり、「徒党《ととう》」して「右の仕法を破り候ため一揆仕り候」とまとめている（前出扣）。この観察は、大百姓が積極的であったことを適切に説明する。ただし百姓・小百姓にも、新法に対抗感を抱く理由があった。

いったん発頭人・発頭村が生まれて一揆勢として押出せば、百姓一揆の作法ともいうべき焼打ちで威嚇《いかく》しながらの参加強制が行われた。もともと不平不満で人気を高めていた村々も、雪崩《なだれ》を打って参加した。参加数は「凡《およそ》六万位」（福田氏手紙写《うつし》）、「数万人」（『岩立茨』）、「三万人」（永谷家家系脩徳録全・洞津《あなつ》騒動記）などと記録に差があるが、一万二〇〇〇人程の城下町を三方から包囲して町々の商家を打ちこわした力、参加村数が一〇〇を上回ると推定されることから、万単位の人数を催したと思われる。そこには村役人も参加し、溢れ者も参加しているが、中小百姓層が中心勢力であったことは明らかであった。その意味で、激しい打ちこわしをともなう大規模な強訴という、全藩的な惣百姓一揆であった。

町井友之丞・森惣左衛門・多木藤七郎の処刑

一揆の頭取について、伊賀者は「小倭郷《おやまとごう》大庄屋池田佐助頭取之様、及承候」（前出扣）、また「大村（一志郡白山町二本木）大庄屋池田佐助・谷杣《たんぞま》村（久居市榊原町）組合頭町井友之丞・川口村（白山町）庄屋森惣左衛門・八対野村庄屋倉田金次等之由」とも報告

する。町井友之丞について伊賀者は、「谷杣村ニて友之丞方へ、頭取毎々寄合」（前出扣）と報告しているが、これは一揆頭取の面々が明確になってからのことと理解すれば前後の矛盾はおこらない。吟味を受けた者は、一三四人、一一か村にわたり、大庄屋・年寄・百姓・無足人などのいくつもの階層にわたっている。その結果、「池田佐助・町井友之丞・森彦兵衛・同悴惣左衛門・倉田金次」が入牢した。池田佐助・森彦兵衛は吟味中に牢死した。平百姓の伝九郎・佐太夫・嘉内・藤松も入牢したらしい。城代家老の用人二人も、参加の疑いで入牢している。

翌寛政九年（一七九七）、城代家老の処分（政治掛り停止、城代職のみ）以下の処分が行われた。加判奉行二人は役儀御免、郡奉行神田又三郎・茨木理兵衛も役儀御免となった。理兵衛は自害も考えるほど衝撃を受けたが戒められて謹慎し、一揆後の寛政一〇年（一七九八）知行・屋敷取上、親類方蟄居《ちっきょ》の判決を受けた。郷目付、郷代官も役儀御免となった。

図13　頭取顕彰碑

一揆頭取の処刑は、藩の体面として遂行されなければならなかった。寛政一〇年（一一年とも）谷杣村町井友之丞・川口村森惣左衛門・八対野村多気藤七（多木藤七郎）ら生存していた三人の庄屋・組合頭が処刑され、獄門《ごくもん》になった。倉田金次は多

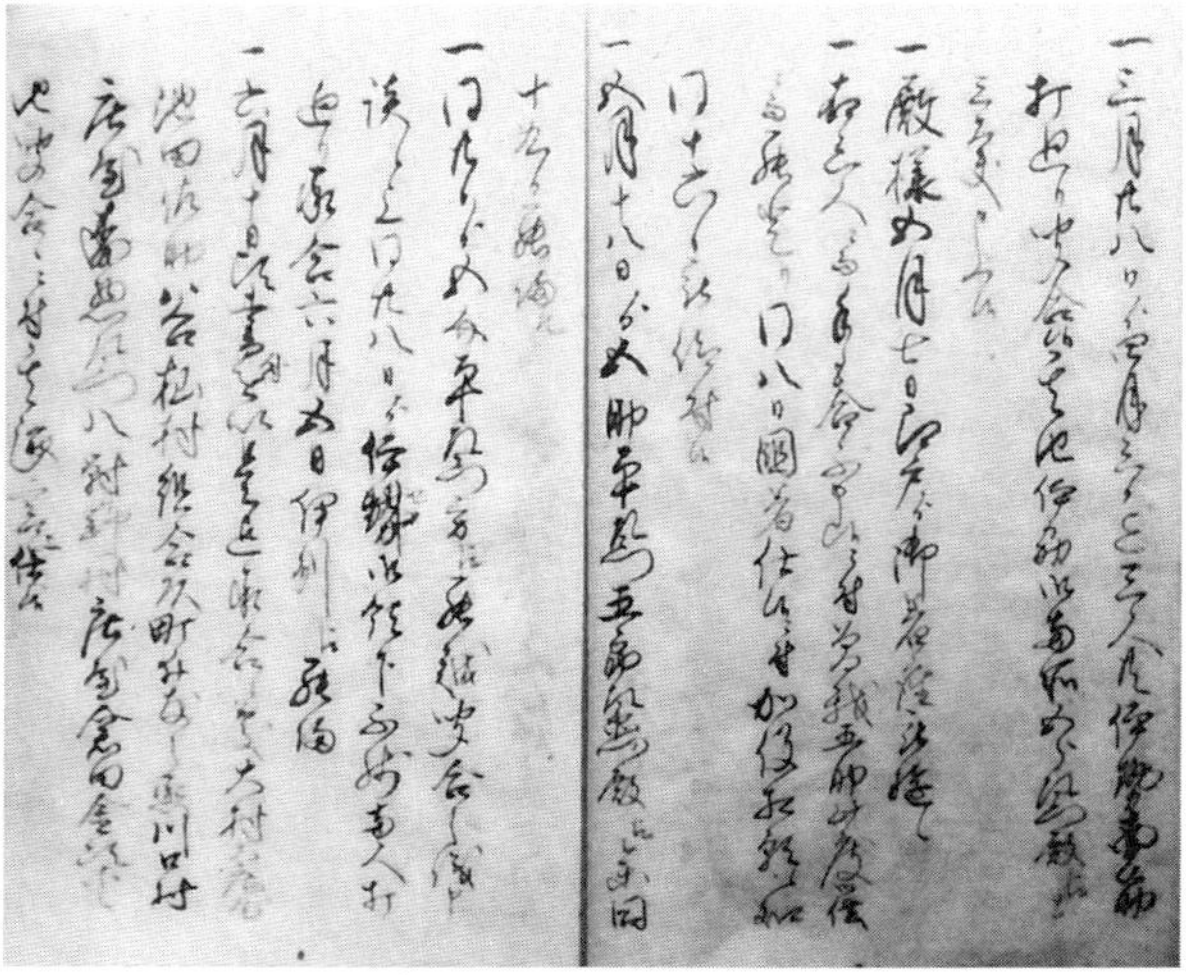

図14　御密用相勤候扣
（一揆指導者の名前を挙げている部分，沢村家蔵）

気藤七のまちがいであると思われる。

牢死した大庄屋池田佐助は無足人でもあり、獄門になった多気藤七も無足人家筋であった。彼らは没落傾向の無足人家で、藩は他方で寛政年間だけでも三三人の新無足人を取り立てている。町井友之丞の先祖は町井治《じ》部少《ぶしょう》輔源定勝という伊賀の城主であったと伝える（『津市史』一）。友之丞の「獄中述懐」（前出深谷『藤堂藩』）には「重君重国」という言葉が残っており、その恩頼感を土台にして、かえって現実の支配に対して身を捨てて起ったのである。鼻紙に友之丞は、「有難き　君の恵の一太刀《ひとたち》に　罪とが消えて弥陀《みだ》とあらわる」と辞世を書き残した。外の二人にも辞世と言い伝える歌がある。三人は以前から親しく、それぞれ胆力、文才、経営の才に富んでいたという伝説的逸話が生まれた。そして三人は、「世直《よなお》し大明神《だいみょうじん》」（『岩立茨』）と称されるようになった。

津藩には、「百姓は　水も呑まれぬ辰《たつ》の暮《くれ》、氷（郡）奉行の張りのつよさよ」という落首が生まれた。椎茸栽培など、着手した事業のすべてが中止されたのではなかったが、二万両を超える藩債を減らすことはできず、人事もふくめ、新法撤回、改革頓挫という受けとめ方が全藩をおおった。新年を寿《ことは》ぐ注連《しめ》飾《かざ》りを付ける家はなく、「町々は　なんにもなしの年の暮、ただかまびすし火の用心」（同前）という狂歌が詠まれた。

この百姓一揆は、藩外にも反響があった。公儀小普請組《こぶしんぐみ》植崎九八郎の上書（「牋策雑収」）や公儀御徒《おかち》太田直次郎（南畝《なんぽ》）の『一話一言』などで言及され、水戸藩の藤田《ふじた》幽谷《ゆうこく》は、『勧農或問《わくもん》』で津藩の一揆に論及した。そして土地兼併の弊害を論じ、均田法の趣旨に賛意を表すと同時に、茨木理兵衛の実施方法が過激であったと評した。

第六　藩体制の「中興」と津藩の終焉

高兌の「中興」政治　文化《ぶんか》三年（一八〇六）、高嶷《たかさと》が没し十代藩主を高兌《たかさわ》（文化三年従四位下《じゅしいのげ》、和泉守《いづみのかみ》、侍従《じじゅう》）が継いだ。高嶷の三男高兌は、すでに一七年間久居《ひさい》藩主の座にあったが、二七歳で本藩の藩主に迎えられた。高兌は、文教・節倹に基調を置き、家中・領民の心を獲る政治を主眼とし、一九年間の親政的な藩政を通じて、幼齢からの多くの人格的な逸話をふくめ、名君の評判を残した。

高兌が襲封《しゅうほう》した時、藩の年収三万五〇〇〇両に対して支出五万一〇〇〇両、その差額の一万六〇〇〇両が赤字となって累積されていた。藩債はすでに八六万両にも達しており、利子だけでも毎年の藩収の五分の一に相当する七〇〇〇両を必要とした。家老の藤堂主膳《しゅぜん》から実状を聞いた高兌は、

> 勝手方《かってがた》の義は毎々聞及候へ共、か程までは可有之《これあるべし》とは存じ寄らさる事ニ候。

と、直書《じきしょ》（『津市史』二）で危機感を表明し、極度の経費削減を命じた。高兌は、近世名君《めいくん》によく見られる、徹底した禁欲生活を自身に課した。衣類は綿服のみ、身辺の女達にも綿衣を着用させ、藩主家族の台所経費を三分の一、女中の台所経費を四分の一に減らした。

その節約政策は収入に支出を合わせるというもので、貢租収入の三分の二を歳出限度額とし、三分

一は非常の備えに当てることとし、藩財政を予算にそって執行することを求めた。江戸藩邸の再建も中止し、領内の上下に節約を求めた。しかし、それらの節倹政策もまた藩機構の官僚制化は進める面があり、それまで加判奉行《かはんぶぎょう》・郡奉行《こおりぶぎょう》・代官《だいかん》が私邸を役宅として公務をとっていたのをやめ、それぞれ独自の役所を設けた。犯罪者への刑罰も多様性を持たせて、改心や更生の機会を与える方向に切替えていった。

社会政策と勧農政策　領内農村の人口確保は諸藩でも課題であったが、高兌は生活難渋者の他領稼ぎを引留めるために、様々な社会政策を実行した。御救《おすくい》一般ではなく、難渋農家の子供養育を補助する規定を設けて、藩主手許金《てもときん》一〇〇〇両と役所積金一〇〇〇両を合わせた二〇〇〇両を利殖の基金とし、その利息を子沢山《こだくさん》で難渋する農家の小児養育の補助費に当てた。出産・育児への補助は当時全国的に行われはじめ、ことに北関東・南奥地域では活発であったが、それらの情報が高兌の政策にも影響を与えたと考えられる。

図15　藤堂高兌像

寛政《かんせい》の一揆後、地割《じわり》役人と常廻目付《じょうまわりめつけ》は廃止されたが、堕胎目付《だたいめつけ》（流産目付）は存続していた。これは小村に一人、中村に二人、大村に三人を村人から選任するもので「下々一統ニ不帰伏《きふくせざ》」（『御密用相勤候扣』）る新法だったが、高発はこれを維持し、堕胎は天理・人情に背馳《はいち》するものと取締まらせた。高発は、堕胎婆を追込《おいこめ》（監禁）にし、堕胎療治をした女房を不届者《ふとどきもの》として手足錠・追込一〇日に科し赦免《しゃめん》後は村追放にした。伊賀では他出奉公や出稼ぎが多く、労働人口の不足を招いたが、それがかえって生活苦をよび間引・堕胎を増やしていた。

また寺院の風紀にも手を入れ、風俗改めを繰り返した。寺は駆込《かけこ》みや謹慎・仲裁の機能を発揮する一方で、不入の場所であることを利用して広大な寺域が博奕《ばくち》や売春の場に使われがちであった。僧侶と他身分の争いや僧侶の女犯《にょぼん》事件も起こった。

また寛政の改革では不徹底であった篤行者の表彰を大規模に行って、領民の生活の場に儒教の徳目《とくもく》や仏教の慈愛を浸透させとようとした。九〇歳以上の者には年額米二俵を与える養老政策を実行して、領民の心の掌握に意を用いた。文政三年（一八二〇）一月には、

当年九十歳ニ満候者え御米被下之儀、幷九拾一歳以上之者共え例年被下之儀ニ付、右名前、加判奉行より差出候事。

と指示している（『庁事類編』）。「九拾歳以上之者え御料理下され候」（同前）こともあった。また「町郷中、孝心・奇特者当時存命之者」（文化五年三月、『同前』）を調べさせて篤行者・孝子・順孫（祖父母に仕

える）・貞婦などを表彰し、その数は五〇〇余人に及んだ（孝女登勢《とせ》については第四章）。高兌は、自身で城下在の孝子を訪ねて激励したりした。独身者の老幼救済など百姓成立を広くこえる仁政的安民政策を実行することによって、藩世界に溜まりはじめた公儀預治への不信を取り除き、治者被治者の合意を回復させようとしたのである。

文政三年（一八二〇）には「三十ケ年已来《いらい》博奕掛り合いこれなき村々え御褒美として鳥目《ちょうもく》被下之」（同前）と触れ、村名と褒美金の額を調査させた。伊賀の才良《ざいりょう》村（上野市）は庄屋《しょうや》・年寄《としより》に鳥目一貫文、五人組頭六人に一貫四〇〇文、村中に六三〇〇文が与えられた。このほかにも二三か村が褒賞された。他方、華美な衣類、農耕怠惰、大借などは罪科とした。また、男女の性的習俗を、困窮で結婚できないがゆえとみて適齢期での結婚を奨励した。男が三〇歳、女が二五歳で未婚なら、村役人が取持って世話するよう命じた。

寛政の改革への反省を政治に活かす他方で、高兌は文化九年（一八一二）、百姓一揆を招いた責任者として処罰された茨木理兵衛を呼戻して原禄に戻した。抜擢した理兵衛を処罰せざるをえなかった高嶷の遺言だったという。理兵衛の親類百々家寄食は六年間に及んだが、その間享和《きょうわ》二年（一八〇二）に「謹上陳情書」を書いて執政の趣旨を縷々《るる》と述べ、「茨木重兼死罪、死罪」と結んで江戸に向かった。しかし、百姓一揆については、「土豪輩《どごうのともがら》、小民を惑《まどわ》すに詭黠《きかつ》の計を以《もっ》てし」（『津市史』三）と大百姓らの作為に負けたという認識を捨てなかった。理兵衛は京都にも行き、旅宿の境涯となって陸奥《むつ》（青森県・

岩手県)・越後《えちご》(新潟県)・信濃《しなの》(長野県)・紀伊《きい》(和歌山県)・大坂・但馬《たじま》(兵庫県)・九州などを巡訪した。足かけ一五年間旅人となって歌をこころみ、「仕官を辞して世にたゝよひける時、蝸牛《かたつむり》を見てよめる我もまた 露の浅茅《あさじ》にかたつふり いて其の角の心ならはん」と詩力を肥やした。復帰してからは閑職にあって養生の生活を送り、詩文集や紀行文などにいそしんだが、高兌にとっては、こうした措置が家中の合意を取付けるうえで効果があるという考えもあったであろう。

一方、高兌はすでに日本の海防問題について認識しており、文化四年に「武備之儀弁綿服用ひ候様」(『庁事類編』)と触れだしているように、藩政と関係させてとらえようとする姿勢を持っていた。新無足人《むそくにん》の取り立てはますます増え、文化文政期《ぶんせい》で一〇〇人に及んでいる。その事由は村役精勤・軍資金穀調達が多いが、資金・人材両面で藩体制が軍事色を再び帯びはじめていくことを示すものと言えよう。しかし、新無足人の取り立てが進みながら、在郷《ざいごう》無足人の没落が少なくなかったため、無足人の衣食住の掟《おきて》を出して分限《ぶんげん》に応じた生活を求めた。家臣の困窮改善としては、文政二年(一八一九)に貸付けを行った。武士の困窮も領民の困窮と似て生活水準は時代を追って向上してきたが、そのことがますます家計を困窮に追い込んでいた。藩は、藩士への貸出しによって高利の旧債を整理させ、分掛り四分の一の負担を軽減した。

高兌は、久居藩主時代に義倉《ぎそう》制度を始めたが、津藩主になって、互助用の積立から社会事業の資金蓄積へと変容させた。久居藩は宗家《そうけ》の政策にならうことが通例であり、本藩と協議のうえ寛政《かんせい》九年

（一七七七）に「毎暮積米」を「津久居一致」（『藤影記《とうえいき》』）に命じて開始し、家臣の互助と高利貸しからの保護に当てた。津藩主としての義倉積立金制度は、町郷から預金を募り、藩が管理して貸付けを行い、その利息で災害や困窮への社会事業費に充てるというものであった。利息の半分は預金者に支払ったので、救済金が貯蓄になる積立金運用として、領民の信用を失わなかった。外にも、非常用として伊勢領内一七箇所に籾《もみ》・あらめなどの囲穀の貯蔵所が設けられた。切印《きりいん》金制度は百姓一揆による棄捐《きえん》策撤回後も残存していたが、もはや顕著な働きは示さなかった。

この頃、勧農方《かんのうがた》を設けて農事指導者を指定し、農作の実地指導を行わせた。菓木方《かぼくがた》の生産事業は継承して植樹、養蚕の奨励も行い、水利灌漑《かんがい》、荒地開墾などの農業用普請は積極的に推進した。藩主夫人に蚕を飼わせ、上州《じょうしゅう》（上野《こうづけ》国、群馬県）から女の技術者を招いて繰糸・織物を教えさせたが、このことの一半は人心掌握にあったであろう。一志《いちし》郡上《ぐんかみ》の村《むら》（白山町上ノ村）の溜池灌漑普請、同郡小原《おはら》村（嬉野町小原）の荒地復興を進め、同郡山中村々の植林は菓木役所の事業の継続であり、杉檜を植林させている。百姓経営に対する様々な助成も行ったが、それにつながる政策として、百姓の村間移動を行わせて耕地に対する人数を適正にしようとした。また支援金を与えて取立百姓を育成することも行い、集団的な営農もやらせた。また、人口増加策として晩婚の風習に干渉し、先述のように男は三〇まで女は二〇までに結婚させようとした。

学校の設立　高兌が名君の評判を残したのは、これら思いつく限りを実行したとも思える多種多様

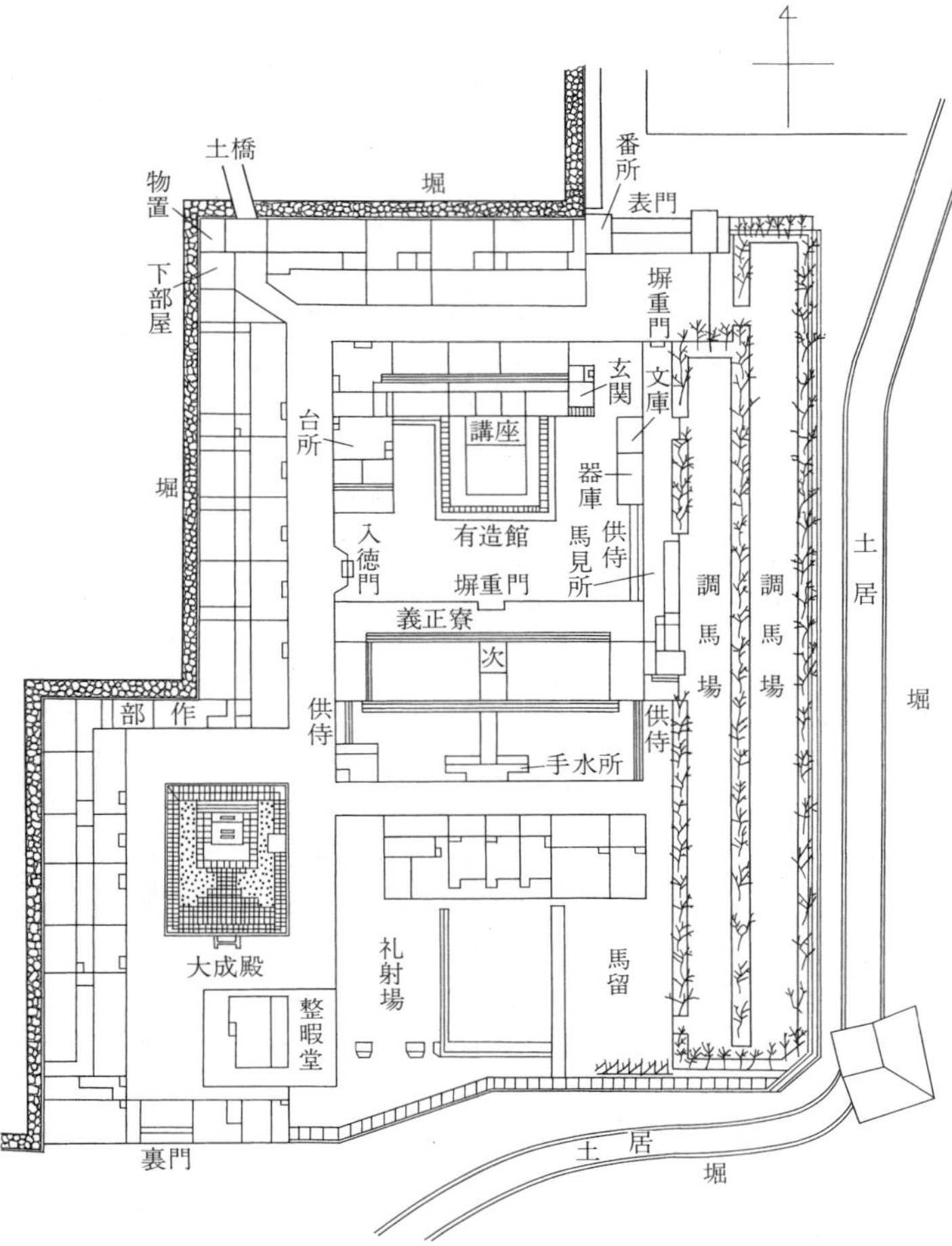

図 16　有造館配置図

中心部を取りまく多くの部屋は，各種の武術や兵学など，内容別の教室や講師の詰所となっていた。

な節倹・風紀・御救・勧業の諸政策の外に、文教政策で治績をあげたからであった。藩校の設立は一八世紀中葉から諸藩で増えた顕著な事象で、津藩はむしろ遅いくらいであったが、藩財政が崩壊に等しい状況の中で支出のみの藩校を設立することには、藩内の異論を抑えること、家中を修学させることなど、なみなみならぬ決意が必要であった。高兌は、藩校（「御学校」）設立に当たっても、津藩政の伝統ともいうべき「公儀への御奉公」（学校設立予令、『津市史』三）をあげ、その計画についても他藩の学校を調査させ、津坂東陽《つさかとうよう》の意見を入れつつ、準備を進めた。

財政難とともに、すでに確立している修学慣行―古くから城北古河《ふるかわ》の臨済宗《りんざいしゅう》の竜津寺《りゅうしんじ》（津市東古河町）が藩士の手習学問教授所の役割を果たしてきた―や学派間の対立もあって容易に実現できなかったが、反対の家老を更迭するほどの姿勢を示し、藩主節減で得られた余財を学校設立資金に活かすことにして文政二年（一八一九）、文武場設立の諭達を発表した。藩校は津城内東南に設けられ、四〇〇〇坪余の敷地に講堂有造館《ゆうぞうかん》、文場、演武場《えんぶじょう》等々の教場、調練場が設けられた。藩校の中央には聖廟大成殿が設けられ、春秋二回、孔子を祀る釈奠《せきてん》が行われた。そして、藤堂光寛が総裁、津坂東陽が督学《とくがく》に任命され、翌年から開講された。有造館の名も、津坂東陽が古典から選んだもので文武兼備の人材養成という理念を表した。

藩校には文科・武科の両科があり、文科では未成年（九歳から一五歳）、成年（一六歳以上）に分けられた。構内の養正寮では、藩士の九歳以上の童子を入学させ、読書、習字、礼節、算術を学ばせた。

身分が重んじられ、独礼の家格と総礼（多数で藩主拝謁）の家格で区分して教えた。

学科目は時期によって変動したが、明治期に入ると、国学・漢文・洋学・医学・書学・礼節の六科目となっている。教科書も文科では各種作られ、武科では兵学、弓術、砲術《ほうじゅつ》、馬術、槍術《そうじゅつ》、剣術、柔術の稽古が行われた。嘉永《かえい》六年（一八五三）からは泗水術《しすいじゅつ》（観海流）が課業とされた。武術の面では、無足人にも入門が許可されたが、百姓の入門は許さなかった。津藩がとくに身分差を重んじたというより、小藩では百姓町人の子弟を入れるところが多かったが、三〇万石を超える藩では少ないという傾向があった。武科に無足人を加えたのは、海防が問題になってきた時勢の反映と考えられる。

有造館の教師を督学と称し、津坂東陽のほかに斉藤拙堂《せつどう》、土井有恪、川村尚迪《かわむらなおみち》、石川之圭などが任じられた。碩学《せきがく》の猪飼彦博も講義を担当した。有造館では、木版印刷による出版活動も盛んに行われた。『資治通鑑《しじつがん》』『孝経《こうきょう》』『論語《ろんご》』などの儒学の古典をはじめ、津坂東陽の『聿脩録《いっしゅうろく》』のような津藩の歴史にかかわるものなど、数十種に及んだ。領民への普及をめざしたものではなかったが、藩世界の文化水準を引き上げる効果は小さくなかった。藩士教育は、藩内の学校だけでなく、藩費・私費による他領遊学が行われ、江戸や京都、長崎などへ勉学に出かける者が出た。

伊賀の上野《うえの》にも、有造館の分校という考えで、文政四年（一八二一）に崇広堂《すうこうどう》が建てられた。その扁額《へんがく》は高兌の切望で、米沢《よねざわ》藩主の上杉鷹山《うえすぎようざん》が書いて贈った。津の有造館は儒学を中心とし、上野の崇広堂は作詩・作文の文学を教えるという特徴があった。名張にも分校として名張《なばり》学校（訓蒙寮）が設けられ、ここでは庶民の子弟の入学を許可した。

藩校は身分制度を反映したが、やがて津藩にも被治者の学校が計画されるようになった。動機は明らかでないが、藩校活動と何らかの接点があったことは、藩校の督学斉藤拙堂と津町年寄岡伝左衛門が相談をして、安政《あんせい》五年（一八五八）に修文館《しゆうぶんかん》が生まれたことからも推察される。修文館は「御客屋」の内に設立され、「町方小供素読《こどもそどく》・手習《てならい》・算術修行」（「覚」、『津市史』三）を目的とした。ここでは、往来物《おうらいもの》の外に「町中可相守《あいまもるべき》二一カ条」「村中可相守一七カ条」などの法度《はつと》・教諭も教材となった。入学者は、希望する者を募って決めた。岡伝左衛門が創立の事務を引受け、村田屋源兵衛、中条平左衛門が取締役を命じられた。したがって藩政が強く入り込んでいる民衆教育機関であった。しかし経費は町方が捻出した。

心学講話の運動　修文館には、町方の子供の教育のほかに、有志の心学道話会《しんがくどうわかい》である勧善舎が併置され、士民に対する講話会や書画会を開いた。藩主が書画会を展観したり江戸の講師を呼んだりした。心学講話は寛政の改革の一環として茨木理兵衛が手嶋堵庵門下の心学者を村々へ巡回させたといわれる。勧善舎は寛政年間に津京口町《きようぐちまち》（津市中央）の紙商村田長兵衛らの発起で設立され、藩主高嶷《たかさと》が奨励したので盛んになった。京の明倫舎《めいりんしや》の手島和庵、上河淇水、中沢道二、美濃《みの》心学の久世友輔、近江《おうみ》心学の立川肥遯らが津城下や村町を巡回して講話会を開いては教導活動を行い、心学者も、藩主や城代・家老・藩校督学など文教政策の要路者に協力を求めた。藩政の側も、新しい生活倫理の形成なしには民間社会の活力は引き出せなかったから、この運動を活用した。この意味で、心学運動は秩序の立直しの協力者であったが、大きく見れば民間社会の興隆のもとでの、町村浦へも入り込む民衆教育運動であった。

伊賀では化政《かせい》年間もっとも盛んとなり、上野に有誠舎《ゆうせいしゃ》（上野市中町）、柘植《つげ》（伊賀町柘植町）に麗澤舎《れいたくしゃ》などの講舎が次々と建てられ、町民や百姓を相手に活動した。上野では家中にも受け入れられ、藩士の林順平は、「三舎印鑑」と講話免許状を授与されて上方《かみがた》や江戸で活動した。勧善舎は勢いを失ったが、嘉永六年（一八五三）、ふたたび町人の有志が復興し、京都の柴田遊翁を招いて津観音境内の本願院で、連年、講話会を開いた。それが常設の施設となって修文館を拠点に様々な講話活動を行った。心学だけでなく、神道・黒住教《くろずみきょう》の講義など広く修養のための講演会を企画したのである。

知識界―津坂東陽― 高兌《たかさわ》は藩主親政ないしは主導の形で藩政を押し進めたが、これは相談相手を求めないということではなかった。藩校についても、当初、藩吏と儒員に原案を作らせ、それについて津坂東陽の意見を求めたところ、「子供の素読場のみになり果可申事必然《はてもうすべきこと》」（「乍恐口上書取之覚《おそれながら》」、『津市史』三）と痛烈な批判があり、津坂の大規模な学校設立建議を中心に有造館が実現していった。高兌は、このように学者の見識を自分の藩政のなかに組込んで構想に活かした。彼らは、民間や軽輩の家の出身者が多かった。藩政に関わる学者もいたが、我が道を行く学者も津藩世界に登場した。数名をあげてみよう。

津坂東陽（孝綽《たかひろ》）は、三重郡平尾《ひらお》村（四日市市）の無足人家の子で、京都に遊学し、寛政元年（一七八九）に加判奉行岡本五郎左衛門の推薦で、一五人扶持《ぶち》で伊賀の文教の教授になり、津城で講義を行うことを命じられた。当初は年に二回通ったが、やがて津在住を命じられた。藩主師弟・藩士だけでなく、侍読に進んで藩主に講義した。そして高兌の政治に協力し、刑法の改定、法令の起草、築堤などの普請の建議に助力した。東陽は、荻生徂徠《おぎゅうそらい》や太宰春台《だざいしゅんだい》や服部南郭《はっとりなんかく》らを批判したが、古学《こがく》に基づく折衷主義《せっちゅうしゅぎ》が東陽の立場で、経世の実用に役立たない学問は無用とした。尊王《そんのう》意識も強く、楠木正成《くすのきまさしげ》を賛美した『忠聖録《ちゅうせいろく》』という著作も書いた。現実の政策で実務者と争うこともあり、寛政期の殖産政策に対して功利を貪《むさぼ》るものと批判して、推薦者の岡本と不和になった。圭角《けいかく》の多い人間であったらしく左遷されたり閉門にされたりして貧窮の目にあっている。崎門学派や徂徠学派、軍学者からも異端扱いされ、逆境が続いたが、藩主の信頼は失わず、文政元年（一八一八）、藩祖高虎《たかとら》の創業志の起草を命じられ、それが藩の聖典的な位置を占めるようになった（『聿脩録』）。藩校設立に当たっては建議・準備の中心になり、督学を命じられて突如二〇〇石の藩士になった。五〇余の著作を残し、『武家女鑑《ぶけおんなかがみ》』『童女庭訓《どうじょていくん》』など女性教育に関する意見も残した。

斉藤拙堂　斉藤拙堂《せつどう》（正兼）は、江戸の藩邸の小吏の子に生まれ、昌平坂《しょうへいざか》学問所や朱子《しゅし》学者古賀精里に学ぶ機会に恵まれた。宋儒に固執せず折衷考証を重んじ、二三歳で藩主高兌に講義する侍読《じどく》の地位を与えられた。文政三年、津に移って藩校教育にたずさわることを命じられた。高兌の後を一三歳の高猷《たかゆき》が承封すると拙堂が侍読《じどく》となり、藩主に随行して江戸に出て知名士と交わった。名が知られるようになり、公儀からも賞品を与えられた。天保一二年（一八四一）、平松楽斎《ひらまつらくさい》の後を承けて郡奉行になったが、大庄屋の不正を摘発して退ける果断な処置を行った。在職一年間で藩校に戻り、弘化《こうか》元年（一八四四）に正規の督学になった。学則の改正、書籍購入、文庫拡大、為政者の鑑《かがみ》となる『資治通鑑』の刊行を督励した。また遊学生を派遣して、蘭学、医術、兵術、砲術などを学ばせた。この頃、文学も盛んとなり、津藩校の隆盛期を迎えた。拙堂の名が高まってくると、他藩から津の有造館へ遊学する者が増えた。

拙堂は海防論にも熱心だったが、「鎖国の祖法は拘泥《こうでい》するに足らず」（海防策、『津市史』三）と論じた。海外地理、西洋兵術の研究にも進み、嘉永二年（一八四九）には藩校に洋学館を創設、蘭学者を招聘《しょうへい》し、医学、化学などを学ばせた。安政元年（一八五四）には種痘館《しゅとうかん》設置を主導し、自分の孫に種痘させ普及に努めた。安政二年、将軍家定《いえさだ》は公儀儒官に登用しようとしたが、拙堂は辞退した。藩内では身分の上下を問わずに交遊し、東西の学者文人とも大いに交わり、大塩平八郎《おおしおへいはちろう》や頼山陽《らいさんよう》と親交を結んだ。

猪飼敬所　猪飼敬所《いかいけいしょ》は、糸商人の子に生まれ、京の西陣《にしじん》の機業家植村悦斎（平野屋嘉兵衛）に石門《せきもん》心学《しんがく》を学び、手嶋堵庵の時習社に入った。しかし、余暇の学習に満足せず、儒学で身を立てることを決意し、岩垣龍渓に入門、独立して京で教えた。学風は古学を基盤にした折衷学で、その点では一八世紀後半の儒学界の潮流と共通であった。寛政六年（一七九四）から但馬《たじま》（兵庫県）の出石《いずし》藩に招かれ、藩校で講義をした。京の鷹司《たかつかさ》・日野《ひの》らの公卿も敬所を師として迎えるようになった。津藩校の督学になった川村尚迪が上京して猪飼塾に入ったことが、津藩と関わる機縁となった。敬所は民間の学者であり、老齢までそのあり方を大事にしていたが、六九歳という高齢になって津藩お抱《かか》えの賓師《ひんし》になった。伊勢参宮の時、神職で学者の足代弘訓《あじろひろのり》に乞われ、三日間論語の講義をしたが、その精細な講義に聴講者が感服し、地元の知名士がことごとく見送りに出るほどであった。津に寄って有造館で書経の講義を三日間行なったが、その聴講者は三〇〇人を超えた。天保《てんぽう》二年（一八三一）、乞われて藩主に『中庸《ちゅうよう》』の講義をした。藩主は内容に感激して、賓師として遇し扶持を給することになった。敬所はその後も京から津に来ては講義し、途次、伊賀の宗広堂で教えるというような関係を保ち、時には近畿・四国・中国地方への招請があれば出かけて講義をした。津藩主をはじめ門人たちが懇望したので、天保九年、七八歳で京から津に移った。目も耳もほとんど働かなかったが、記憶は明確で、藩主への進講、有造館や出雲《いずも》藤堂家へ出講し、藤堂光訓、川村尚迪、平松楽斎の私宅でも講義した。敬所は、現実に対応する感覚の鋭い折衷学的儒者であったが、天下論にはなじまず、教育・研究、道徳実践の八五年間を生きた。

平松楽斎　平松楽斎（正慤）は、藩医の子で寛政四年（一七九二）に生まれ、平松正明の嗣子となった。二七歳で小姓組頭役《こしょうぐみがしらやく》に任じられ、江戸で高兌に仕えた。学校の開設、藩士の救助、民政の改善について意見を述べ、藩主夫人が自ら蚕を飼い絹を織って範を示すよう勧めた。文政二年（一八一九）津に帰った楽斎は、有造館の起工に参画した。家禄四〇〇石を継いで文政六年用人大横目《おおよこめ》加役《かやく》に進み、勘定方《かんじょうがた》加役《かやく》を兼ねて藩財政の状態を藩主に告げ、このために藩邸普請が中止された。楽斎は日頃の献策の積み重ねもあって、困窮藩士救済の取締掛に任じられた。文政七年には伊勢伊賀学政用掛を命じられた。

天保四年（一八三三）『救荒雑記《きゅうこうざつき》』を著したが、これは凶歳に備えて三年間菜根・草芽・木葉を試食した結果を、藩主侍読の斉藤拙堂が記録したものである。天保五年の春には領内にも飢民がでたが、楽斎は骨董粥《こっとうがゆ》という野草十数種と少量の米麦で作る救荒食を試食、施行《せぎょう》した。楽斎と交流した足代弘訓、覚善院・西来寺・浄蓮寺の僧侶も救済に働いた。楽斎は、救荒方法を印刷して、津寺町西来寺の僧真阿に頼み、その末寺の手で民間に配った。山田の禰宜《ねぎ》で国学者の足代弘訓《あじろひろのり》は楽斎に米の移送を頼み楽斎はそれに協力した。貧民救済という観点をもつ楽斎と弘訓は大塩平八郎と親交があったため、大塩の乱に際して嫌疑をかけられた。楽斎は天保七年に槍奉行になったが、この年津藩が生んだ女訓書である『藻汐草《もしおぐさ》』を印刷した。役職は槍奉行に続いて鉄砲頭という武官的なものについた。天保七年は再び凶作になったが、楽斎は本草家《ほんぞうか》や僧侶に聞いて、代用食になる野草六〇種を選んで試食研究し、草名と調理方法を『食草便覧』と名付け、数千部刊行して民間に広めた。天保九年に郡奉行に任じられ諸郡を巡察した。奉行としても、飲料用井戸の掘削、東照宮遺訓の民間配布、窮民救助、徳用樹木の植栽などに働き、老後の嘉永元年（一八四八）には藩の種痘館開設のために働いた。藩校の花壇に薬草を採集・栽培することにも熱心であった。

谷川士清　中期に戻るが、終生、民間にあった知識人に神道学者谷川士清《たにかわことすが》がある。宝永五年（一七〇八）に津八丁に生まれ、垂加《すいか》神道《しんとう》を玉木葦斎に学んだ。そして医業を営みながら研究に励んだ民間学者であった。垂加神道・和歌・国史・国語の学問を深め、多くの門人に神道を教授した。多くの著書を残したが、『日本書紀通証』三五巻、『和訓栞《わくんのしおり》』前中後編九三巻八二冊がよく知られる。士清は本《もと》居宣長《おりのりなが》より二一歳年長であったが、親交があり、宣長も士清の業績を高く評価していた。安永四年（一七七五）に多くの自稿を刑部《おしかべ》村古世子《こぜこ》神社（津市押加部町）の境内に埋めて反故塚《ほごづか》を築いた。その碑に刻んだ句の中に「日本玉之讐《やまとだましい》」と読み込んで、日本意識を詠み上げた。宣長の「敷島《しきしま》の大和心《やまとごころ》」の歌はこの士清の句の影響もあると言われる。

民俗界─御利益信仰と年中行事─　こうした学と智だけが藩世界に浸潤したのではなく、その土台には厚い民俗・習俗があり、藩政としばしば対抗していた。しかしそれを責める藩政も民俗と深いところで通底する分野があった。祈禱はその代表的な分野である。『庁事類編』文政四年七月十日条に、「旱魃《かんばつ》ニ付田方日痛之様子故、一宮神光院ニ而雩《あまごい》御祈願被仰付下され度旨、加判奉行申出、承届け候事」とあるが、当然村々もそれぞれに雨乞い祈願をしていたのである。藩主家氏神の位置にあった津観音（津市大門）は、士民両方の雨乞《あまごい》・雨止《あまどめ》、平癒《へいゆ》・流行病《はやりやまい》撲滅の祈願の場となり、御百度《おひゃくど》踏みの場となった。

しかし、文化元年（一八〇四）に、藩は「覚」を出して「人相家相」を見る者の逗留を禁じているが、その中で「奇怪の事は信用すへからさる様」(『津市史』三)と警告している。「奇異をのべ凡俗《ぼんぞく》を誑《たぶらか》す」ことは町方二一か条でも禁じられていた(第十一条)。祈禱・八卦《はっけ》・占いを生業《なりわい》とする領内の陰陽師《おんみようじ》を支配した頭領は、釜屋町《かまやまち》(津市北丸之内)の源太夫で、その配下は町村に散在し、妻を神子《みこ》(巫女)・釜払いにして、民衆の現世利益の願望に応えた。文化年間の明学院は修験《しゆげん》(山伏《やまぶし》)の一派として、町郷からの献金で土御門《つちみかど》家から官職を得た(受領慣行《ずりようかんこう》)。神仏習合した民間の信心行為はじつに多様であったが、藩境を超える参拝行動に対しては、藩は他所稼ぎの領民に対するのと同じ発想で規制しようとした。文化一一年、藩は倹約令と合わせて、富士参りや西国巡礼はやってもよいが、「異形《いぎよう》の姿」(『津市史』三)をして山伏同前の施物を請けたり、寄集まり餅・酒に金を費やすことを禁じた。

幕末の津町の生活慣習を記録した『草蔭草紙《くさかげぞうし》』(『津市史』三)によって一年の前半の行事を見てみよう。

正月

元日は、贄崎《にえざき》海岸(津市港町)で初日を拝す。

二日は、魚の初市が立ち、蛤《はまぐり》を売り歩く。「市民相互に年礼」。

四日は、川岸で雑穀・肥料・酒・塩の初相場。

五日は、山之世古米会所《やまのせここめかいしよ》(津市東丸之内)で初市。

一〇日頃より、獅子舞《ししまい》来る。

二〇日は、観音寺で御厨《みくりや》神事。

二五日は、御厨の鏡餅《かがみもち》搗き、商店休業。

二月
朔日《さくじつ》は、鶴の子渡しの式。数番の能狂言。十五歳以下の男子が羽織袴《はおりばかま》で紫縮緬《ちりめん》の鉢巻をし、青竹の枝を携えて、よいよいよいと唱えて町々を巡回（ヨイヨイ小供）。初午は厄除《やくよけ》観音、厄年者・芸娼妓が鏡餅・幟《のぼり》を供進。各所の稲荷《いなり》社祭典。

一五日は、各地の寺院で涅槃《ねはん》像を掲げ法会《ほうえ》。一志郡《いちしぐん》榊原村《さかきばら》林性寺《りんしょうじ》（久居市）・河曲郡《かわわ》神戸《かんべ》龍光寺《りゅうこうじ》（鈴鹿市）・一身田専修寺《いしんでんせんじゅじ》（津市）へ津からも「往詣多し」。社日、中風《ちゅうぶ》除けに神社巡拝。彼岸《ひがん》、六阿弥陀へ巡拝。

二五日、津町内二五箇所の天満宮巡拝。

三月上巳（三日頃）は、「女子ある家は雛祭《ひなまつ》り」。豪家では「衆庶に縦覧」させ菓子や煎餅《せんべい》を与えるので「前夜より当日へかけて見物人群集す」。この日、汐干狩《しおひが》り。

この日から、足袋《たび》禁制。去年の歳暮《せいぼ》より、各地からの伊勢神宮への年越し参りで、ヤアトコセイの「声絶ゆる隙なし。」

二一日は、弘法大師忌《こうぼうだいしき》で市内二一箇所巡拝。春の遊楽場は、小戸木《こべき》・新家《にのみ》（久居市）の桃、香良洲《からす》の桜、千歳山《ちとせやま》（津市垂水）・有造館内待賓館内の桜、長谷山《はせやま》長谷寺《はせでら》（津市片田長谷町）・岩内村《ようち》（松阪市）瑞岩寺《ずいがんじ》。

四月

八日は、釈尊降誕会《しやくそんこうたんえ》。甘茶《あまちや》を児童に施与。「婦女子は糸麻の紡績《ぼうせき》を休む」（おんぞ御衣《ぎよい》）。

一四日は、機織業休み（神宮神衣祭）。

一五日は、裁縫休み。

五月

五日まで、四月下旬から男子ある家は「門前に木綿二幅へ紋章を染込みたる大幟」。毎朝夕、組合近隣で上げ下ろし手伝い。

五日は、端午《たんご》で市街に幟立ち並び、これを千歳山・茶臼山《ちやうすやま》から観望する者多し。

二八日は、富士大権現《だいごんげん》と書いた紙旗を立て児童が富士遥拝《ようはい》。

六月

七日は、各所祇園会《ぎおんえ》始まる。

一四日は、数百個の白張提灯《しらはりちようちん》へ火を入れ鉦《かね》を鳴らし海岸へ行き焼き捨てる祇園送り。

夏に、「楯干《たてぼし》の遊」。阿漕浦《あこぎがうら》から米津浦《よねづうら》あたり。

こうした年中行事を一覧するだけでも、祈願・参詣が都市民の文化行動の中心にあることが理解されよう。

津藩の内憂外患　文政八年（一八二五）に一三歳で十一代藩主になった高猷《たかゆき》は、明治四年（一八七一）まで四四年間も藩主（版籍奉還《はんせきほうかん》後四年までは津藩知事）の位置にあった。

惣無事《そうぶじ》を保証するべき公儀への奉公、安民と御救を委託された公儀名代の預治という二方向の課題に応じようとすればするほど、藩財政の破壊的支出を強いられた。

天保三年（一八三二）には日光東照宮修復費用として二万一〇〇〇両を支出し、天保の飢饉《ききん》に際しては貯穀二万俵を公儀に献じ、江戸城修築の役割もはたした。高兌の「中興」の成果でかろうじて津藩はこれらの負担に耐えた。天保三、四年の凶作では直接には冷害を受けなかったが、米価が六倍にも高騰した。津藩は窮民への救助米に五〇〇〇俵を買上げ、天保七年の凶作に際しては津留令《つどめれい》を徹底させ、一万五〇〇〇俵を給与した。藩士平松楽斎の救荒書《きゅうこうしょ》を出版し、他藩もこの書を利用した。疲弊の影響が村によって人数の増減として現れた。

天保一〇年に、津藩は切印《きりいん》金を活用して村々に貸付けたが、安濃郡神戸《かんべ》村（津市神戸）ではそれまで一三五〇人いた村民が天保末年に九七六人に減っていたが、反対に人数の増えた村もわかったが、これは庄屋・年寄の功であるとして褒賞した。一志郡舞出《まいで》・矢野《やの》（香良洲町）・黒野（嬉野町）・曾原《そはら》村（三雲村曾根原）では、庄屋・年寄が一一〇〇〜一七〇〇文の褒賞金を与えられた。天保一四年には、町郷中から提出する書類、宗門改帳《しゅうもんあらためちょう》などの用紙を粗末なものでよいと触れて倹約令とし、商人に物価引下げを誓約させるほか、木綿や女性の帯地の価格上限を決めた。

こうした藩政のもとでも、神戸村では弘化《こうか》元年（一八四八）の村借《むらがり》が一九四八両に達した。そのうち一八三八両余は、未進年貢分の藩からの無利息貸付けであった。嘉永元年（一八四八）から連続三年間凶作になったが、この時は津の町人岡嘉平次・岡藤左衛門ら豪商の寄付を資金に、代用食草の図解『救荒采草《さいそう》』を二〇〇〇部刊行して村々に配布した。藩が公的機能を果たすためには、その度に民間の助力が不可欠であった。嘉永三年の凶作には『救荒草品図』をだし、薊《あざみ》ほか一七種を図版で示し、芹《せり》など七種の草や、藤・榎《えのき》・槐《えんじゅ》・令法《りょうぶ》などの若芽が食用になることを知らせた。平松楽斎は救荒食として、白米二合・大麦一合・米汁三升の中へ菜・大根・根深《ねぶか》・里芋・薩摩芋・蕪《かぶら》・大根干葉・芋茎《ずいき》・荒布《あらめ》・ひじき・摘草《つみくさ》を細かく切ってたっぷり入れ、味噌三〇匁と塩を加えて煮立て、一度に一五六人分の食事を用意する「菜雑炊《ぞうすい》」を考案して奨めた。

予期しない自然災害は気候だけではなかった。安政元年（一八五四）の東海地震では、伊賀領の被害が大きかった。伊賀領全体で全壊一八六三戸、半壊三三八〇戸、死者四六一人に及んだ。そのうち上野城下では全壊四四八戸、半壊五一九戸、圧死一二五人であった。この地震で、安濃津港の港湾機能は大きな打撃を受け、いっそう小さい港になった。これ以降も災害と富商からの借上げが続いた。安政二年には領内からの借上げを命じ、上野の富商からは二七九三両余を借上げた。

こうした「内憂《ないゆう》」的課題だけでなく、幕藩体制の存続の根拠になってきた惣無事を脅かす「外患《がいかん》」的課題にも藩は応えなければならなかった。高兌は海防に気づいた藩主だったが、津藩の軍制改革は高猷のもとで天保期頃から具体的な日程にのぼるようになり、洋式の兵備・訓練への切替えを目ざした。また家臣を、松代《まつしろ》藩の佐久間象山《さくましょうざん》や長崎町年寄の高島秋帆《たかしましゅうはん》に学ばせたり、幕府の長崎海軍伝《でん》習所《しゅうじょ》などに派遣したりした。津藩は嘉永二年（一八四九）、津の富商二〇人に上納を強いて鋳砲費用の資金を作り、砲工廠《ほうこうしょう》を新設して、翌年には洋式砲二〇門を鋳造した。乙部《おとべ》村（津市）の火薬製造所では、火薬を製造した。家臣の調練は洋式となり、銃砲の訓練が中心となった。

ペリーが来航した嘉永六年には、「武事四拾歳以上ニ而も一芸相嗜《あいたしなみ》、御用意候様心掛ケ可申」（『庁事類編』）と通達して、いっそう軍制を洋式化させ武備と訓練に取り組んだ。壮士隊《そうしたい》が二〇歳以下の青年藩士で組織され、無足人三〇〇人が選抜されて郷士隊《ごうしたい》ができた。安政二年（一八五五）には大きく兵制改革を実行して、オランダ式を採用し、大口径の大砲をつくった。軍隊は、十組《じゅつくみ》の侍組（藩士）・鉄砲組（足軽）・郷鉄砲組（無足人）・壮士撒隊（後に無足人のみ）・撒隊（永無足人）・撒兵（一代無足人）など、郷士農兵を強化しつつ編成替えした（『津市史』一）。農兵には勤務心得があり、命令を厳守すること、武士に対して無礼をしないこと、家業の農業を怠らないこと、家業の合間に鉄砲修行を行うこと、迅速に出動できる態勢にしておくこと、などが求められた。

公武合体の立場と形勢観望　津藩は幕末維新期の政治過程では、多くの藩と同じように公武《こうぶ》合体《がったい》・尊王佐《そんのうさ》幕《ばく》の立場をとった。ペリー来航に当たっての老中阿部《あべ》正弘《まさひろ》の諮問《しもん》に対する高猷の回答は、石炭・食料などさしつかえないものは聞届け、漂流民は帰国させる、しかし近海まで乗込んで来て測量するなど無礼を行うなら詰問して詫状《わびじょう》を取る、長崎へ来ることを命じ浦賀《うらが》港（神奈川県横須賀市）へ来るなら打払うことを告知するというものであった。これは当時にあっては攘夷延期論であった。

津城は伊勢湾に面し、異国船が伊勢湾に入り込む怖れは現実にあった。公儀は、天保一三年（一八四二）に津藩に伊勢神宮の警備を命じた。津藩は弘化四（一八四七）に志摩半島沿岸の測量を行い、沿岸村々を巡視して警備の方策を検討した。高猷も神宮に参拝して二見浦《ふたみがうら》の海岸を巡視した。そこで、伊勢の外港に台場《だいば》（砲台）をいくつも構築し、山田《やまだ》原《はら》（度会郡二見町）に陣屋を設けて二見に四〇〇人の兵を配置した。安政二年（一八五五）一月、志摩近海に出没して鳥羽港に碇泊した異国船への対応のため、鳥羽藩主稲垣氏から津藩へ報告と支援依頼があり、津藩からは藤堂出雲、藤堂織部《おりべ》らの家老が出向いた。

高猷は、大老井伊《いい》直弼《なおすけ》の日米通商条約締結には連署で反対し（安政二年）、忍者を使って情報を入手しようとした。また文久元年（一八六一）には、対外政策の献策書を公儀に提出した。これによると、太平が久しく俄《にわか》に武備充実もできないので「一時権道」（『津市史』一）の処置として開港になったが、外国から入る品は「無益の玩弄《がんろう》多く、此方よりは米穀をはじめ有用の品のみ持帰」るので、物価高騰の状態である。士民一同が困窮すれば「東禅寺《とうぜんじ》にて変事」のようなことも起こるので、国内がとくと折り合うまでは帰帆するよう説得すれば、おそらく命令に従うはずであると論じた。この微温的攘夷論は当時の世論に通じるものであったろうが、すでに対外関係は、このような意見を基調にできる段階を通り過ぎていた。坂下門外《さかしたもんがい》の変、寺田屋《てらだや》騒動などの続発が高猷の認識をゆさぶったのか、翌文久二年五月に再び上書を提出し、阿片《あへん》戦争で敗れた「清国之覆轍《ふくてつ》」を踏まぬためにも「公武御合体」で海内（国内）一致して「夷狄《いてき》御打払《うちはらい》」が大事であると訴えた（『三重県史資料編近世』四下）。

京都守護については、安政五年（一八五八）、公儀は津藩に京都警衛の兵員を増すことを命じた。高猷は京坂の海岸線を視察し、文久三年に家茂《いえもち》が入京した時には二条城の守衛も命じられた。文久三年には、郷鉄砲組の砲術打ちの稽古場が安濃郡長谷場村に設けられ、町郷中に対して古い建物の床下の硝石《しょうせき》採集を命じた。村の年寄役の嫡子、組頭のうちから農兵を取立てて帯刀《たいとう》させ、無足人格とし、郷導組を編成した。彼らには農業の合間に鉄砲稽古を行わせた。

文久三年（一八六三）、急進的な尊攘派浪士の天誅組《てんちゅうぐみ》が五条代官所（奈良県五条市本町）を襲撃し、十津川《とつがわ》郷（奈良県吉野郡）に下って拠点をつくろうとしたのに対し、公儀は和歌山・彦根・津藩に鎮圧を命じた。津藩は、京都と伊賀上野から軍勢を派遣して三〇日で壊滅させた。伊賀の無足人の撒兵隊が実戦に加わり、津城下の警護にも動員された。八月一八日政変後の緊張に対しては、津藩は毛利氏の罪を許されるよう朝廷に建議し、長州藩にも自重を促した。

津藩は、志摩の防備、神宮の警衛を固めるとともに、文久三年四月には、津の伊勢湾岸である贄崎、塔世《とうせ》に台場を築いた。津藩は海防には藩士だけでなく、無足人も大庄屋・庄屋も動員した。平郷夫は火事具・雨具、腰兵糧二度分を携えて出動するものとされ、一村の一七歳から六〇歳の男子の三分の一がこれに動員されることになった。

元治《がんじ》元年（一八六四）、長州藩が会津・桑名・薩摩藩兵と衝突した蛤御門《はまぐりごもん》の変では、津藩は伊賀から派遣した三五〇人の藩兵をどちらにも参加させなかった。形勢観望ではあったが、津藩は和解を奨めるなど、その立場においては積極的だったというべきであろう。幕長戦争（第一次）にも津藩は参加しなかった。慶応元年（一八六五）の幕長戦争（第二次）には中止を上申したが聞かれず、津藩にも出兵が命じられた。津藩は津・伊賀合わせて三〇〇〇人の藩兵を摂津（大阪府）近くまで出兵させた。全藩兵の四割に及ぶ一二〇〇人は、郷鉄砲組や撒兵であった。しかし将軍家茂が死んで征長中止となったので、実戦はなかった。

天誅組の鎮定出動以来、藩兵を各所に動かしたり駐在させたりした津藩は、数十万両の費用を使った。資金捻出策としては、領民の献金を求めるほかなかった。その際に町方に対しては、郷方の者は無足人から平百姓まで諸所へ役負担で出向かなければならないが町方は郷方とはちがうのだから富裕者は調達金で御用を勤め年来の国恩に報いるべきであるという国恩の論理を用いた。また村方に対しては、多年の太平の恩沢を思い万民こぞって尽力すべきで、宗教者も相応の御用向を勤め国恩に報いるべきであると、ここでも国恩の論理を用いた。

外からみれば津藩の立場は公武合体・尊王佐幕に見えたが、藩の内部に入れば、意見は揉《も》めていた。藩校督学川村尚廸《なおみち》（貞蔵）は、勤王論を主張し、時局乗切りを朝廷中心で構想した。川村は藩主の下問に対し、朝廷が君で幕府が臣という名分は天下万民皆知る所という国家観に立って勤王論を論じた。

藩校督学土井有恪は、幕府を助けて朝廷を奉じるのが最上という、公武合体論にたつ佐幕論を主張した。外様大名藤堂家は徳川将軍家の特別の恩顧を受けており、公儀の威信で藩世界を統べてきたが、幕末の政争の中で主体的に佐幕か勤王かを選ぶことはできなかった。

幕末政情と民衆の対応―ええじゃないか―　こうした津藩世界の幕末政情の中に、民衆も一つの様式で姿を現した。慶応三年（一八六七）夏から冬にかけて、伊勢領下は「ええじゃないか」と踊りながら参宮する者で溢れた。桑名、四日市、白子《しろこ》（鈴鹿市）、松坂、田《た》丸（度会郡玉城町）の町々でも降札があり、周囲の住民が街道に出て乱舞した。ろくに路銀《ろぎん》も持たない参宮を御蔭《おかげ》とみなして御蔭参りと呼ばれた周期的な群参的参宮は、抜参りの民俗と組み合わさって貧者や奉公人が雪崩《なだれ》をうって加わる民衆運動の様相を呈した。津藩領では、明和八年（一七七一）に畿内近国を始めとして女童・子供、乳飲み子を抱いた若い母親、犬猫を連れて群参した様が記録されている。文政一三年（一八三〇）の御蔭参りも、阿波徳島の七歳の子供が突如行方不明になったが参宮を済ませ神符をつけた竹馬とともに帰宅したという奇蹟譚《きせきたん》から、急速に盛り上がった。

慶応三年の御蔭参りは「ええじゃないか」と通称されるが、参宮街道では御蔭参りとよく似た光景を見せた。ただし、この年は大きな集団ごとに群舞となり、「えいじゃないかえいじゃないか、なんでもえいじゃないかえいじゃないか」と囃《はや》しながら踊って街道をおおった。津町では、一一月に入って堰を切ったように地頭領町から踊り出した。川喜田政明は「一、長土薩〱、一、ヱジャナヒカ

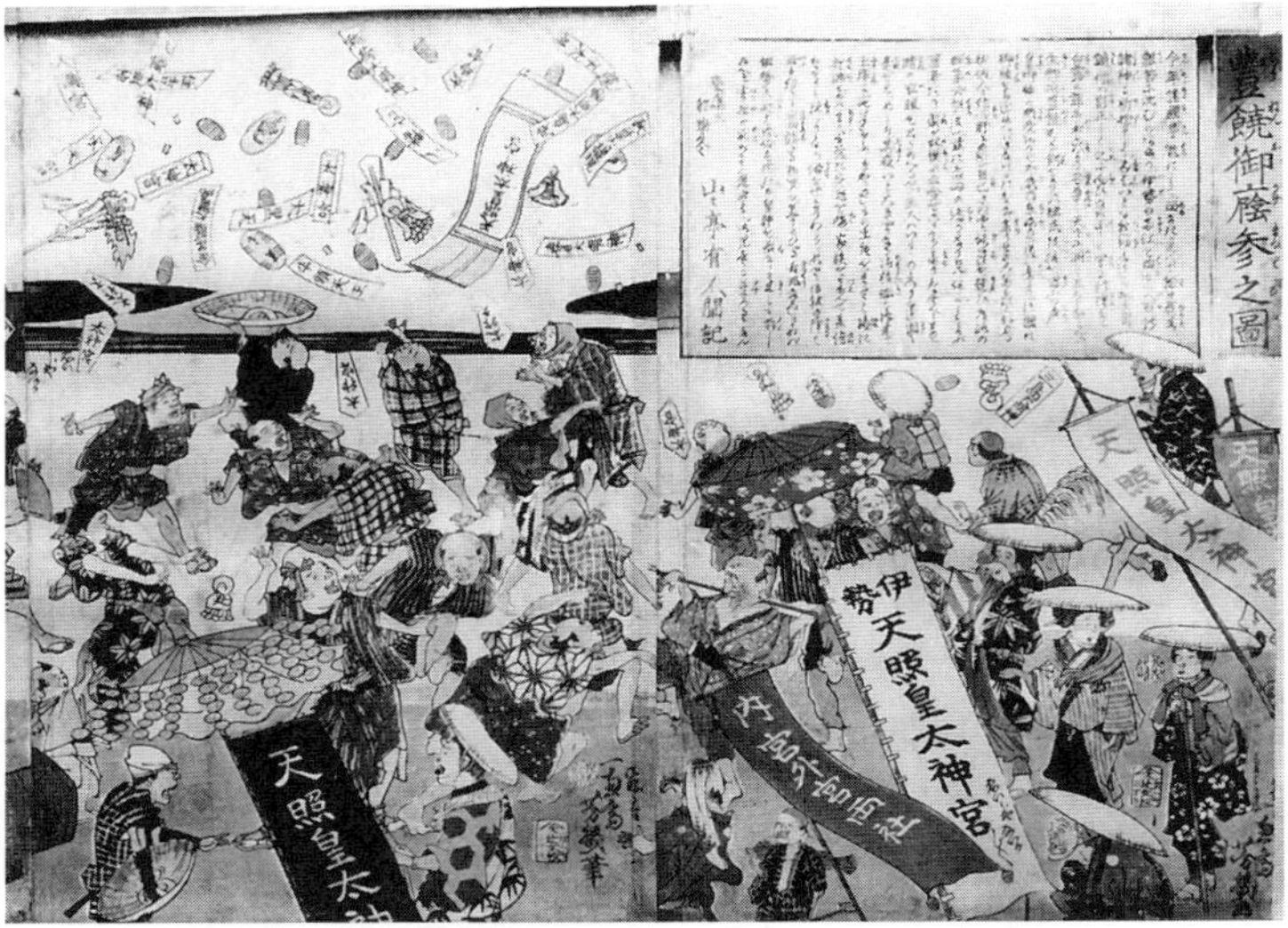

図17　豊饒御蔭参之図（部分，東京都立中央図書館加賀文庫蔵）

く、一、ヲメコニカミ張、太鼓ノ音ガスル、ハゲタラマタハレ、〱」という「はやり歌」を書き留めている（『三重県史資料編近世』四下）。川喜田家にも御祓いが降った。上層の商家だけでなく「伊よ町（伊予《いよ》町《まち》、津市本町）女髪結い家、地頭領町丁ちんや（提灯屋）」（同前）など、普通の商いの家へも御祓い降りが起こった。町々から踊り出し、緋縮緬《ひぢりめん》、山《やま》繭《まゆ》、天鵞絨《びろうど》などの長襦袢《ながじゅばん》を着て、腹当て股引《ももひき》をつけて踊り歩いた。御札の降った家々は門前に青竹を立てて紅染の手拭いを下げたり標《しめ》縄《なわ》を張ったりし、通行する者に酒樽を抜いて振る舞った。

一一日夜には、津の全町の住民が踊り出し、これに老若男女が昼夜なく加わった。津藩は、これまでの御蔭参りのように応接の扱いはぜず、御祓い降りを祝ったり決められた場所での踊りなら見逃すが、「往来へ罷出《まかりいで》、右往左往に踊等」(『津市史』一)をすることは禁じた。この禁令によって踊り廻るほうは即日止んだ。しかし関東の世直し一揆、関西の民衆創唱宗教のような型の世直しの運動は津藩世界からは生まれなかった。

戊辰戦争と津藩の選択　慶応三年一〇月の討幕についての朝廷の諮問に対し、津藩は、対外関係は「旧の如く幕府江御委任あらせられ度」(『三重県史資料編近世』四下)と述べ、朝廷が直接政事を執行するのは「大害ノ基《もと》」(同前)と佐幕的観点からの回答を行った。また別の建議書にも、「王政復古ハ名義モ正敷《ただしく》、結構ノ御儀」としつつも「徳川氏御委任ノ方相勝《あいまさ》リ申すべし」(同前)と委任論に基づく公武合体を論じた。この時期、国家・社会の上下で建言書・意見書が乱れ飛ぶ勢いにあったが、この趨《すう》勢《せい》が明治維新の公論政治を引き出す圧力となっていった。

慶応四年(一八六八)一月、鳥羽《とば》伏見《ふしみ》の戦いの際も、当初は津藩は双方から疑われるほどの熱意で和解の斡旋《あっせん》を行った。また京都守衛役の津藩は、京・大坂の間にある山崎《やまざき》(京都府大山崎町)に駐屯していたから、勝敗を左右させる影響力を発揮できた。津藩は、佐幕的中立の姿勢を固持しつつ、どちらの交渉にも応ぜず、形勢を観望した。そして津藩士藤堂帰雲は、細川藩など一一藩の重臣と二条城に集まり、「祖宗《そしゅう》以来世襲の大権《たいけん》差上げられ、只管《ひたすら》御自責」(『津市史』一)の慶喜《よしのぶ》に対する寛大な措置を求める建言書を提出した。

しかし勅命の形で新政府軍への加担要請が重ねられ、それまで徳川・薩長の私闘とみなして斡旋に努めた津藩も、一月五日、ついに新政府側としての旗幟《きし》を鮮明にした。六日、総師藤堂采女《うねめ》は徳川軍を砲撃し、戦局の平衡を破った。淀藩も新政府側に転換し、徳川軍は総崩れになった。和歌山藩や桑名藩からは津藩に非難の声があがったが、その時々の天下人勢力に与力して御家の保持を図ってきた藤堂家の伝統的な政治選択からすれば、ことさら外れた行動とは言えなかった。そして、それは大方の大名家の選択様式でもあった。

こうして討幕側に編入された津藩は東征軍（東海道先鋒《せんぽう》）に加わり、津城代藤堂仁右衛門が軍兵・付属員一一〇〇人余の部隊を率いた。無足人の撤兵隊も参戦した。津藩兵は、房総・江戸・小田原・東北と十か月間、戊辰《ぼしん》の内戦に従軍し、明治元年（一八六八）一一月、凱旋の新政府軍として津に帰還した。この間、幕初の大坂の陣の時のような、領民が領主軍の出陣の隙をうかがう動きは起こらなかった。高兌の「中興」政治は相応に領内融和の効果を生み、その死に際して村々で氏神や宇治山田両宮への参詣が行われたが、こうしたことが維新期の津藩世界に影響していたのかもしれない。しかし、郷夫や撤兵がすべて勇んで戊辰戦争に従軍したのではない。実際に病気になったり病気を口実にしたり、臨終の親が会いたがっていると申し出たりして居村に帰ろうとする者も少なくなかった（『安濃町史』）。

明治二年一月、藩主高猷は版籍奉還の願書を政府に提出し、知藩事となった。江戸の公儀は新政府に急変したが、藩名を冠する時は「津藩知事」と呼称したように、政治権力の公的機関としての藩の存在は変わらなかった。しかし役職名は次々と変わった。明治三年、太政官布告で藩庁が津城に、支庁が上野城におかれた。大和古市と下総《しもうさ》大貫《おおぬき》（千葉県富津市）には出張所がおかれた。城代制が廃され、政治機構は政務・公務・民政・軍務・会計・刑法・教育・内務の八局に分けられた。軍制のことから藩士の一部に不穏な動きが生じかけたが、大きな運動や事件にはならなかった。膨大な藩債を抱えながら、さらに多大の軍事・政務の出費が必要であった。奉還した町方郷方から、津藩庁は年来の国恩を強調して献金を求めた。藩債は、明治二年で二一二万五八〇〇両、そのほぼ三分の一の一五三万両が一八世紀末期から急速に膨らんだものであった。

図18　明治年間の津城

　こうした「御一新」の激動の中でも、長い藩政を通じて訓練された臣僚らは最後まで部署ごとの実務を遂行していた。前川勝右衛門は、明治三年一二月一六日から二一日まで、明治四年三月二三日から二九日まで、五月一五日から二一日まで三回にわたって領内を巡視し、海岸・河川、村役人や神職者・訴訟人との面接の漢文記録を残した（廻村記）。初日の記録の前半を意訳してみよう。

　晴。早暁出発。従者は米沢藤之進。平野村（津市一

身田）の用水堤、部田《へた》川の東北の堤が破壊されているのを検視、海口までたどって戻る。江戸橋の西南の側の堤が壊れているのを検視。大部田《おおべた》村（津市江戸橋）の会所の寺で、平野村（赤塚伊左衛門）・大部田村（稲垣小十郎・井早平十郎）・余慶町《よけいちよう》（桑原五左衛門・同重次郎、在方支配）・松本崎下部田《まつぼざきしもべた》（飯田常右衛門）の村役人が来謁。

明治四年（一八七一）七月の廃藩置県によって津藩領は津県、久居藩領は久居県と名称が変わったが、一一月に遠近による編成替えが行われて、伊賀国と伊勢の安濃《あの》・奄芸《あんげ》・河曲《かわわ》・鈴鹿・三重郡内の津県域は安濃津県、一志《いちし》・飯野《いいの》・多気《たき》郡の津県域、久居県域は度会《わたらい》県とされた。高猷は明治三年退位して高潔《たかきよ》が一二代藩主となり、津藩知事に任じられていたが、廃藩置県《はいはんちけん》で藩主・家臣は政治機構から切り離され、津藩は消滅した。久居藩も同様に消滅した。この頃から藩政時代の町村制度は大きく変わっていった。波浪のように押し寄せる「新政」の中で、旧津藩領では明治四年伊賀諸郡民が廃藩にともなう平高制《ならしだか》廃止令の果実を一刻も早く手に入れるために、「旧慣」延長の措置に抗議する強訴《ごうそ》・打ちこわしに立ち上がり、実弾を受けて死者・負傷者を出した。

明治五年（一八七二）に安濃津県は、津から四日市へ県庁を移したが、その所在地の郡名を採って三重県と改称された。翌年再び津へ戻ったが、神話にちなむ県名は残された。これに旧津・久居藩領をふくむ度会県を合併し、今日の三重県が誕生したのは明治九年（一八七六）四月のことである。その年末、寛政八年（一七九六）以来八〇年を経て再び岩田橋を新政反対の一揆勢が押し通ったが（伊勢暴動）、もはやこれらの詳述は「津藩史」ではなく「三重県史」の内容となろう。

藤堂氏略系図（[1]津藩主、①久居藩主。親子関係を中心とし、また早世が明らかなものは略した。）

- 藤堂虎高
  - 女子　鈴木弥右衛門室　藤堂仁右衛門高刑母
  - 高則（大河内で戦死）
  - [1] 高虎《たかとら》
    - [2] 高次《たかつぐ》
      - [3] 高久《たかひさ》
      - ① 高通《たかみち》　支藩久居藩祖
        - [5] 高敏《たかとし》
      - ② 高堅《たかかた》
        - ③ 高陳《たかのぶ》
      - 女子　専修寺門主尭円室
      - 基恒　大沢兵部大輔基将養子
      - 女子
      - 高政　のち[4]高睦《たかちか》
    - 高重
    - 女子　会津蒲生忠郷室　後専修寺門主尭朝再嫁
    - 高吉（名張家）　丹羽長秀第三子
    - 女子　他に八人
  - 女子　藤堂源助母
  - 高清　伊賀城代
    - 高英　藤堂出雲家
      - 高明《たかあき》
  - 女子　藤堂仁右衛門後嫁
  - 正高　天正十六―寛永六、慶長四、江戸人質詰後、子弟江戸人質の初め、のち帰国
  - 女子

高武
女子
④⑥高《たか》治《はる》

高武 ― 高満 ― 高周 ― ⑤高《たか》豊《とよ》（のち⑦高朗《たかあき》） ― 高《たか》文《ふみ》（宗国史筆者）

高満 ― 高璞 ― ⑪高《たか》矗《なお》

高周 ― ⑩高《たか》衡《ひら》

高治 ― ⑥高《たか》雅《まさ》

高豊 ― 女子（六代高治女、専修寺門主宜若円超室、後酒井大和守忠大に再嫁） ― 女子（六代高治女　松平越後守長孝室） ― 女子（酒井河内守忠得の許嫁、嫁せずして逝く） ― ⑦高《たか》敦《あつ》（のち⑨高嶷《たかさと》） ― ⑧高《たか》朶《えだ》 ― 女子（清水中将公美に嫁し、中村急逝により帰家） ― 女子（藤堂宮内長旧に入輿せずして卒） ― ⑧高《たか》悠《なが》 ― ⑨高《たか》興《おき》 ― 女子（加藤遠江守泰候室） ― 某

高敦 ― 某 ― 女子 ― 女子 ― 女子 ― 女子 ― ⑫⑩高《たか》兌《さわ》 ― ⑬高《たか》邁《とお》 ― ⑭高《たか》秭《かず》

高兌 ― ⑪高《たか》猷《ゆき》 ― ⑫高《たか》潔《きよ》

高邁 ― 女子（藤堂式部室） ― 広三郎（西川善左衛門嗣） ― 当之丞（内田小膳嗣） ― 女子（西村五介室） ― 女子（服部竹助室） ― 女子（箕浦少内室） ― 女子（町井秀太郎室） ― ⑮高《たか》聴《より》 ― ⑯高《たか》行《ゆき》

名張藤堂長徳 ― ⑰高《たか》邦《くに》

藩史略年表

年号	西暦	事項
弘治 二年	一五五六	藤堂高虎、近江国犬上郡藤堂村の地侍家に生まれる
永禄一〇年	一五六七	織田信長が尾張から北伊勢に侵攻
永禄一一年	一五六八	織田軍、南進して細野氏の安濃城を攻める。信長弟信包《のぶかね》を長野次郎として工藤宗家の当主とし、工藤家養子の北畠具藤を追う。信包は上野城（奄芸郡）を築き、五万石を支配する。
永禄一二年	一五六九	織田軍、北畠一族籠城の大河内城攻撃。信長次男信雄《のぶお（のぶかつ）》を具教の子具房の猶子にする条件で開城させる。織田信昌が信雄補佐として随従し、織田信包が安濃津城を築いて移る（起工時は不明）
元亀 一年	一五七〇	高虎、姉川合戦に一五歳で初陣し武功をあげる
元亀 二年	一五七一	信包、津三郷・津岩田の住民に宛て各種公事を一三年間免除、誰からの陣夫役であれ免除、誰の家来であれ居住者は住民なみに扱うことを触れる
天正 六年	一五七八	北畠氏棟梁織田信雄、伊賀全域支配を狙って丸山城を築くが土豪勢力に敗北。翌年も信長に無断で伊賀に侵入したが部将を失い敗北
天正 八年	一五八〇	信包、安濃津城を拡張、五層の天守閣を建設（五年とも言う）
天正 九年	一五八一	伊賀一国、織田信長の焦土攻撃によって、その支配下に入り、信雄の家臣が上野城を預かる

天正一二年	一五八四	脇坂安治が上野城を攻め取り、城番として駐在
天正一三年	一五八五	筒井定次、大和郡山から伊賀一国へ国替えを命じられ、上野に入城。土豪らが獺瀬《おそせ》城に拠って抵抗 高虎、聚楽第の郭内に家康新邸を造るにつき普請奉行を勤め、家康と昵懇になる
天正一五年	一五八七	高虎、日向で島津軍を大敗させ、軍功で従五位下佐渡守に叙任、紀伊粉河で二万石の大名となる。秀吉の命で、羽柴秀長の養子になっていた丹羽長秀三男仙丸を養子とする（宮内少輔高吉）
文禄　一年	一五九二	朝鮮参陣、水戦を受け持ち李舜臣の水軍と遭遇して苦戦。軍功として伊勢に千石加増
文禄　三年	一五九四	伊勢国の太閤検地進む
文禄　四年	一五九六	富田知信、父子連名の朱印状を与えられ安濃津城主になる。それ以前織田信包、近江に転封。高虎、主家が絶え高野山に入ったが秀吉に請われて下山、五万石加増、伊予で七万石の大名になる
文禄　年中		一五九二〜九六、筒井定次、三層の天守閣を持つ上野城を完成させる
慶長　一年	一五九六	朝鮮侵略の陣が起こり、高虎、舟手の頭領として朝鮮水軍に勝ち、感状を与えられる
慶長　三年	一五九八	六年にかけ、筒井定次が独自の検地。高虎、帰国後伊予大洲で一万石加増され八万石の大名になる
慶長　四年	一五九九	富田知信致仕・死去。五万石を嫡子信高継ぐ。高虎、弟の正高を人質として江戸に差しだし、家康への忠節を表明。正高、家康から下総に知行地を与えられる
慶長　五年	一六〇〇	西軍に安濃津城が包囲され津町を焼かれる。信高夫人の奮戦伝わる。講和開城の信高、高野山に上る。論功行賞で二万石加増され津は七万石の城下町となる。高虎、関ヶ原で東軍に属して働く。従軍前に「覚」三六か条を出す。戦後一二万石加増、伊予今治二〇万石に昇進して今治城を新造
慶長　六年	一六〇一	高虎、近江膳所城築造に際して縄張。また「置目条々」九か条を領内に触れる
慶長　九年	一六〇四	高虎、伏見城石垣普請
慶長一〇年	一六〇五	高虎、正夫人と世子高次を江戸に移り住まわせ、二心なきことを示す

慶長一一年	一六〇六	上野町焼亡。高虎、備中に二万石加増。江戸城の天守閣築造の設計、二の丸・三の丸増築に働く
慶長一二年	一六〇七	高虎、江戸城修築で縄張や普請を受け持ち、官名和泉守に変わる
慶長一三年	一六〇八	富田信高転封・筒井定次改易の後へ藤堂高虎が伊予から入封。伊賀国一円、伊勢国安濃郡・一志郡内、伊予国越智郡内（養子高吉支配）、計二二万九五〇石余で加増・転封。「法度」二一か条を規定。家付帳を作成。「御免許の条々」五か条を津町人に触れ優遇措置を規定。上野町民の売買の場所を上野・名張・阿保の三町に限定。高虎、これより以後篠山城・亀山城などの天下普請に従事
慶長一四年	一六〇九	「定条々」一三か条で年貢率を四〇％と決める（四ツ成の定免制）
慶長一六年	一六一一	この年より慶長一九年までの三年間、伊賀上野城・伊勢津城の大規模な普請を進める。高虎、京都二条城での家康・秀頼会見の接待役。肥後熊本藩の監国を命じられ国政を沙汰
慶長一七年	一六一二	高虎、禁裏仙洞御所の修築手伝普請
慶長一八年	一六一三	高虎、津町の地子を永代免許にすることを触れる。元津藩主富田信高の封土没収に当たり、高虎、伊予宇和島の富田所領の在番を命じられる
慶長一九年	一六一四	高虎、江戸城本丸助役。大坂冬の陣で一一月津城出発、全藩兵に近い六〇〇〇余人を率いて参陣。安濃郡神戸村で百姓の集合。講和後、濠の埋立て作業に従い、帰国
慶長二〇年	一六一五	高虎、三月に出陣令を受け、約五〇〇〇の藩兵で参陣。井伊直孝と河内路の先鋒を勤める。五月六日、八尾の決戦で長曾我部軍を破る。侍大将ら三〇〇余人討死。高虎、五万石加増、知行高二七万九五〇石になる。部将渡辺勘兵衛退去。伊賀夙村で事を挙げる動きが発覚して磔
元和　二年	一六一六	高虎、日光廟東照社建設で天海に協力、駿河久能山からの家康改葬に働く。伊賀者数十家を取立て
元和　三年	一六一七	高虎、日光工成と多年の忠勤により伊勢度会郡に五万石加増、津藩三二万三九五〇石余の表高確定

元和　五年	一六一九	徳川頼宣の移封に伴う領地交換で大和の四郡、山城の一郡に替地が与えられる。高虎異母弟高清、七千石の家臣となり初代上野城代を命じられる
元和　六年	一六二〇	高虎、秀忠娘和子の入内につき働き、実現
元和　七年	一六二一	高虎、讃岐高松藩の監国になり、外祖父の立場で藩政補佐、西島八兵衛を派遣する
元和　九年	一六二三	無足人を制度化する
寛永　二年	一六二五	この年より寛永六年まで、いったん戻るが再び同年から寛永一六年まで三度、西島八兵衛が讃岐に遣わされ、溜池の新設・修築、瀬替え工事などの開発と農政に働く。高虎、高次に一九か条を与える
寛永　四年	一六二七	高虎、寛永寺に東照社を奉納
寛永　六年	一六二九	高虎、大坂城再建の縄張り
寛永　七年	一六三〇	高虎、失明し、一〇月五日死去。高次、相承して二代藩主となる
寛永　九年	一六三二	江戸竜ノ口の藩邸類焼
寛永一一年	一六三四	伊賀越えの敵討
寛永一二年	一六三五	伊予二万石分が伊勢国内へ移され、高次、高吉に伊賀名張郡梁瀬の塞を守らせ二万石を給する（のち三人の弟に分知、宮内家は一万五〇〇〇石になる）
寛永一三年	一六三六	宗門改めが始められる。八幡神社で毎年祭礼が行われるようになる（神社奉仕を八幡町援助）
寛永一七年	一六四〇	寛永の飢饉で伊賀四郡の牛二二三一頭が死牛、九六七頭が煩牛となる。伊賀土豪出身の保田氏改め藤堂采女（元則）が出雲家に替わり上野城代となる。以後世襲。『永保記事略』の記事、始まる
寛永一八年	一六四一	伊賀・伊勢凶作・大雪で定免を検見取にする。藤堂仁右衛門らお互いの記憶や聞き集めから高虎一代記をまとめる（『藤堂家覚書』）。この頃から五人組編成への変更を進める

寛永一九年	一六四二	三二か条を領内に出し、小百姓に読み聞かせることを指示
寛永二〇年	一六四三	「御自筆の御覚書」で百姓が自害したり乞食になることを戒める。岩田川下流に川口番所を設ける
正保　一年	一六四四	伊賀の山田川の堤を築いて無高水呑を新百姓に取立てることを策す
正保　四年	一六四七	伊賀の阿拝郡山畑《やばた》村で新田開発を始め、西島八兵衛に慶安二年指揮を命じる
慶安　一年	一六四八	この頃から、寛永の飢餓状況を教訓にした法令が増える。田畑の勝手な売買を禁じ、訴訟制度をととのえる。自家入用と売木になる植林をすすめる
慶安　二年	一六四九	家並改め実施。無年貢の麦田を過作して稲作に旱害が出ても年貢軽減なしと触れる。平高を家並改めの際の年貢の平均を基礎に確定。西島八兵衛、伊勢一志郡で雲出井を完成させる
慶安　三年	一六五〇	新田開発の可能性のある場所の見立てを領内に命じる。桑木を栽培して絹を取ることと、漆を栽培して液・実を取ることを奨める
承応　一年	一六五二	日光廟の普請助役
承応　二年	一六五三	山中為綱、伊勢一志郡の雲出川から引水して一五〇〇余間の用水路を完成させる。一志郡の戸木・野辺野・小森に新田をつくる。再び定免制に切り替える
承応　三年	一六五四	加納藤左衛門、伊賀郡小波田野台地の開墾に着手
明暦　一年	一六五五	山城の一部領地が大和式上郡に替地となり、最終的に支配領域が確定
明暦　二年	一六五六	山中為綱が『勢陽雑記』九巻を著す。最初の伊勢地誌
明暦　三年	一六五七	二代藩主高次のもとで三か条の「條々」を出し、「殿様は当分之御国主、田畑は公儀之田畑」(『宗国史』)と伊賀伊勢大和山城の奉行を通じて「小百姓」にまで周知させる。全領で五人組を制度化。小波田新田を藩直営から大坂町人の請負新田に切替える。江戸大火で上・中屋敷がほとんど焼失

寛文　二年	一六六二	津城下大火、中之番町・地頭領町など一四か町七三八戸焼亡し、本丸以下の城郭も焼け落ちる
寛文　四年	一六六四	高次、伊賀国一〇万石余、伊勢国内一七万石余、山城国内一万石弱、大和国内四万石余、下総国内三千石、計三二万三九五〇石余の知行地を安堵される。太神惟直、「高山公遺訓二百条」の編述（のち『高山公実録』が収録）。山中為綱、瀬戸ケ淵の上流に堰を設け村々へ灌漑する普請に着手
寛文　五年	一六六五	切支丹奉行をおき、宗門改帳の作成始まる
寛文　七年	一六六七	黒鍬二六四人を抱え、百姓夫役を軽減する。大規模な御救を実施
寛文　九年	一六六九	高次致仕、高久に相続させ。二男高通に五万石（久居藩）、三男高堅に三千石を分封する。地方知行を蔵納にすることを決め家臣の了承を求める。小波田新田鉄砲組百人の編成。屋敷替え・農道付替え・隣家との距離・排水・堅田化・屋敷田畑排水・用水溝などにつき百姓の望みを出させる
寛文一〇年	一六七〇	高久初政の宣言を行い、財政悪化を訴え俸禄制へ切り替える。禄米十分の一分掛りを命じる
延宝　三年	一六七五	臨時に取り立てていた役銀を制度化し、知行高百石に銀一五〇匁前後を徴収。奉行が裏判し低利で貸付ける裏判金制度を設け百姓経営の持続を図る（翌年裏判金の返済残金を藩が立替えると告知）
延宝　四年	一六七六	大和添上郡田原郷の無足人山本平左衛門、日並記録を書き始める（享保五年まで）
延宝　五年	一六七七	百姓成立仕置令として自筆の「御書」を要路者に示し、領内に三か条の判物を出す。家中を高利貸から守るための貸付けを開始（催合銀制度）
延宝　八年	一六八〇	藩財政を立て直すため六分の一の分掛りを家中に命じる（十分の一分掛りは前年中止）。知行百石に銀三百匁を藩から下行し、家臣団の上金三〇両を合わせて四年間積立てる御用金制度をつくる

延宝　九年	一六八一	公儀令をふくむ三六か条の「定」を郷村へ出す
天和　三年	一六八三	郷中一七か条を出す。三百石以上の家臣の従者削減、馬の不所持を認める
貞享　一年	一六八四	田畑売買の承認手順を指示する
貞享　三年	一六八六	町方二一か条・寺社方七か条を出す。加判奉行証印の家中借金を許し利息だけを年々返却で元金は延借りできる袖判拝借制度をつくる
貞享　四年	一六八七	菊岡如幻が『伊水温故《うんこ》』四巻を著す
貞享　年間		このころより、定免制を請免制と呼ぶようになり、五年・十年毎に年貢率を藩と村で約束する方式になる
元禄　二年	一六八九	この頃新田開発の成果があがり、新田検地条目による検地が行われる。全家中に対し、知行高千石に百両の借金、十年賦返済を許し、物成の他領質入れを禁止する
元禄　五年	一六九二	鷹森藤太夫、雲出川北岸の寄洲の開墾に着手（翌年完成）
元禄　六年	一六九三	米の売買規定を決め問屋から誓詞を取る。津の米相場を江戸・大坂の平均値段で決済させる。この頃より塩・煙草・油など諸業種の問屋機構が生まれる
元禄一六年	一七〇三	高睦、生類憐み令の遵守を領内に命じる
宝永　二年	一七〇五	支藩世子の本藩襲封により久居藩五万三千石となる（明治以前津藩主一一人のうち五人が久居藩から入り、在位総年数一二〇年間に及ぶ）
宝永　六年	一七〇九	『廳事類編』の記事、始まる。駿河・相模の川筋普請の助役を命じられる
正徳　二年	一七一二	地方知行を復活し、蔵米渡しを希望者だけにする
正徳　三年	一七一三	江戸屋敷が類焼
享保　五年	一七二〇	藤堂高文生まれる。江戸藩邸類焼

享保　七年	一七二二	質入れは庄屋年寄が加判、質地耕作は地主が続行、流地は質地證文を年季売買證文に切り替えたうえ奉行所が押印などの質地規制令を出し、藩が援助して請返させることを指示する
享保一三年	一七二八	出雲家五代高豊、自家襲禄後五代久居藩主になり、七年後七代津藩主になる（後高朗と改名）
享保一七年	一七三二	一九年まで凶作。切印金制度（民間資金を調達して低利三年賦で貸出す領内融資制度）開始
		伊賀上級家臣の妻藤堂嵐子、嫁ぐ次女須磨に諭しの文を与える（『藻汐草』）
享保一八年	一七三三	窮民施行を行った町人百姓に奇特の褒美を与える
享保二〇年	一七三五	名張藤堂家が大名独立をめざした「享保騒動」が起こる（当主隠居、家老三人切腹）
寛保　二年	一七四二	貸付けられている切印金三千両を助免とし利足だけを償わせる。『永保記事略』の記事終わる
寛保　三年	一七四三	武蔵下総下野三か国で疎水手伝普請を命じられる
延享　四年	一七四七	大庄屋の下に組合目付をおき、庄屋や百姓を監視させる
宝暦　一年	一七五一	藤堂高文、『宗国史』の自序を書く。事により明和一年（一七六四）まで補録。高文、三一歳で致仕
宝暦一三年	一七六三	日光廟本殿造営の御手伝普請を命じられる
明和　七年	一七七〇	仙洞御所の普請手伝いを命じられる
明和　八年	一七七一	御蔭参りの盛行
安永　三年	一七七四	年賦償還を五年賦に延長
安永　四年	一七七五	銀札会所を大和の古市に設け正銀札を二種類発行、津にも引換出張所を置く
天明　二年	一七八二	旱害・水害による凶作で救済金を出す
天明　五年	一七八五	凶歳につき五千両の救済金を出し、津城下に粥の施行所設置。天明八年も同様
寛政　四年	一七九二	殖産事業を統括する菓木役所の設置。茨木理兵衛、切印金借入総額六万両を五年間据置とする

寛政　六年	一七九四	この年から日蔭をつくる樹木の伐採を強制。一志郡川上村平倉藩有林で椎茸栽培を行い大坂に販路
寛政　七年	一七九五	切印金への貸金の半額を返済打ち切りとする。組合目付を廃止、無足人八人を常廻目付に選び郷代官の直属とする。堕胎目付（流産目付）が新設される
寛政　八年	一七九六	二五か条の倹約令。切印金制度を百年賦償還とし、民間の相互契約の貸借の返済を無期延期とする。冬、地割り令など新法に反発する大規模な百姓一揆起こる。新法撤回、一揆頭取処刑（寛政十年）、藩役人処罰
寛政　九年	一七九七	正月、筆録者「滅法舎部羅坊」が『岩立茨』の自序を書く
寛政一一年	一七九九	出雲家九代藤堂高芬《たかか》、『宗国史』を修訂補正
寛政　年間		このころより心学講話会が領内各地で催される
文化　三年	一八〇六	高嶷が没して久居藩主であった高兌が九代藩主を継ぎ、文教・節倹に基調を置く刷新政治を始める
文化　五年	一八〇八	町郷中の孝心・奇特者を調べさせて表彰する
文政　一年	一八一八	高兌の命で津坂東陽、高虎事績を『太祖創業記』に撰述、後『聿脩録』と改題（藩校有造館刊行）
文政　二年	一八一九	藩校設立の論達を発表
文政　三年	一八二〇	満九十歳の領民に米を給与。九一歳以上の者へは毎年給与。三〇年間博奕をしなかった村々に褒美
文政　四年	一八二一	伊賀上野に崇広堂が建てられる
文政一一年	一八二八	藤堂高芬、『宗国史太祖譜』を十一代藩主高猷に献上
文政一二年	一八二九	「高山様二百回御忌」
文政一三年	一八三〇	御蔭参りの群参盛行
化政　年間		伊賀で心学講話運動が盛りあがり有誠舎、麗澤舎などの講舎が次々と建てられる
天保　三年	一八三二	日光東照宮修復費用として二万一〇〇〇両を支出

天保　四年	一八三三	平松楽斎、『救荒雑記』を著す（菜根草芽木葉の試食結果を斉藤拙堂が記録したもの）
天保　五年	一八三四	平松楽斎、骨董粥（野草十数種と少量の米麦で作る救荒食）を試食、施行。救荒法を印刷、配布
天保　七年	一八三六	平松楽斎、代用食になる野草六〇種を選んで試食研究し、『食草便覧』に調理方法を記し数千部刊行して民間に広める。また女訓書として『藻汐草』を出版
天保一三年	一八四二	津藩、伊勢神宮の警備を命じられる
弘化　四年	一八四七	津藩、志摩半島沿岸の測量を行い、沿岸村々を巡視して警備策を検討。藩主高猷、二見浦海岸を巡視。これより伊勢の外港に砲台を構築し、山田原に陣屋を設けて兵を配置する
嘉永　一年	一八四八	凶作により代用食草の図解『救荒采草』を二〇〇〇部刊行して村々に配布
嘉永　二年	一八四九	津の富商二〇人に上納を強いて鋳砲費用の資金を作り、砲工廠を新設、翌年洋式砲二〇門を鋳造
		藩校に洋学館を創設して蘭学者を招聘、医学、化学などを学ばせる
嘉永　三年	一八五〇	凶作により『救荒草品図』をだし代用食を図版で示す
安政　一年	一八五四	種痘館を設置する。東海地震の被害を受け富商からの借上げが続く
安政　二年	一八五五	兵制改革を実行、オランダ式を採用し、大口径の大砲鋳造。志摩近海に出没の異国船への対応のため津藩家老が出向く。藩主高猷、大老井伊直弼の日米通商条約締結には連署で反対
安政　五年	一八五八	津藩、京都守護を強化。修文館設立、町方の子に素読・手習・算術を教える。心学の勧善舎を併置
文久　一年	一八六一	高猷、対外政策の献策書を提出
文久　二年	一八六二	再び上書を提出し、公武合体を訴える
文久　三年	一八六三	津藩、二条城の守衛を命じられる。郷鉄砲組の砲術稽古場を安濃郡長谷場村に設ける。町郷中に硝石採集を命じ、村役人家から農兵を取立て無足人格とし郷導組を編成し、鉄砲を稽古させる。天誅組に対し津藩は軍勢を派遣して三〇日で壊滅させる。伊賀の無足人の撤兵隊が実戦参加

元治　一年	一八六四	蛤御門の変で、津藩は藩兵を動かさず形勢を観望しつつ和解を奨める。長州征討に不参加
慶応　一年	一八六五	長州再征にその不可と中止を上申したが聞かれず、出兵命令に応じるも将軍死去で中止
慶応　三年	一八六七	夏から冬にかけて伊勢領下は「ええじゃないか」と踊りながら参宮する者で溢れる。津の町々に御祓いが降り、乱舞状態になる。津藩、討幕の諮問に対し徳川氏委任が勝ると公武合体論で回答
慶応　四年	一八六八	鳥羽伏見の戦いに際し、津藩、佐幕的中立の立場から和解の斡旋を行うが、新政府軍加担要請に応じ徳川軍を砲撃、東征軍に加わり転戦して、翌年、津に凱旋。『聴事類編』の記事、終わる
明治　二年	一八六九	藩主高猷は版籍奉還の願書を政府に提出し知藩事となる
明治　三年	一八七〇	藩庁が津城に、支庁が上野城におかれる。城代制が廃され、政務・公務・民政・軍務・会計・刑法・教育・内務の八局に分けられる。藩士の一部に不穏な動きが生じる
明治　四年	一八七一	廃藩置県で津藩領は津県、久居藩領は久居県と名称変更。編成替えで伊賀国と伊勢の安濃・奄芸・河曲・鈴鹿・三重郡内の津県域は安濃津県、一志・飯野・多気郡の津県域、久居県域は度会県。藩主・家臣が政治機構から切り離される。伊賀で「平高暴動」が起こる
明治　五年	一八七二	安濃津県、四日市へ県庁を移し三重県と改称。翌年再び津へ戻ったが、県名は残る
明治　九年	一八七六	旧津・久居藩領をふくむ度会県を合併して現在の三重県が誕生する。伊勢暴動起こる

参考文献

一 地域史

『津市文教史要』 津市教育会 一九三八年

『一志郡史』上巻 一九五五年

『三雲庶民史』 一九五八年

『津市史』第一・二・三巻 一九五九〜六一年

『名張市史』上巻 名張地方史研究会（中貞夫） 一九六〇年

『上野市史』 一九六一年

『三重県史』 一九六四年

『久居市史』上・下巻 一九七二年

『伊賀町史』 一九七九年

『三重県教育史』 三重県教育委員会 一九八〇年

『一志町史』上 一九八一年

『三重県史』資料編近代一政治・行政Ⅰ 一九八七年

『江戸時代人づくり風土記24 三重』 農山漁村文化協会 一九九二年

『三重県史』資料編近世一 一九九三年

『三重県史』別編絵図地図 一九九三年

『三重県史』資料編近世五　一九九四年
『芸濃町史』上巻　一九九六年
『三重県史』資料編近世四（上）　一九九八年
『三重県史』資料編近世四（下）　一九九九年
『安濃町史』通史編　一九九九年
『三重県の歴史　県史シリーズ』（旧版一九七四年）　山川出版社　新版二〇〇〇年

二　著書・論文

中田四朗「藤堂藩における平高制」『三重の文化』三　一九五六年
中田四朗「藤堂藩における農村共同体の変質—旧一志郡七栗郷中村の場合—」『三重史学』創刊号　一九五九年
中田四朗「延宝—正徳期における藤堂藩家中対策」『三重史学』二　一九五九年
中田四朗「藤堂藩の農民政策の繁雑化—延宝期から天和期—」『三重史学』三　一九六〇年
中田四朗「藤堂藩初期の農民把握について」『日本歴史』一四五号　一九六〇年
中田四朗「享保期—元文期における藤堂藩の家中政策」『三重史学』四　一九六一年
久保文雄ほか『部落産業の史的分析』部落問題研究所　一九五七年
田中　彌「近世初期伊勢における役屋設定について」『三重史学』創刊号　一九五九年
家令俊雄「津藩」児玉幸多・北島正元編『物語藩史』四、人物往来社　一九六五年
武藤和夫「江戸時代の三重県における宗門改め制度」『三重史学』五　一九六五年
深谷克己『寛政期の藤堂藩』三重県郷土資料刊行会　一九六九年
杉本嘉八「津藩」児玉幸多・北島正元編『新編物語藩史』第七巻、新人物往来社　一九七七年

久保文武『伊賀史叢考』　同朋社　一九八六年
久保文武『伊賀国無足人の研究』　同朋舎　一九九二年
山中雅子「藩機構における無足人の地位―特に藤堂藩における無足人制度について―」『名城法学論集』第十九集　一九九二年
高倉一紀「山崎義故とその著述」『三重県史研究』第一二号　一九九六年
井奥成彦「近世南山城の綿作と浅田家の手作経営」石井寛治・林玲子編『近世・近代の南山城』東京大学出版会　一九九八年
藤谷　彰「津藩の伊勢国における年貢政策について―年貢徴租法と引の分析を中心に―」『ふびと』第五一号　一九九九年
藤田達生『日本中近世移行期の地域構造』　校倉書房　二〇〇〇年
吉田ゆり子『兵農分離と地域社会』　校倉書房　二〇〇〇年
『名張藤堂家歴史資料目録』　三重県名張市教育委員会　一九九二年
『三重県に関する著作・論文分類目録集』　三重県郷土資料刊行会　一九六七年

三　史料

『寛政重修諸家譜』　新訂版第十四集、続群書類従完成会
『宗国史』　藤堂高文が編纂した津藩史で寛延四年（一七五一）一月自序。藩政全般にわたる史料を収録。上野市立図書館蔵。上野市古文献刊行会が校訂刊行。
『高山公実録』　藤堂高虎の事績を編年体で考証。一部は早くに成ったが一九世紀前半に藤堂高芬が完成させたらしい。上野市立図書館蔵。上野市古文献刊行会刊行。

『聿脩録』　藩校督学津坂東陽が高兌の命で高虎の事績を文政一年（一八一八）に『太祖創業志』の題名で提出したものを、翌年高兌撰として増訂して改題版行。三重県立図書館蔵。原漢文を和文になおした『補註国譯聿脩録』が昭和五年（一九三〇）に刊行されている。

『藤堂家覚書』　藤堂高虎を身近に知る古参家臣らが寛永一八年（一六四一）に記憶や聞き集めをもとにまとめた高虎一代記。『改訂史籍集覧』第十五冊に収録。

『永保記事略』　上野城代藤堂采女家が寛永一七年（一六四〇）からほぼ一〇〇年間の藩政記録を化政期に編纂したもの。上野市立図書館蔵。上野古文献刊行会が刊行。

『廳事類編』　上野城代藤堂采女家が宝永六年（一七〇九）から慶応四年（一八六八）までの藩政を記録したもの。上野市立図書館蔵。上野古文献刊行会が刊行。

『藤堂藩政下における諸古文書集』「五日会」創立百周年記念号編集委員会、一九九六年。津藩領内収集史料を収録。

『平松楽斎日記』　民政家の平松楽斎が記した藩政・民俗にわたる日記で文化一三年（一八一五）から嘉永五年（一八五二）まで。津市教育委員会蔵。同委員会より刊行。

『藤影記』『津市史』編纂者の梅原三千が支藩久居藩の史料を蒐集。大正一一年（一九二二）に藤影会が刊行。『伊勢久居藩史』として復刻、一九七一年。

『名張市史料集二―名張藤堂家文書―』「藤堂宮内少輔高吉公一代之記」「藤堂宮内年譜」「享保騒動記」などを収録。名張市古文書研究会が刊行、一九八六年。

『藤堂藩大和山城奉行記録』　民政家西島八兵衛の諸帳面・裁許控・上書・覚下書・由緒書・書状などを収録。上野市立図書館蔵。上野市古文献刊行会が刊行。

『大和国無足人日記』

添上郡田原郷無足人山本平左衛門の延宝四年（一六七六）から享保五年（一七二〇）までの日記。個人蔵。郡山城史跡柳沢文庫保存会が刊行。

『藻汐草』　上野の重臣藤堂新七郎の妻嵐子が享保一七年（一七三二）に結婚する次女に与えた教戒書。天保七年（一八三六）版行。三重県郷土資料刊行会叢書。

『岩立茨幷寛政一揆関係資料』

寛政八年百姓一揆実録「岩立茨」、その事情を伝える「勢州堀川町福田氏手紙」、加判奉行の岡本五郎左衛門・長田三郎兵衛「百姓共強訴之節馬先取斗一件」、茨木理兵衛「謹上陳情書」などを収める。

『累世記事』　編者・成立年未詳。諸書の抜書・法令・事件録など雑然と収録。文化年間までふくむ。上野市立図書館蔵。上野市古文献刊行会が『宗国史』に合刻。

『勢陽雑記』　郡奉行山中為綱が明暦二年（一六五六）に著した地誌。七巻・付巻一巻。刊本は三重県郷土資料刊行会叢書第一三集。

『伊水温故』　藩主高久の命で菊岡如幻が著したと考えられる伊賀四郡の地誌で貞享四年（一六八七）完成。上野市立図書館蔵。上野市古文献刊行会刊行。

『三国地志』　上野城代藤堂釆女元甫が古文献引用と実地調査によって編纂、宝暦一三年（一七六三）完成。上野市立図書館蔵。上野市古文献刊行会より刊行。

『勢陽五鈴遺響』　伊勢山田の安岡親毅が半世紀かけて編纂。文政十一年（一八二八）没後、妻八千子が修補して天保四年（一八三三）完成。三重県郷土資料刊行会叢書。

『三重県部落史料集（前近代編）』　三一書房、一九七五年。

索　　引

丸数字ははしがきの頁数を示す.

あ　行

か　行

さ　行

た　行

な　行

は　行

ま　行

や　行

ら　行

わ　行

著者略歴
一九三九年生れ
一九六六年早稲田大学文学部卒業
現在　早稲田大学文学部教授

主要著書
『寛政期の藤堂藩』(三重県郷土資料刊行会、一九六九年)
『増訂百姓一揆の歴史的構造』(校倉書房、一九八六年)
『百姓成立』(塙書房、一九九三年)
『江戸時代』(岩波書店、二〇〇〇年)

日本歴史叢書　新装版

津藩

二〇〇二年(平成十四)三月十日　第一版第一刷発行

著　者　深谷克己《ふかやかつみ》
編集者　日本歴史学会
代表者　平野邦雄
発行者　林　英男
発行所　株式会社吉川弘文館
東京都文京区本郷七丁目二番八号
郵便番号一一三—〇〇三三
電話〇三—三八一三—九一五一〈代表〉
振替口座〇〇一〇〇—五—二四四
装幀＝清水良洋
印刷＝精興社　製本＝誠製本

ISBN4-642-06660-8

『日本歴史叢書』(新装版)刊行の辞

歴史学の研究は日に日に進み、新しい見解の提出や新史料の発見も稀ではない。そうした日本歴史研究の発展の中で、ある事件、ある問題、ある人物などについて、まとまった知識を得ようとすることは、歴史研究者と自認する人でも容易ではない。まして多くの方がたにとって、現在の日本歴史研究の成果を身近のものとすることは困難なことである。

日本歴史学会では、それぞれの研究に基づく正確な歴史知識の普及発達を計るために、『人物叢書』と『日本歴史叢書』の刊行を進めてきた。その目的達成のためには、それぞれの題目について最も権威ある執筆者を得ることが第一の要件であったが、幸いにすぐれた執筆者を得ることができて、学界に於ても高く評価され、多くの方に読者になって頂いた。

『日本歴史叢書』は四九冊に達したが、既に品切れになったものも多く、求められる方の希望に添えないことも稀ではなくなった。そこで、今回既刊本の体裁を一新し、定期的に配本できるようにして、読書界の要望に応えるようにした。なお、未刊の書目についても、鋭意刊行を進める方針であり、その体裁も新形式をとることとした。これによって正確な歴史知識の普及という当初の目的に添うことができれば幸いである。

平成六年八月

日本歴史学会

代表者 児玉幸多

日本歴史叢書［新装版］

日本歴史学会編集

二、三〇〇円～三、二〇〇円（税別）

①②③＝通巻番号

① 武士団と村落――豊田　武著
② 蝦　夷――高橋富雄著
③ 奈　良――永島福太郎著
④ 日中律令論――曽我部静雄著
⑤ 岡山藩――谷口澄夫著
⑥ 長崎の唐人貿易――山脇悌二郎著
⑦ 倭　寇――石原道博著
⑧ 延喜式――虎尾俊哉著
⑨ 近世の新田村――木村　礎著
⑩ 荘園の商業――佐々木銀弥著
⑪ 中世の儒学――和島芳男著
⑫ 土佐藩――平尾道雄著
⑬ 印　章――荻野三七彦著
⑭ 日本の紙――寿岳文章著
⑮ 連歌の世界――伊地知鉄男著
⑯ 旗　本――新見吉治著
⑰ 条里制――落合重信著
⑱ 鎌倉時代の交通――新城常三著

⑲天満宮――竹内秀雄著
⑳日本文化のあけぼの――八幡一郎著
㉑地租改正――福島正夫著
㉒神仙思想――下出積與著
㉓肖像彫刻――小林　剛著
㉔古代の交通――田名網　宏著
㉕国　府――藤岡謙二郎著
㉖近世の漁村――荒居英次著
㉗六国史――坂本太郎著
㉘上代の浄土教――大野達之助著
㉙古代の出雲――水野　祐著
㉚桃山時代の女性――桑田忠親著
㉛秤　座――林　英夫著
㉜近世の専売制度――吉永　昭著
㉝本地垂迹――村山修一著
㉞日本考古学史――斎藤　忠著
㉟琉球の歴史――宮城栄昌著
㊱平安朝の漢文学――川口久雄著
㊲宇佐宮――中野幡能著
㊳天保の改革――藤田　覚著
㊴寛永時代――山本博文著
㊵洋　学――沼田次郎著

㊶古代東北の兵乱――新野直吉著
㊷絵巻の歴史――武者小路穣著
㊸庄内藩――斎藤正一著
㊹国絵図――川村博忠著
㊺日本の鉄道――原田勝正著
㊻安政の大獄――吉田常吉著
㊼日韓併合――森山茂徳著
㊽熊野修験――宮家　準著
㊾武士の成立――元木泰雄著
㊿肖像画――宮島新一著
51維新政権――松尾正人著
52豊臣秀吉の朝鮮侵略――北島万次著
53日本の貨幣の歴史――滝沢武雄著
54帝国議会改革論――村瀬信一著
55近世の飢饉――菊池勇夫著
56興福寺――泉谷康夫著
57荘　園――永原慶二著
58中世武家の作法――二木謙一著
59戦時議会――古川隆久著
60朱印船――永積洋子著
61津　藩――深谷克己著
▽以下続刊

▽詳しくは「出版図書目録」をごらん下さい。（はがきでご請求下さい）